Die Gewinnbeteiligung der Arbeiter und Angestellten in Deutschland

von

Werner Feilchenfeld

Dr. jur. et rer. pol., volkswirtschaftlicher Sekretär
an der Handelskammer zu Berlin

Mit Unterstützung der Handelskammer zu Berlin

Berlin
Verlag von Julius Springer
1922

ISBN-13: 978-3-642-93959-4 e-ISBN-13: 978-3-642-94359-1
DOI: 10.1007/978-3-642-94359-1

Inhaltsverzeichnis.

Einleitung.

Der Mangel an einer aktuellen Untersuchung der bestehenden und früheren Gewinnbeteiligungsbetriebe und die hierdurch veranlaßte ausschließlich theoretische Erörterung des Beteiligungsproblems in der Öffentlichkeit legte den Gedanken nahe, auf Grund der Böhmertschen Enquete von 1901 und der seitdem bekanntgewordenen Beteiligungsversuche die Zahl und die Besonderheiten der Systeme und Erfahrungen der deutschen Unternehmungen festzustellen, in denen die Gewinnbeteiligung der Arbeiter und Angestellten eingeführt worden war bzw. zur Zeit noch besteht. Von den verschiedenen elsässischen Gewinnbeteiligungsbetrieben war hierbei trotz mehrfacher Bemühungen eine Auskunft nicht zu erhalten, so daß bezüglich dieser Unternehmungen nur auf die größtenteils weit zurückliegenden Angaben der Gewinnbeteiligungsliteratur zurückgegriffen werden mußte.

Der Ausdruck ,,Gewinnbeteiligung" wurde bisher in der Literatur als Sammelbegriff für die verschiedensten Arten der Beteiligung benutzt und auch Böhmert hat in seinen Untersuchungen keine strenge Scheidung des Begriffes ,,Gewinnbeteiligung" getroffen. Unter diesem Sammelnamen wird jedoch sowohl die reine Gewinnbeteiligung verstanden, d. h. die Beteiligung an dem Reinerträgnis, als auch die Kapitalbeteiligung, d. h. die Gewährung von Kapitalanteilen an Arbeitnehmer, deren Gewinne nicht mehr als besondere Gewinnbeteiligung, sondern als die normalen Früchte der Kapitalanlage angesehen werden müssen, und endlich die Beteiligung am Umsatz eines Unternehmens, deren Anteile unabhängig von der Erzielung eines Reinerträgnisses ausgeschüttet werden. Da diese drei Beteiligungsarten u. E. getrennt behandelt und in ihren Auswirkungen beurteilt werden müssen, wurden die festgestellten Beteiligungsversuche zunächst in die drei großen Kategorien ,,Gewinnbeteiligung", ,,Kapitalbeteiligung" und ,,Umsatzbeteiligung" eingereiht und hiernach die noch in Anwendung befindlichen und die schon aufgehobenen Versuche einer Betrachtung unterzogen. Es muß hierbei festgestellt werden, daß die Umsatzbeteiligung eigentlich nicht mehr als Gewinnbeteiligung angesprochen werden kann, sondern mehr in das Gebiet der Produktionsprämien fällt und nur einen Umstand mit der Kapital- und Gewinnbeteiligung gemeinsam hat, das ist, daß die Anteile in der Regel neben den normalen Lohn- und Gehaltssätzen als besondere Vergütung gewährt werden.

Die Gewinnbeteiligung von Arbeitnehmern wurde nach den Feststellungen der Literatur in Deutschland das erste Mal im Jahre 1824 auf einem Gute Cöthen bei Breslau ausgeübt. Dieser Versuch war jedoch wohl mehr oder weniger eine zufällige, in der Öffentlichkeit nicht beachtete Erscheinung, denn erst 11 Jahre später wurde durch R. von Mohl in Raus Archiv der politischen Ökonomie erstmals ein Aufsatz über die Gewinnbeteiligung veröffentlicht, betitelt: „Über die Nachteile, welche sowohl dem Arbeiterstande selbst, als dem Wohlstande und der Sicherheit der gesamten bürgerlichen Gesellschaft aus dem fabrikmäßigen Betriebe der Industrie erwachsen." In einer späterhin erscheinenden Abhandlung desselben Verfassers mit dem Titel „Die Arbeiterfrage" wurde sogar die zwangsweise Einführung der Gewinnbeteiligung auf dem Wege der Gesetzgebung befürwortet[1]). Eine größere Einführung der Gewinnbeteiligung fand jedoch erst in den sechziger Jahren statt, und besonders das auf Veranlassung des Sozialpolitikers Dr. Engel eingeführte Gewinn- und Kapitalbeteiligungssystem der Borchertschen Messingwerke in Berlin erregte namhaftes Aufsehen in der Öffentlichkeit. Die Erwartungen wurden damals nicht erfüllt und das stolze Wort Dr. Engels, mit der Einführung der Gewinnbeteiligung sei die soziale Frage gelöst, sollte sich nicht bewahrheiten. Nach einem erneuten Rückgang der Beteiligungsbewegung wurde der Frage in den neunziger Jahren wieder erhöhte Beachtung geschenkt, während vom Anfang des zwanzigsten Jahrhunderts bis zum Ende des Weltkrieges wiederum ein Stillstand in der Verbreitung der Gewinnbeteiligung eintrat. Die durch die Revolution hervorgerufenen Umwälzungen legten den deutschen Unternehmern den Gedanken nahe, die gesunkene Arbeitslust und die infolge der Abschaffung des Akkordlohns verminderte Produktionstätigkeit durch Schaffung eines besonderen Anreizes in Form einer Beteiligung der Arbeitnehmer an dem Gewinn zu heben. So wurden im Jahre 1919 nicht weniger als neun neue Gewinnbeteiligungsversuche begonnen. Andererseits führten jedoch die sozialen Umwälzungen der Nachkriegszeit in manchen Unternehmungen mit einer jahrzehntelangen Anwendung der Gewinnbeteiligung zu der Stellung der Forderung nach Abschaffung der Gewinnbeteiligung unter Einrechnung der durchschnittlich bisher bezahlten Gewinnanteile in die festen Lohnsätze. Es wurde deshalb in dem gleichen Jahre 1919 in sechs Gewinnbeteiligungsunternehmungen aus

---

[1]) Fuhr: Über Gewinnbeteiligung in der deutschen Großindustrie. Zeitschr. für Staatswissenschaft 1899, S. 595.

diesen Gründen die Beteiligung abgeschafft, trotzdem sie in einigen dieser Betriebe bis zu 28 und 53 Jahre lang Anwendung gefunden hatte. Mit der nach und nach allgemein wieder einsetzenden Einführung des Akkordlohns und der Rückkehr ruhigerer Anschauungen in den Arbeitnehmerkreisen wuchs die Zahl der neueingeführten Gewinnbeteiligungsversuche, und besonders in der allerletzten Zeit machte sich im Anschluß an die anläßlich der Sozialisierungsdebatten zutage getretene Neigung der Schwerindustrie für die Schaffung von Arbeiteraktien eine wachsende Vorliebe für die Kapitalbeteiligung von Arbeitnehmern bemerkbar. Trotzdem hat die Gesamtheit der zur Zeit bestehenden und bekanntgewordenen Gewinn- und Kapitalbeteiligungsbetriebe die Zahl 42 nicht überschritten, während 69 Betriebe die Beteiligung nach längerer oder kürzerer Dauer wieder abgeschafft hatten.

Die Geschichte der Gewinnbeteiligung in Deutschland bietet somit eine verhältnismäßig gleichmäßig verlaufende Entwicklungslinie und Ludwig Bernhard hat mit seiner Behauptung[1]) nicht unrecht behalten, daß die Gewinnbeteiligung in fast gleichmäßigen Zeitabständen alle 30 Jahre auftritt, da sie tatsächlich in den Jahren um 1860, 1890 und 1920 im Mittelpunkt des öffentlichen Interesses gestanden hat.

---

[1]) Bernhard, Ludwig: Handbuch derLöhnungsmethoden. S. 217. Leipzig 1906.

I. Gewinnbeteiligung.

Als Gewinnbeteiligung bezeichnen die Theoretiker ziemlich übereinstimmend die auf Grund vertraglicher Vereinbarung und außer der gewöhnlichen Entlohnung erfolgende Beteiligung der Arbeitnehmer an dem Reinertrag eines Unternehmens. Die treffendste Definition ist die nachfolgende des französischen Verfechters der Gewinnbeteiligung Charles Robert[1]):

„La participation dans les bénéfices est une libre convention expresse ou tacite suivant les cas, par laquelle un patron donne à son ouvrier en sus du salaire normal une part dans ses bénéfices sans participation aux pertes."

(„Die Gewinnbeteiligung ist ein ausdrücklicher oder stillschweigender Vertrag, auf Grund dessen der Unternehmer seinem Arbeiter außer dem gewöhnlichen Lohne noch einen Teil am Geschäftsgewinn ohne Teilnahme am Verlust gewährt.")

Die Voraussetzung für den Begriff „Gewinnbeteiligung" bildet also das Vorhandensein einer vertraglichen Vereinbarung, welche auch darin bestehen kann, daß der Arbeitgeber dem Arbeitnehmer ein Anrecht auf den Gewinnanteil unter bestimmten Voraussetzungen einräumt. Ein wesentliches Tatbestandsmerkmal ist ferner, daß der Gewinnanteil außerhalb und neben der sonstigen normalen Entlohnung gewährt wird und keine unmittelbare Verlustbeteiligung des Arbeitnehmers stattfindet. Mittelbar ist diese allerdings vereinzelt vorgekommen, indem bei Verlustjahren die vereinbarte Beteiligung so lange unterblieb, bis der verhältnismäßige Anteil der Arbeitnehmer an den Verlusten durch die sonst angefallenen Beteiligungsbeträge gedeckt war. In keinem Falle wurde jedoch das den normalen Lohnsätzen des betreffenden Gewerbezweiges angepaßte feste Einkommen des Arbeitnehmers in einem Verlustjahr beeinträchtigt. Die Robertsche Definition der Gewinnbeteiligung ist auch in Deutschland in neuerer Zeit allgemein anerkannt worden. Viktor Böhmert hat als letzter die Beteiligung in seiner Untersuchung vom Jahre 1901 noch weiter gefaßt und auch die Gewährung einmaliger Gratifikationen, welche nicht auf laufender

[1]) Das Gewinnbeteiligungssystem: Dr. Taubes „Arbeiterfreund". S. 167, 1907.

Vereinbarung beruhten, als Gewinnbeteiligung aufgeführt. Diese Betriebe sind in der nachfolgenden Untersuchung nicht aufgeführt, wenn eine Gewinnbeteiligung offensichtlich nicht vorgelegen hat.

Das Problem der Gewinnbeteiligung, das wie kein anderes der Eigenart eines jeden Betriebes angepaßt werden kann, hat in der Praxis nach drei Richtungen hin besonders Anwendung gefunden. Die größere Anzahl der Beteiligungsbetriebe wählte das einfachste System, welches als „reine Gewinnbeteiligung“ anzusprechen ist und darin besteht, daß dem Arbeitnehmer ein nach einem bestimmten Schlüssel zustehender Teil des Reinertrages am Schlusse eines festgesetzten Zeitabschnittes ausbezahlt wird. Einige Unternehmungen vervollständigten dieses System noch durch die Möglichkeit des Erwerbs von Geschäftsanteilen zu einer „Gewinn- und Kapitalbeteiligung“, bei welcher der Anteilsberechtigte von dem Reinertrag als Arbeitnehmer die Gewinnbeteiligung, als Kapitalist die Dividenden oder Zinsen seiner Kapitaleinlage bezog. Die dritte, neben der reinen Gewinnbeteiligung bevorzugte Anwendungsform ist die „Gewinnbeteiligungssparkasse“. Bei dieser besteht die Beteiligung darin, daß den Spareinlegern außer einer festen Verzinsung eine Superverzinsung, bei Aktiengesellschaften meistens bis zur Höhe der Aktionärdividende, als ihr Anteil am Reinertrag gewährt wird. Dieses Beteiligungssystem verbindet den wirtschaftlichen Gedanken der Hebung der Arbeitstätigkeit mit dem ethischen des Sparanreizes. Hierbei ist jedoch oft durch eine jahrelange zwangsweise Sperre der Sparkassenguthaben die Erreichung des ethischen Zieles auf Kosten des produktiven Erfolges der Gewinnbeteiligung als Lohnsystem vorangestellt worden.

1. Gewinnbeteiligungsbetriebe, in denen die Beteiligung noch besteht.

A. Metallindustrie.

1. Ilseder-Hütte, Aktiengesellschaft, Groß-Ilsede[1]).

Die Ilseder-Hütte, Aktiengesellschaft, gründete im Jahre 1869 eine Sparkasse für ihre Arbeiter und Angestellten, in welcher die Einlagen der Sparer mit einem festen Zinssatz von 5 v. H. verzinst werden. Außer diesen festen Zinsen erhalten die Sparer eine Gewinnbeteiligung an den Erträgnissen der Gesellschaft in der Form, daß sie unter

---

[1]) Böhmert: Gewinnbeteiligung. Intern. Wiss. Bibliothek. Leipzig 1878, Bd. II, S. 89—91. Gilman-Katscher: Die Teilung des Geschäftsgewinns. S. 148 bis 149, Leipzig 1891. Böhmert: Arbeiterfreund. S. 303—304, 1901. Selter: Zusammenstellung der wichtigsten Lohn- und Ertragsbeteiligungsformen, S. 34, Berlin 1920. Debes: Utbyttedeling. S. 203—204, Kristiania 1920. Berliner Börsencourier Nr. 578 vom 11. Dez. 1919. Eigene Angaben der Firma vom Juni 1921.

Anrechnung der ihnen garantierten 5 v. H. und bis zur Maximalhöhe von 20 v. H. insgesamt die gleiche Verzinsung auf ihre Spareinlagen erhalten wie die Aktionäre an Zinsen für ihre Aktien. Die Einlagen müssen mindestens 1,— Mark bis höchstens 1500,— Mark betragen. Zur Benutzung der Sparkasse ist jeder Arbeiter und Angestellte berechtigt. Über das Guthaben eines jeden Spareinlegers wird ein Abrechnungsbuch erteilt, in welchem sich der Einleger mit den Satzungen der Sparkasse einverstanden erklärt. Die Kündigung von Beträgen bis zu 150,— Mark muß drei Tage vor der Auszahlung erfolgen. Bei höheren Summen ist die Gesellschaft nicht verpflichtet, im Monat mehr als 150,— M. zurückzuzahlen. Eine Zession, Verpfändung oder Verkauf der Spareinlagen an andere Personen ist unter Androhung des Verfalls des Guthabens verboten. Entlassene Inhaber von Sparbüchern erhalten ihr Kapital beim Austritt ausgezahlt. Die Guthaben können von der Gesellschaft gekündigt werden. Der volle Betrag sämtlicher Einlagen wird durch Obligationen der Ilseder Hütte oder andere pfandrechtlich sichergestellte Papiere als gemeinschaftliches Faustrecht gegenüber allen Spareinlegern gesichert. Die zur Deckung erforderlichen Wertpapiere werden von einer von den Spareinlegern gewählten dreigliedrigen Kommission regelmäßig revidiert und die die Sparkasse betreffenden Bücher und die Erfüllung der Sparkassenverpflichtungen überwacht.

1919 wurde das bisherige System dahin erweitert, daß die Begrenzung der an Kapitalzins und Gewinnanteil insgesamt ausgeschütteten Verzinsung auf höchstens 20 v. H. aufgehoben wurde und an die Spareinleger der gleiche Betrag als Verzinsung verteilt wird, welchen die Aktionäre als Dividende erhalten. Die garantierte Verzinsung von 5 v. H. und deren Anrechnung auf die Gesamtverzinsung blieb bestehen, jedoch wurde die Höchstgrenze der Spareinlagen von 1500,— auf 3000,— M. erhöht. Für das Übergangsjahr 1919 wurde vorübergehend außerdem die Vergünstigung gewährt, daß die Einzahlung der zweiten 1500,— M. auf Wunsch auf drei Jahre verteilt werden konnte, während der Spareinleger trotzdem schon im ersten Jahr Anspruch auf die gesamte Verzinsung der vollen 3000,— M. erhielt.

Die Satzungen der Sparkasse erhielten nach ihrer letzten Änderung am 1. Juli 1920 die nachstehende Form:

„Bedingungen der Sparkasse der Ilseder-Hütte und des Peiner Walzwerks.

§ 1. Berechtigt zur Belegung von Spargeldern sind nur die unmittelbar und mittelbar in einem festen Anstellungsverhältnis zu dem Peiner Walzwerk stehenden Personen und auch diese nur nach folgenden Richtlinien. Über die Frage, ob jemand hiernach zur Einlage berechtigt ist oder nicht, entscheidet die Direktion.

§ 2. Vor Belegung von Spargeldern ist der Inhaber nach dem Vordruck vorn im Sparbuch genau zu bezeichnen. Diese Eintragungen sind vom Lohnamt bzw. von der Kasse zu bestätigen.

§ 3. Einlagen werden in der Regel nur am 12. eines jeden Monats angenommen, und sofern dieser Tag auf einen Sonntag oder Feiertag fällt, an dem darauffolgenden Wochentag. Auszahlungen werden an allen Wochentagen geleistet. Wegen der Auszahlung der Zinsen siehe § 12.

§ 4. Die Höchstsumme, die ein Einlegeberechtigter einlegen darf, beläuft sich zur Zeit auf M. 3000,—, wobei Einlagen unter M. 1.— nicht angenommen werden.

Wird jedoch das Aktienkapital der Ilseder Hütte durch Ausgabe neuer Aktien an die bisherigen Aktionäre erhöht, so ist auch die höchstzulässige Einlagesumme zu erhöhen, und zwar jeweilig um so viel, daß dadurch der für die Sparbuchinhaber durch das Sinken der Dividende infolge der Kapitalserhöhung wahrscheinlich entstehende Nachteil möglichst ausgeglichen wird.

Für die Berechnung der hierdurch erforderlich werdenden Erhöhung der Spareinlagen ist maßgebend der Ausgabekurs der neuen Aktien und der Durchschnitt der in den letzten drei Jahren gezahlten Dividenden.

§ 5. Die Einleger dürfen nur ihre eigenen Spargelder einzahlen. Die Einzahlung angeliehener Gelder ist verboten.

Im Falle ein Einleger gegen diese Bestimmungen verstößt, kann die Ilseder Hütte die Einlage zugunsten des Ilseder Knappschaftsvereins für verfallen erklären.

Der Ilseder Hütte gilt nur der im Sparbuche genannte Einleger oder seine Erben als Gläubiger.

§ 6. Die Einlagen werden von der Ilseder Hütte mit 5 v. H. jährlich verzinst. Die Zinsrechnung beginnt am ersten des auf die Einzahlung folgenden Monats.

§ 7. Für die Jahre, in denen die Ilseder Hütte mehr als 5 v. H. Dividende bezahlt, erhalten die volljährigen und bis zum 30. Juni des betreffenden Jahres volljährig gewordenen Sparer für diejenigen Einlagen, welche während des ganzen Kalenderjahres ununterbrochen belegt waren, einen Überzins, der zuzüglich der 5 v. H. Zinsen gleich der zur Verteilung kommenden Dividende ist. Für die Höhe der Dividende ist der Beschluß der Generalversammlung unter Ausschluß jeglicher Rechtsbehelfe seitens der Ilseder Hütte und des Sparbuchinhabers maßgebend. Für die Spareinlagen der Minderjährigen werden höchstens 20 v. H. (5 v. H. Zinsen und 15 v. H. Überzinsen) vergütet.

§ 8. Einmal im Jahre, an Tagen, die von der Direktion bekanntgegeben werden, sind die Sparbücher zur Eintragung der Zinsen einzureichen.

§ 9. Jeder Sparer erhält ein mit dem Abdruck dieser Bestimmungen versehenes Sparbuch. Bei der ersten Einlage hat der Sparer das Buch zu unterschreiben und damit sein Einverständnis mit den Bedingungen zu erklären.

§ 10. Jede Einlage und Entnahme ist vom Kassierer der Ilseder Hütte im Sparbuche einzutragen und durch seine Unterschrift zu bestätigen.

§ 11. In den Sparbüchern darf nicht radiert, ausgestrichen oder geändert werden. Bei Verstößen hiergegen kann die Ilseder Hütte die Einlage zugunsten des Ilseder Knappschaftsvereins für verfallen erklären.

§ 12. Zinsen und Überzinsen werden spätestens 4 Wochen nach dem Tage der Generalversammlung der Ilseder Hütte, in welcher über die Höhe der zu verteilenden Dividende Beschluß gefaßt ist, ausbezahlt. Die Zahlungstage werden von der Direktion bekanntgegeben.

§ 13. Der Verlust eines Sparbuches ist unverzüglich dem Kassierer anzumelden. In einem solchen Falle hat der Einleger die Eintragung auf seinem Konto im Sparkassen-Hauptbuche gelten zu lassen. Er kann dann auch ein neues Sparbuch erhalten.

§ 14. Der Kassierer ist berechtigt, aber nicht verpflichtet, jedem Vorzeiger des Sparbuches, ohne Prüfung seiner Berechtigung, den Betrag des Sparbuches teilweise oder ganz auszuzahlen. Bei mißbräuchlicher Abhebung ist die Ilseder Hütte dem Einleger oder seinen Rechtsnachfolgern nicht schadenersatzpflichtig.

§ 15. Die Einleger sind berechtigt, bis zu 150 M. von ihren Guthaben jederzeit abzuheben. Größere Beträge braucht die Ilseder Hütte nur mit 150 M. monatlich auszuzahlen. Die Vergütung der Zinsen für abgehobene Beträge geschieht bis zum Schlusse des der Auszahlung vorhergehenden Monats.

§ 16. Als Sicherheit für die Einleger haftet die Ilseder Hütte und das Peiner Walzwerk mit ihrem gesamten Vermögen.

§ 17. Die aus dem Dienste der Ilseder Hütte ausscheidenden Sparer, im Todesfalle ihre Erben, haben das Guthaben beim Dienstaustritt, bzw. innerhalb eines Monats nach dem Tode abzuheben. Geschieht dieses nicht, so kann die Ilseder Hütte die Einlagen zugunsten des Ilseder Knappschaftsvereins für verfallen erklären. Mit dem Tage des Dienstaustritts, im Todesfalle mit dem Ende des auf den Tod folgenden Monats, hört die Verzinsung auf.

§ 18. Die Ilseder Hütte behält sich das Recht vor, einzelne oder sämtliche Einlagen jederzeit ohne Angabe von Gründen zu kündigen und sofort zurückzuzahlen. Geschieht dies, so sind 5 v. H. Zinsen bis zum Tage der Kündigung gleich mit auszuzahlen. Ein etwa sich ergebender Überzins wird nachträglich für die Zeit bis zum Tage der Kündigung vergütet.

§ 19. Alle die Sparkasse betreffenden Bekanntmachungen erfolgen durch Anschlag auf der Ilseder Hütte.

den 1. Juli 1920.

Aufsichtsrat und Direktorium der Ilseder-Hütte.

Hiermit erkläre ich mein Einverständnis mit vorstehenden Bedingungen.

..............................., den .... 19.....

Name ....

geboren am: .... zu: ....

Vorstehende Eintragungen stimmen mit den hier gemachten Angaben überein.

..............................., den .... 19.....

Lohnamt[1]).
Kasse[1]).

Das Sparbuch wies folgendes Schema auf:

Sparbuch
Nr. ....
der Ilseder Hütte

Ausgefertigt, den .... 19........

Der Aufsichtsrat der Ilseder-Hütte.
Die Direktion der Ilseder-Hütte.
Der Spareinleger.

---

[1]) Das nicht Zutreffende ist zu streichen.

Dieses Sparbuch enthält Quittungsseiten Nr. 1 bis 9.

Seite 1. No. ....

Jahr Monat	Tag	Betrag in Buchstaben	Eingelegt M.	Pf.	Zurückgezahlt M.	Pf.	Die letzte Summe ist das Guthaben M.	Pf.	Quittung des Kassierers
192..									

Die Gesamtzahl der Spareinlagen betrug im Jahre 1876 119400,— M., im Jahre 1883 517000,— M., 1900 2315000,— M. und 1910 2300000,— M. Die Verzinsung dieser Kapitalien betrug:

im Jahre	feste Verzinsung v. H.	Überzins v. H.	Dividende der Aktionäre	im Jahre	feste Verzinsung v. H.	Überzins v. H.	Dividende der Aktionäre v. H.
1870	5	3	8	1896	5	15	$53^1/_3$
1871	5	4	9	1897	5	15	$54^2/_3$
1872	5	5	10	1898	5	15	$62^2/_3$
1873	5	13	18	1899	5	15	70
1874	5	15	20	1900	5	15	50
1875	5	15	20	1901	5	15	40
1876	5	$1^2/_3$	$6^2/_3$	1902	5	15	40
1877	5	1	6	1903	5	15	52
1878	5	$1^2/_3$	$6^2/_3$	1904	5	15	50
1879	5	5	10	1905	5	15	50
1880	5	5	10	1906	5	15	60
1881	5	15	20	1907	5	15	40
1882	5	15	20	1908	5	15	$33^1/_3$
1883	5	15	20	1909	5	15	$33^1/_3$
1884	5	15	20	1910	5	15	$33^1/_3$
1885	5	?	?	1911	5	15	36
1886	5	?	?	1912	5	15	26
1887	5	5	10	1913	5	15	25
1888	5	15	20	1914	5	15	24
1889	5	15	30	1915	5	15	$33^1/_3$
1890	5	15	36	1916	5	15	36
1891	5	15	40	1917	5	15	36
1892	5	15	$33^1/_3$	1918	5	15	32
1893	5	13	18	1919	5	15	50
1894	5	13	18	1920	5	45	50
1895	5	15	28	1921	5	45	50

Von der in dieser Sparkasse gebotenen Spargelegenheit wurde angesichts der außerordentlich günstigen Verzinsung in bedeutendem Umfange Gebrauch gemacht. Die Spareinlagen der Arbeiter und Angestellten beliefen sich in den Jahren 1896 bis 1920 auf folgende Summen:

Spareinlagen der Arbeiter und Angestellten der Ilseder-Hütte:

Jahr	Mark	Jahr	Mark
1896	1762744,18	1909	4643007,—
1897	2006923,78	1910	?
1898	2239370,—	1911	4834468,—
1899	2478627,—	1912	?
1900	2724678,—	1913	4892872,—
1901	2944304,—	1914	4916254,—
1902	3146081,—	1915	4959283,—
1903	3305171,—	1916	4888968,—
1904	1175402,—	1917	5066464,—
1905	3769453,—	1918	5464145,—
1906	4107839,—	1919	7110756,—
1907	4414789,—	1920	9489210,—
1908	4563521,—		

Über die Erfahrungen, welche die Gesellschaft auf Grund ihres Gewinnbeteiligungssystems mit den Arbeitnehmern gemacht hatte, äußerte sich die Verwaltung im Juni 1921 wie folgt:

„Besondere Erfahrungen sind mit der Gewinnbeteiligung nicht gemacht. Insbesondere ist eine Hebung der Arbeitsfreudigkeit und der Arbeitsleistung des einzelnen nicht festzustellen. Wir hoffen jedoch, daß die nunmehr sehr starke Beteiligung der Arbeitnehmer im Laufe der Jahre zu einer erheblichen Belebung des Interesses an dem Gesamtwerk führen wird."

2. Peiner Walzwerk zu Peine[1]).

Die Aktien-Gesellschaft Peiner Walzwerk, deren Verwaltung die gleiche ist wie bei der Ilseder Hütte, in deren Besitz sich sämtliche Aktien befinden, führte das Gewinnbeteiligungssystem im Jahre 1887 mit denselben Bedingungen auch für ihre Arbeiter und Angestellten ein, nur mit dem Unterschied, daß bis 1919 die Maximalhöhe der an garantierten Zinsen am Gewinnanteil insgesamt gewährten Gesamtverzinsung 10 v. H. nicht überschreiten durfte, während die Höchstgrenze bei der Ilseder Hütte 20 v. H. betrug.

1919 wurde zur gleichen Zeit wie bei der Ilseder Hütte die Beschränkung aufgehoben. Die oben erwähnten Satzungen gelten gleichmäßig für beide Unternehmen.

[1]) Böhmert: Arbeiterfreund, S. 303/4, 1911. Selter: Zusammenstellung der wichtigsten Lohn- und Ertragsbeteiligungsformeln, S. 34, Berlin 1920. Debes: Utbyttedeling, S. 203/4, Kristiania 1920. Berliner Börsencourier Nr. 578 vom 11. Dez. 1919. Eigene Angaben der Firma vom Juni 1921.

Die Spareinlagen der Arbeiter und Angestellten beliefen sich in den Jahren 1895 bis 1920 auf folgende Beträge:

Spareinlagen der Arbeiter und Angestellten des Peiner Walzwerk:

Jahr	Mark	Jahr	Mark
1895	516776,95	1908	1453743,—
1896	622386,11	1909	1592240,—
1897	618394,73	1910	?
1898	840316,—	1911	1539474,—
1899	813983,—	1912	?
1900	1014615,—	1913	1695868,—
1901	945815,—	1914	1739055,—
1902	1061429,—	1915	1740443,—
1903	1081159,—	1916	1756511,—
1904	1343183,—	1917	1725686,—
1905	1269920,—	1918	1930308,—
1906	1355404,—	1919	2213628,—
1907	1421057,—	1920	3585056,—

Für die Erfahrungen der Verwaltung mit ihren Arbeitnehmern gelten die gleichen Ausführungen wie vorher bei der Ilseder Hütte.

3. Aktien-Gesellschaft für Federstahl-Industrie vorm. A. Hirsch & Co., Kassel[1]).

Die Gesellschaft führte 1892 für sämtliche Arbeiter die Gewinnbeteiligung ein. Als Grund wurde angegeben: „Um bei unseren Arbeitern das Bewußtsein der Gemeinsamkeit aller bei unserer Gesellschaft Mitarbeitenden zu stärken und ihnen erhöhtes Interesse an ihrer Arbeit einzuflößen sowie auch namentlich, um sie auch fernerhin zu reger und dauernder Tätigkeit anzuspornen.“

Die Gewinnbeteiligung wird nach Abschluß und Genehmigung der Jahresbilanz durch die Generalversammlung festgesetzt und nach den folgenden Satzungen ausgeübt:

„Gewinnbeteiligung.

Um bei unseren Arbeitern das Bewußtsein der Gemeinsamkeit aller bei unserer Gesellschaft Mitarbeitenden zu stärken und ihnen erhöhtes Interesse an ihrer Arbeit einzuflößen sowie auch namentlich, um sie auch fernerhin zu reger und dauernder Tätigkeit anzuspornen, haben wir beschlossen, denselben bis auf weiteres einen regelmäßigen Anteil am Gewinn im Verhältnis der zu verteilenden Dividende und nach Maßgabe ihrer Arbeitszeit in der Gesellschaft zu gewähren nach folgenden Bestimmungen:

§ 1. Nach Abschluß und Genehmigung der Jahresbilanz durch die Generalversammlung erhalten die Arbeiter, welche das 18. Lebensjahr zurückgelegt haben,

---

[1]) Arbeiterfreund, S. 291, 1901. Böhmert: Gewinnbeteiligung, 1902, S. 55, Dresden. Debes a. a. O. 1920, S. 211. Eigene Angaben der Firma vom September 1919.

die 1 Jahr ununterbrochen in Diensten der Gesellschaft sind: 1 M.
„ 3 „ „ „ „ „ „ „ 3 „
„ 6 „ „ „ „ „ „ „ 6 „
für jedes Prozent Dividende, welches die Gesellschaft ihren Aktionären auszahlt. Jugendliche Arbeiter unter 18 Jahren und weibliche Arbeiter erhalten die Hälfte. Für die Berechnung der Arbeitszeit ist stets das Kalenderjahr maßgebend.

§ 2. Wer mindestens 1 Jahr in der Fabrik gearbeitet hat, und vor Auszahlung des Anteils ohne eigenes Verschulden entlassen wird, erhält seinen Gewinnanteil nachbezahlt, wenn er sich tadellos geführt hat. Jeder, der infolge eigener Kündigung die Fabrik verläßt, verliert jeden Anspruch auf Tantieme.

§ 3. Militärische Dienstleistungen in der Reserve od. Landwehr sowie Krankheit, deren Dauer auf Verlangen der Direktion ärztlich nachzuweisen ist, sollen nicht als Unterbrechung der Arbeitszeit angesehen werden. Auch kann, wenn besondere Verhältnisse vorliegen, welche die Unterbrechung der Arbeit notwendig machen, die Direktion genehmigen, daß diese Unterbrechung als Arbeitszeit angesehen wird. Es bedarf dazu in jedem Falle der besonderen Genehmigung der Direktion.

§ 4. Wer wegen Unbrauchbarkeit, wegen Unfleiß oder ungehörigen Betragens aus der Arbeit entlassen wird oder die Arbeit freiwillig verläßt, wer mit Arbeitseinstellung droht oder andere dazu zu verleiten sucht, oder sich Verstöße gegen die Fabrikordnung zuschulden kommen läßt, erhält keine Tantieme.

§ 5. Die Direktion behält sich die im Laufe der Zeit und nach Maßgabe der Erfahrungen notwendig werdenden Abänderungen oder Ergänzungen dieser Bestimmungen vor."

Die Auszahlung der Anteile erfolgt in bar. Ihre Verwendung ist freigestellt. In der Zeit von 1892 bis 1901 wurden insgesamt an Gewinnanteilen etwa 100000,— M. ausgezahlt, und zwar:

im Jahre	1892	1893	1894	1895	1896
M.	6 875,—	9 396,—	10 500,—	11 000,—	11 000,—
im Jahre	1897	1898	1899	1900	
M.	11 000,—	11 000,—	11 000,—	11 000,—	

In den Jahren 1901 bis 1911 schwankt die Summe zwischen 7000,— M. und 13 800,— M. Die Gesamtsumme der Gewinnanteile betrug von 1892 bis 1911 214 000,— M.

1900 beschäftigte die Gesellschaft 435 Angestellte und Arbeiter. Die Gesamtsumme der in diesem Jahre bezahlten Gehälter betrug 64 413,17 M., die der Arbeitslöhne 289 237,26 M. Das Verhältnis der Gewinnanteile der Arbeiter zum Durchschnittslohn betrug 1900

	bei erwachsenen, männlichen Arbeitern			bei Knaben und Arbeiterinnen		
	der höchste	der mittlere	der niedrigste	der höchste	der mittlere	der niedrigste
Gewinnanteil M	72,—	36,—	12,—	36,—	18,—	6,—
Durchschnittl. Tagelohn M	6,—	4,50	2,25	4,—	2,50	1,25

Die Erfahrungen mit diesem Gewinnbeteiligungssystem wurden 1911 als nicht besonders günstig bezeichnet. Es war nur eine Abnahme der Ersuchen um Lohnvorschüsse zu verzeichnen.

4. H. Fuchs, Waggonfabrik-Aktien-Gesellschaft, Heidelberg[1]).

Die Arbeitnehmer dieser Gesellschaft werden seit 1919 zu einem von der Geschäftsleitung nach Belieben bestimmten Teil am Reingewinn beteiligt und ihnen diese Summe als Gratifikation ausgezahlt. Die Höhe der Beteiligungsquote wird nach Angabe der Verwaltung stets nach deren freiem Ermessen unter Berücksichtigung des Ausfalls des Geschäftsjahres festgesetzt, ohne daß ein bestimmter Prozentsatz und besondere feststehende Bestimmungen in Anwendung gebracht werden.

Über die Erfahrungen wurden seitens der Verwaltung keine Mitteilungen gemacht. Trotz des Mangels feststehender Satzungen dürfte auch dieser Fall einer dreijährigen regelmäßigen Ausschüttung von Gewinnanteilen schon als Gewinnbeteiligung anzusehen sein.

5. Münchener Eggenfabrik, Aktien-Gesellschaft, München-Pasing[2]).

Die Münchener Eggenfabrik, Akt.-Ges., München-Pasing, jetzt Vereinigte Landsberger Pflug- und Münchener Eggenfabriken, Akt.-Ges., führte die Gewinnbeteiligung zum erstenmal für das vom 1. Mai 1919 bis 30. April 1920 laufende Geschäftsjahr nach § 31, Abs. 3 der Satzungen wie folgt ein:

„Aus denjenigen Beträgen des Reingewinns, die über eine vierprozentige Dividende hinaus ausgeschüttet werden, ist erstmals nach Abschluß des Geschäftsjahres 1919/20 ein Teilbetrag von 20 v. H. den Arbeitern und Angestellten des Unternehmens als Gewinnanteil zuzuwenden. Über die Verteilung dieses Gewinnanteiles entscheidet eine vom Aufsichtsrat im Benehmen mit dem Vorstand und einem von den Arbeitern und Angestellten zu wählenden Ausschuß vor dem 1. Mai 1919 aufzustellende Verteilungsordnung; Änderungen dieser Verteilungsordnung werden in der gleichen Weise vorgenommen, sind aber erst von dem der Änderung folgenden 1. Mai ab wirksam."

Nach der Fusion der Gesellschaft mit den Vereinigten Landsberger Pflugfabriken wurde dieser Paragraph der Satzungen in die neuen Satzungen der vereinigten Gesellschaften vom August 1921 unverändert aufgenommen.

Bei der Festsetzung des anteilberechtigten Lohnes kommt derjenige Lohn in Frage, der seitens des Werkes der Berufsgenossenschaft als verdient angegeben wird, d. i. ausgezahlter Lohn plus Steuer plus Krankenkassen- und Versicherungsanteil der Arbeiter.

---

[1]) Selter: Zusammenstellung der wichtigsten Lohn- und Ertragsbeteiligungsformeln, S. 35, Berlin 1920. Eigene Angaben der Firma vom Juni 1921.

[2]) Münchener Neueste Nachrichten Nr. 613 vom 4. Dez. 1919 und eigene Angaben der Firma vom Oktober und November 1921.

Als gewinnanteilsberechtigtes Gehalt gilt der Betrag, der mit dem Angestellten vereinbart ist, wobei die sozialen Beträge nicht in Abzug kommen. Teuerungszulagen und festgelegte Weihnachtsgratifikationen gelten als Gehaltsteil. Die Gehälter der Angestellten und der als solche geltenden Arbeitnehmer (Abs. 3 des Wortlauts der Verteilungsordnung) werden jedoch nur bis zur Höhe des höchsten Arbeiterlohnes als gewinnanteilsberechtigt angesetzt. Es soll mit dieser Bestimmung ein gewisser sozialer Ausgleich geschaffen sein. — Sonstige Unterschiede z. B. hinsichtlich des Alters oder des Familienstandes werden nicht gemacht. Lediglich die Höhe des verdienten Lohnes oder Gehalts, diese mit den oben angeführten Grenzen, bildet die Grundlage für die Berechnung des Gewinnanteils.

Als Gewinnanteil für die Angestellten und Arbeiter kommen 20 v. H. des in der Bilanz ausgewiesenen Geschäftsgewinns zur Verteilung, der nach Abzug einer Kapitalsverzinsung von 4 v. H. ausgezahlt wird. Somit bekommen also die Arbeitnehmer, nach einer vierprozentigen Verzinsung des Aktienkapitals, 20 v. H. von den Beträgen, die das Unternehmen überhaupt als Gewinn oder Vergütung verteilt, d. s. Dividenden, Aufsichtsratstantiemen und Arbeitergewinnbeteiligung.

Laut Geschäftsbericht 1919/20 betrug der vom Jahresgewinn ausgezahlte Betrag:

25 v. H. Dividende	487 500,— M.
Aufsichtsratstantieme	98 192,30 ,,
Gewinnbeteiligung der Arbeiter u. Angestellten .	126 923,06 ,,
	712 615,36 M.
Hiervon 4 v. H. Dividende auf Aktienkapital	
für 1 Jahr auf 1 300 000,— M.	
für 1/2 Jahr auf 1 300 000,— M.	78 000,— ,,
bleibt:	634 615,36 M.

Die Grundlage für die Gewinnbeteiligung der Angestellten und Arbeiter ist 20 v. H. von 634 615,36 M., mithin 126 932,06 M. Dieser Anteil verteilt sich auf

439 453,99 M. für Löhne,
102 310,68 M. für Gehälter,

zusammen 541 764,67 M., daraus ergibt sich eine Gewinnquote 23,5 v. H. oder von 23,50 M. Gewinn auf 100,— M. verdienten Lohn oder Gehalt. Der höchste Einzelgewinnanteil betrug im Geschäftsjahr 1919/20 1825,40 M. Es waren 100 Angestellte und Arbeiter beteiligt, so daß im Durchschnitt auf einen Gewinnanteilsberechtigten 1269,23 M. Gewinn entfielen.

Laut Geschäftsbericht 1920/21 waren die Zahlen folgende:

20 v. H. Dividende	1 490 000,— M.
Aufsichtsratstantieme	280 615,38 „
Gewinnbeteiligung der Arbeiter u. Angestellten .	368 153,85 „
zusammen	2 138 769,23 M.
hiervon 4 v. H. Dividende auf Aktienkapital für 1 Jahr auf 4 900 000,— M. für $^1/_2$ Jahr auf 5 100 000,— M.	298 000,— „
bleibt	11 840 769,23 M.

Die Grundlage für die Gewinnbeteiligung der Angestellten und Arbeiter ist 20 v. H. von 1 840 769,23 M., mithin 368 153,85 M. Für das im Laufe des Geschäftsjahres 1920/21 übernommene Werk Landsberg, das zur Gewinnerzielung des ganzen Jahres beigetragen hatte, wurden für eine zehnprozentige Gewinnbeteiligung auf die in Landsberg angefallenen Jahreslöhne und Gehälter in Höhe von 1 176 983, —M. 117 698,30 M. von dem obigen Betrage zurückgestellt. Es verblieben somit für das Hauptwerk Pasing

250 455,55 M., die auf 949,084 44 M. Löhne,
und auf 145 478,50 M. Gehälter

mit zusammen 1 094 562,94 M. verteilt wurden, woraus sich eine Quote von 22,88 v. H., aufgerundet auf 23 v. H., ergibt, d. i. auf 100,— M. verdienten Lohn oder Gehalt 23,— M. Gewinnanteil. Der höchste Gewinnanteil betrug 3750,— M. Bei einer Beteiligung von durchschnittlich 90 Personen entfielen für 1920/21 auf eine Person durchschnittlich 2782,85 M. Gewinnanteil.

Die Auszahlung der Gewinnanteile findet immer kurz nach der den Abschluß genehmigenden Generalversammlung statt. Die Anteile werden restlos in bar ausbezahlt.

Für die Gewinnbeteiligung besteht die nachfolgende Satzung:

Verteilungsordnung für den Gewinnanteil der Angestellten und Arbeiter der Vereinigten Landsberger Pflug- und Münchener Eggenfabriken Aktiengesellschaft, München-Pasing, nach § 31/11 der Gesellschaftssatzung.

Wortlaut der einschlägigen Satzungsbestimmung:

„Aus denjenigen Beträgen des Reingewinns, die über eine vierprozentige Dividende hinaus ausgeschüttet werden, ist erstmals nach Abschluß des Geschäftsjahres 1919/20 ein Teilbetrag von 20 v. H. den Arbeitern und Angestellten des Unternehmens als Gewinnanteil zuzuwenden. Über die Verteilung dieses Gewinnanteils entscheidet eine vom Aufsichtsrat im Benehmen mit dem Vorstand und einem von den Arbeitern und Angestellten zu wählenden Ausschuß vor dem 1. Mai 1919 aufzustellende Verteilungsordnung; Änderungen dieser Verteilungsordnung werden in der gleichen Weise vorgenommen, sind aber erst von dem der Änderung folgenden 1. Mai ab wirksam.“

Wortlaut der Verteilungsordnung:

1. Der satzungsgemäß von der Generalversammlung zur Verfügung gestellte Betrag ist zu verteilen auf alle während des Geschäftsjahres bei der Gesellschaft mindestens ununterbrochen 6 Monate gegen Entgelt tätig gewesenen Personen, insoweit sie nicht für ihre Tätigkeit auf Grund besonderer Vereinbarung Gewinnanteile, Umsatzprovisionen, sogenannten „Stücktantiemen" oder ähnliche außerordentliche Vergütungen bezogen haben.

2. An dem Ausschüttungsbetrag nimmt jeder Anteilsberechtigte mit dem Lohn oder Gehalt teil, den er für seine der Gesellschaft während des Geschäftsjahres geleistete Arbeit verdient hat.

3. Die kaufmännischen Angestellten, sowie diejenigen, bei denen gemäß § 133 a GO. das Dienstverhältnis nur mit Ablauf jedes Kalendervierteljahres nach 6 Wochen vorher erklärter Aufkündigung aufgehoben werden kann, nehmen an der Ausschüttung keinesfalls mit einer höheren Summe teil als derjenige Fabrikarbeiter im Sinne der §§ 134 ff. GO., welcher während des Geschäftsjahres die höchste Lohnsumme bezogen hat.

4. Der Vorstand wird jedem Anteilsberechtigten auf Wunsch, jedenfalls aber bei seinem Ausscheiden aus dem Arbeitsverhältnis, eine von ihm anzuerkennende Bestätigung über die ihm bei der Verteilung anzurechnende Lohnsumme ausstellen.

5. Der Gewinnanteil wird dem Berechtigten entweder persönlich oder durch die Post an die der Gesellschaft zuletzt bekanntgegebene Adresse ausbezahlt. Ist der Anteilsberechtigte vor der Ausschüttung gestorben, so erfolgt die Auszahlung entweder an die vom Berechtigten bei Lebzeiten dafür bestimmte Person oder an die Witwe und an die in Deutschland lebenden minderjährigen Kinder des Verstorbenen. Sind solche Hinterbliebene nicht vorhanden, oder ist die Adresse des Anteilsberechtigten innerhalb eines Vierteljahres der Gesellschaft von dem Berechtigten nicht bekanntgegeben worden, verfallen die Ansprüche auf den Gewinnanteil zugunsten der im nächsten Jahre erfolgenden Ausschüttung.

Erläuterungen:

Zur Satzungsbestimmung: Der Gewinnanteil der Arbeiter steht in einem festen Verhältnis zum Gewinnanteil der Aktionäre. Da dieser nach dem Gesetz erst durch die alljährlich stattfindende Generalversammlung beschlossen werden kann, ist auch eine Festsetzung oder Auszahlung des Arbeiteranteils vor dieser Generalversammlung nicht möglich.

Zu Ziffer 1 der Verteilungsordnung: Einen Gewinnanteil erhält beispielsweise im Juli 1920 nur ein Arbeiter, der in der Zeit vom 1. Mai 1919 bis 30. April 1920 (Geschäftsjahr 1919/20) mindestens 6 Monate ununterbrochen bei uns gearbeitet hat.

Zu Ziffer 2 der Verteilungsordnung: Der Gewinnanteil des einzelnen ist abhängig von der Summe aller Löhne, die der Anteilsberechtigte in der Zeit vom 1. Mai bis 30. April bei uns verdient hat.

Zu Ziffer 5 der Verteilungsordnung: Es empfiehlt sich für jeden unserer Arbeiter und Angestellten, eine bestimmte Person zu benennen, die im Falle des Todes den später noch zur Auszahlung kommenden Gewinnanteil erheben kann. Im Büro liegen dazu Formulare auf.

Beispiel.

Es werden über eine vierprozentige Verzinsung des Aktienkapitals hinaus

M. 1 000 000,— Gewinn

ausgeschüttet.

Laut § 31/II der Gesellschaftssatzung gelangen hiervon
20 v. H. = M. 200 000,—
zur Verteilung auf die anteilsberechtigten Löhne und Gehälter.
Diese Löhne und Gehälter betragen beispielsweise
M. 800 000,—
Dann bekommt jeder Berechtigte Lohn- und Gehaltsempfänger für
M. 100,— Lohn oder Gehalt M. 25,—
oder 25 v. H. Gewinnanteil.
Also erhält jeder Arbeiter oder Angestellter z. B. bei M. 10 000,— Jahreslohn
M. 2500,— Gewinnanteil."

Für die Verpflichtung zur Anerkennung der Gewinnanteile wurde folgender Verpflichtungsschein geschaffen:

Nr. ....
Werk: ....

Gewinn-Beteiligung 19../19..

M. ...... Lohnsumme für die Berechnung der Gewinnbeteiligung 19.. anerkannt.

Werk Pasing .... den ....
Werk Landsberg ....
(Unterschrift.)

Die Erfahrungen, welche die Gesellschaften mit der Gewinnbeteiligung gemacht haben, sind nach Angaben der Verwaltung vom Oktober und November 1921 außerordentlich günstig. Es ist durch die Gewinnbeteiligung bei den Arbeitern ein größeres Interesse für ihre Arbeitsstätte erweckt worden, so daß auch während der unruhigsten Zeiten ein gutes Einvernehmen mit den Werksangehörigen geherrscht hat. Die Gesellschaften haben nie unter Sabotage, Streitigkeiten oder willkürlichen Streiks gelitten.

B. Textilindustrie.

1. Manufaktur Koechlin, Baumgartner & Cie., Akt.-Ges., Lörrach[1]).

Die Gesellschaft führte die Gewinnbeteiligung aus Anlaß ihres 150jährigen Jubiläums am 1. Juli 1903 für ihre ständigen Arbeiter und Arbeiterinnen ein. Für die Gewinnanteilsberechtigung wurden die nachfolgenden Bestimmungen aufgestellt:

Bestimmungen.

„Die Manufaktur Koechlin, Baumgartner & Cie. A.-G. in Lörrach wird vom 1. Juli 1903 ihren ständigen Arbeitern und Arbeiterinnen einen bestimmten Anteil am Geschäftsgewinn zukommen lassen.

Anspruch auf Beteiligung haben sämtliche Arbeiter und Arbeiterinnen der Firma Manufaktur Koechlin, Baumgartner & Cie. A.-G., welche bei Beginn des Geschäftsjahres (1. Juli jeden Jahres) das 25. Lebensjahr zurückgelegt haben und mindestens 5 volle Jahre in einem festen Arbeitsverhältnis zur Firma stehen.

---

[1]) Volkswohl Nr. 47, 1903. Arbeiterfreund S. 259, 1903. Eigene Angaben der Firma vom Oktober 1921.

Regelmäßige Saisonarbeiter, d. h. solche, welche seit mindestens 5 Jahren nur zu einer gewissen Zeit des Jahres in der Fabrik arbeiten, können ebenfalls nach Verhältnis der Beschäftigungsdauer berücksichtigt werden.

Am Schluß eines jeden Geschäftsjahres wird vom Reingewinne, nach einem festen Prozentsatz, diejenige Summe ausgeworfen, welche den Bezugsberechtigten in Anteilen gutgeschrieben werden soll.

Die einfachen Anteile können von der Direktion für gewisse Arbeiter, unter Berücksichtigung des Dienstalters und der Leistungen, verdoppelt werden.

Die Gutschrift erfolgt jeweils im Laufe des Monats Oktober durch Eintrag in ein Guthabenbüchlein, welches auf den Namen lautet und dem Betreffenden zugestellt wird.

Jeder Arbeiter (Arbeiterin) kann über höchstens $^1/_3$ seines jährlichen Anteils sofort verfügen, die übrigen $^2/_3$ bleiben stehen. Die stehengebliebene Summe wird vom Tage der Gutschrift an bis auf weiteres zu 4 v. H. verzinst.

Weitere Abhebungen von den Guthaben können nur in ganz dringenden Fällen erfolgen. Die bezüglichen Gesuche sind unter Angabe der Gründe, durch Vermittlung des betreffenden Meisters, der Direktion zur Entscheidung vorzubringen.

Anteile, welche mindestens 3 Jahre verzinst wurden, können auf Antrag ganz erhoben werden.

Diejenigen Arbeiter (Arbeiterinnen), welche vor Schluß des Geschäftsjahres aus der Beschäftigung ausscheiden, haben die Auszahlung ihres Guthabens bei der Kündigung zu beantragen. Ob und welcher Anteil denselben an dem Gewinne des laufenden Jahres zusteht wird die Direktion entscheiden.

Arbeiter, welche auf Grund des § 15 der Arbeitsordnung entlassen werden, oder sich eines groben Vergehens zum Nachteil der Firma schuldig machen, sind von der Beteiligung für das laufende Jahr ausgeschlossen.

Im Falle der Arbeitsunfähigkeit kann der entfallende Anteil nach Verhältnis der Arbeitsverhinderung vermindert werden, sofern letztere die Dauer von 3 Wochen übersteigt. Dauert die Erwerbsunfähigkeit im Laufe eines Jahres länger als 3 Monate, so kann der bezügliche Jahresanteil ganz in Wegfall kommen.

Durch Anschlag an den Fabriktoren wird bekannt gegeben, an welchen Tagen die Guthabenzahlungen stattfinden. Bei der Zahlung ist das Guthabenbüchlein vorzuweisen. Wird das ganze Guthaben erhoben, so muß das Büchlein zurückgegeben werden.

Beim Todesfall eines Beteiligten wird das Guthaben, falls keine schriftliche Willenserklärung hierüber vorliegt, den gesetzlichen Erben zur Verfügung gestellt, sowie etwaiger Anteil am Gewinne des laufenden Jahres, nach Schluß desselben, ebenfalls an diese verabfolgt werden.

Die Guthabenbüchlein sind sorgfältig aufzubewahren. Dieselben werden alljährlich nach Schluß des Geschäftsjahres, zwecks Eintrag der Anteile eingefordert werden. Der Verlust eines Büchleins ist der Direktion anzuzeigen.

Die Direktion behält sich das Recht vor, alle Ausnahmefälle endgültig zu entscheiden, sowie vorstehende Bestimmungen jederzeit zu ändern oder aufzuheben."

Lörrach, den 1. Juli 1903.

Manufaktur
Koechlin, Baumgartner & Cie.
Aktien-Gesellschaft.

Die Gewinnanteile werden in folgender Weise festgesetzt: Wenn auf einen gewöhnlichen Arbeiter bzw. Tagelöhner 1 Anteil entfällt, so bezieht ein Qualitätsarbeiter 2, ein Vorarbeiter oder Untermeister 2 bis 3 und ein Meister oder Angestellter 2 bis 5 Anteile. Die Zahl der insgesamt gewährten Anteile ändert sich in jedem Jahr durch Zugang oder Abgang von Arbeitnehmern, sowie durch das Einrücken solcher, die erst nach dem bestimmten Zeitpunkt gewinnanteilsberechtigt geworden sind.

Von der Bestimmung, daß jeder Arbeiter jährlich nur über ein Drittel seines jährlichen Gewinnanteils sofort verfügen konnte und die übrigen zwei Drittel als fest verzinsliche Spareinlage stehen gelassen werden mußten, hat die Gesellschaft seit 1915 abgesehen, so daß von diesem Zeitpunkt ab das gesamte Guthaben zur freien Verfügung des betreffenden Arbeitnehmers stand. Nach Angaben der Verwaltung hat eine erhebliche Anzahl der Anteilsberechtigten von ihrem Guthaben und Gewinnanteilen vor dem Krieg entweder gar nichts oder nur den ihnen zustehenden dritten Teil abgehoben und ließ den Rest zinstragend stehen. Während des Krieges und nach Friedensschluß wurden die Guthaben infolge verteuerter Lebenshaltung durchweg voll abgehoben.

An Gewinnanteilen gelangten an die betreffenden Arbeitnehmer durchschnittlich zur Ausschüttung:

Jahr	Betrag eines Anteils M.	Jahr	Betrag eines Anteils M.
1903	60,—	1912	96,—
1904	73,50	1913	63,30
1905	78,—	1914	78,—
1906	72,90	1915	39,60
1907	62,25	1916	81,30
1908	—	1917	97,80
1909	40,20	1918	142,50
1910	30,90	1919	44,—
1911	76,35	1920	42,—

Insgesamt wurden in den Jahren 1903 bis 1920 auf diese Weise 753 145,— M. an Arbeiter und Angestellte als Gewinn verteilt.

Über die Erfahrungen, welche die Firma mit ihrer Gewinnbeteiligung gemacht hat, äußerte sich die Verwaltung im Oktober 1921 dahin, daß vom Anfang der Beteiligung im Jahre 1903 bis zum heutigen Tag keinerlei Mißhelligkeiten oder sonstige Unannehmlichkeiten vorgekommen seien, wie dies in vielen Fällen bei anderen Firmen beobachtet worden sei. Ob dieser Zustand ausschließlich der eingeführten Gewinnbeteiligung zuzuschreiben ist, glaubt die Verwaltung nicht vorbehaltlos bejahen zu können. Es wird jedoch der Überzeugung Ausdruck gegeben, daß die Gesellschaft der Gewinnbeteiligung viel für das im allgemeinen friedliche Verhältnis mit ihren Arbeitnehmern zu verdanken hat.

2. Vogtländische Tüllfabrik, Aktien-Gesellschaft, Plauen i. Vogtl.[1]).

Die Gesellschaft verteilt nach Angaben der Firma seit längerer Zeit (das Jahr der Einführung wurde nicht mitgeteilt) Gewinnanteile an ihre Arbeiter in der Weise, daß vom Reingewinn jedes Geschäftsjahres 10 v. H. für die Arbeiterschaft ausgeworfen werden. Die Verteilung erfolgt prozentual im Verhältnis zum Jahresverdienst des betreffenden Geschäftsjahres. Die Erfahrungen mit der Gewinnbeteiligung sind leidlich. Die Verwaltung ist der Ansicht, daß der größere Teil der Arbeiterschaft durch die Gewinnbeteiligung mehr Interesse für den Betrieb zeigt und mit der Beteiligung auch rechnet. Andererseits ist aber doch noch ein Teil unter der Arbeiterschaft, dem die kommunistische Idee weiter vorschwebt und der die Sozialisierung eingeführt sehen möchte.

3. Rauchwarenzurichterei und Färberei Walter, Aktien-Gesellschaft, vorm. Louis Walters Nachf., Markranstädt[2]).

Die Gesellschaft beteiligte ihre Arbeitnehmer erstmals Ende 1919 aus Anlaß eines guten Geschäftsergebnisses, ohne daß die Höhe der Gewinnanteile durch besondere Bestimmungen oder Satzungen vereinbart wurde. Für das Jahr 1920 wurde zunächst an Stelle einer reinen Gewinnbeteiligung an eine Kapitalbeteiligung der Arbeiter- und Angestelltenschaft des Unternehmens in der Weise gedacht, daß die Gesellschaft bei einer beabsichtigten Kapitalserhöhung von den zur Ausgabe gelangenden jungen Aktien M 400 000,— . zu 150 erwirbt und diese Aktien der Arbeiter- und Angestelltenschaft kostenlos überläßt. Die Aktien sollten durch eine Treuhandgesellschaft verwaltet werden, welche verpflichtet sein sollte, der Gesamtheit der Arbeiter- und Angestelltenschaft die auf die Aktien entfallende Dividende auszuzahlen, während das Stimmrecht in der Generalversammlung durch die Verwaltung ausgeübt werden sollte.

Da die Gesellschaft im November 1919 etwa 900 Arbeitnehmer beschäftigt hat, würden von den nominell 400 000,— M. Aktien je 450,— M. für jeden Arbeitnehmer zur Nutznießung zur Verfügung gestanden haben. Dies hätte im Jahre 1919 bei der Dividende von 30 v. H. einen Gewinnanteil von 135,— M., 1920 bei 60 v. H. Dividende von 270,— M. pro Jahr und Kopf ausgemacht, oder insgesamt 240 000,— M. für die gesamte Arbeitnehmerschaft.

---

1) Eigene Angaben der Firma vom Juni 1921.

2) Krasper: Der Arbeitsfriede durch Arbeiterkapitalisten, S. 54/55, Berlin 1921. Eigene Angaben der Firma vom November 1920. Berliner Tageblatt Nr. 180 vom 18. April 1921.

Auf Wunsch der Arbeiter und Angestellten wurde jedoch in der Generalversammlung vom Oktober 1921 dieser Plan einer Gewinn- und Kapitalbeteiligung durch Gratisaktien fallen gelassen, da bei seiner Durchführung die hohe Schenkungssteuerpflicht der Arbeitnehmer den Zweck der Maßnahme illusorisch gemacht hätte. Es wurde dagegen beschlossen, in das Gesellschaftsstatut eine Bestimmung aufzunehmen, des Inhalts, daß die Arbeitnehmerschaft vom Reingewinn einen Anteil erhält, der einem Aktienkapital von 400 000,— M. entspricht.

4. Erste Stapelfaser-Fabrik für Volksbekleidung, Aktien-Gesellschaft, Eisenach[1]).

Die Gesellschaft, dessen Vorsitzender des Aufsichtsrats, Eduard Stöhr, sich in mehreren „Mahnrufen“ für die Gewinn- und Kapitalbeteiligung der Arbeitnehmer eingesetzt hat, beteiligte mit der Gründung ihrer Gesellschaft im Februar 1919 ihre Arbeiter und Angestellten am Kapital[2]) und Reingewinn. Der erste Mahnruf richtete sich an die deutschen Gesetzgeber und Unternehmer, um sie von der Nützlichkeit und Notwendigkeit der Gewinn- und Kapitalbeteiligung der Arbeiter und Angestellten zu überzeugen, der zweite Mahnruf wandte sich an die Arbeitnehmer, während der dritte die Arbeitnehmer und Arbeitgeber als Arbeitsgenossen vor der damals (November 1919) erneut aufflammenden Streiklust warnte und die Gewinnbeteiligung als Mittel für den sozialen Ausgleich empfahl. Der vierte und letzte Mahnruf richtete sich an die deutschen Handelskammern, die mit einer einzigen Ausnahme auf die Zustellung der drei ersten Mahnrufe nicht reagiert hatten.

Die Festlegung der Gewinnbeteiligung erfolgte durch die nachfolgenden Paragraphen des Gesellschaftsstatuts:

„§ 10. Außer Stamm- und Arbeiteraktionären können Arbeiter und Angestellte der Gesellschaft noch in zweierlei Weise Gewinnbeteiligung erwerben:

a) durch Einlagen in die Gesellschaftskasse aus gemachten Ersparnissen bis zur Höhe eines Jahresgehalts oder Jahresarbeitseinkommens. Dieselben werden den Einlegern gutgeschrieben und jährlich mit dem auf die Aktien entfallenden Dividendensatz, mindestens aber mit 5 v. H. verzinst.

b) durch Gewinnanteile, welche in der Weise berechnet werden, daß die in Frage kommenden Arbeiter und Angestellten nach Maßgabe ihres Gehalts oder Arbeitseinkommens denselben Prozentsatz beziehen, wie die Aktionäre auf ihre Aktien.

§ 20. Außer dem nach vorstehendem zu bildenden gesetzlichen Aufsichtsrat werden von den nach § 10 a und b am Gewinn beteiligten Personen mit einfacher Stimmenmehrheit noch je ein Vertreter und für den Fall der Verhinderung

---

[1]) Krasper: Der Arbeitsfriede durch Arbeiterkapitalisten, Berlin 1919, S. 50—53. Frankfurter Zeitung Nr. 323 vom 4. Mai 1920; Vier Mahnrufe von Eduard Stöhr und Dr. Wichmann. Eigene Angaben der Firma vom September 1921.

[2]) Abschnitt Kapitalbeteiligung.

desselben je ein Stellvertreter gewählt, welche an den Sitzungen des Aufsichtsrats mit beratender Stimme teilnehmen. Fällt einer dieser Vertreter und sein Stellvertreter weg, so hat alsbald eine Ergänzungswahl stattzufinden. Die Arbeiter- und Angestelltenvertreter erhalten für ihre Teilnahme an den Sitzungen eine Entschädigung von M. 30,— für jede Sitzung."

Nach Angaben der Gesellschaft haben die beiden ersten Geschäftsjahre, d. h. 1919 und 1920, sowohl bei der Ersten Stapelfaserfabrik als auch bei der ihr nahestehenden „Stafa A.-G., Eisenach", kein Erträgnis gebracht, so daß eine Verteilung von Gewinnanteilen an die Arbeitnehmer für diese Jahre nicht in Frage kam. Aus diesem Grunde stehen der Verwaltung Erfahrungen über die praktische Bedeutung der Gewinnbeteiligung nicht zur Verfügung.

5. „Stafa Akt.-Ges.", Eisenach[1]).

Die „Stafa A.-G.", welche mit der oben beschriebenen Ersten Stapelfaserfabrik in enger Interessengemeinschaft arbeitet, hat bei der zur gleichen Zeit erfolgten Gründung im § 9 ihres Gesellschaftsvertrages die Gewinnbeteiligung ihrer Arbeiter und Angestellten in demselben Umfange festgelegt.

Nach Angaben der Verwaltung vom September 1921 treffen für diese Gesellschaft die gleichen Ursachen zu wie für die Erste Stapelfaserfabrik, daß auch hier infolge zweier Verlustjahre eine Ausschüttung von Gewinnanteilen noch nicht vorgenommen werden konnte, so daß Erfahrungen über die Gewinnbeteiligung nicht zur Verfügung stehen.

C. Brauereien.

1. Brauerei zum Felsenkeller, Akt.-Ges., Dresden[2]).

Die Direktion der Brauerei hatte schon seit 1876 ihren Arbeitern und Angestellten eine Gewinnbeteiligung in Form von Weihnachtsprämien zugeführt. 1896 wurde den Arbeitnehmern hierauf die Gewinnbeteiligung durch entsprechende Änderung des Gesellschaftsvertrages statutarisch verbürgt. In § 9 des Gesellschaftsvertrages wurde bestimmt, daß $1^1/_2$ v. H. des Reingewinns den Beamten und Arbeitnehmern zukommen. Die Verteilung im einzelnen verblieb dem Ermessen der Direktion. Durch Beschluß der Generalversammlung des Jahres 1899 wurde der in § 9 der Satzung bewilligte Gewinnanteil von $1^1/_2$ auf 4 v. H. erhöht. Nach Maßgabe der statutarischen Bestimmungen und weiteren Beschlüssen der Gesellschaft betrugen die Zuwendungen vom Reingewinn an Arbeiter und Angestellte:

[1]) Wie bei der Ersten Stapelfaserfabrik.

[2]) Böhmert: Gewinnbeteiligung, S. 70/71, Dresden 1902. Arbeiterfreund, S. 100, 1903. Eigene Angaben der Firma von 1921.

Jahr	Anzahl der gewinnanteilberechtigten Arbeitnehmer	Gesamtbetrag der Gewinnanteile	Gewinnanteil pro Arbeitnehmer
1895—1896	223	32 020	143
1896—1897	240	41 020	171
1897—1898	271	40 740	151
1898—1899	297	47 380	159
1899—1900	315	46 200	145
1900—1901	340	53 540	157
1901—1902	363	60 340	166
1902—1903	380	62 860	166
1903—1904	408	67 120	164
1904—1905	423	72 300	170
1905—1906	429	75 220	175

Die Gesamtzahl der Arbeitnehmer betrug 1911 600, der Gesamtbetrag der ausgezahlten Gewinnanteile 86 000,— M. Hiervon betrug der statutenmäßige Gewinnanteil 45 300,— M. = 4 v. H. des Reingewinnes, während der Rest eine außerordentliche Vergütung darstellte.

Über die Erfahrungen wurden seitens der Verwaltung keine Angaben gemacht.

2. Schultheiß-Brauerei, Aktien-Gesellschaft, Berlin[1]).

Die Gesellschaft führte die Gewinnbeteiligung 1890 in Form einer Sparkasse ein, in welche im Laufe eines Jahres Einlagen bis zu 1000,— M. und insgesamt höchstens 5000,— M. eingezahlt werden können. Die Einlagen erhalten eine feste Verzinsung von 4 v. H. Darüber hinaus wird für diejenigen Spargelder, welche während des ganzen abgelaufenen Geschäftsjahres bei der Sparkasse angelegt wurden, außerdem der gleiche Prozentsatz vergütet, welchen die Aktionäre als Dividende erhalten, jedoch unter Anrechnung der festen Verzinsung von 4 v. H. Zur Teilnahme an dieser Superverzinsung werden „nur solche Spargelder angenommen, welche nachweislich aus in der Brauerei verdienten Gehältern, Löhnen, Gratifikationen usw. herrühren". Andere Gelder erhalten lediglich die vierprozentige Verzinsung.

Die Satzung der Sparkasse lautet in der Fassung vom 30. Mai 1912:

„Satzung für die Sparkasse der Schultheißschen Brauerei Aktien-Gesellschaft.

§ 1. Die bei der Schultheiß Brauerei Aktien-Gesellschaft bestehende Sparkasse ist eine lediglich dem Vorteile der Angestellten und Arbeitnehmer gewidmete Einrichtung; es werden daher Einlagen nur von Personen angenommen, die bei der Gesellschaft beschäftigt sind.

---

[1]) Arbeiterwohl, S. 112, 1899. Arbeiterfreund, S. 289, 1901. Böhmert: Gewinnbeteiligung, S. 71, Dresden 1902. Brandt: Gewinnbeteiligung und Ertragslohn, S. 291, Dresden 1917. Selter: Zusammenstellung der wichtigsten Lohn- und Ertragsbeteiligungsformen, S. 33, Berlin 1920. Debes a. a. O. S. 210. Frankfurter Zeitung Nr. 890 vom 28. Nov. 1919. Berliner Tageblatt Nr. 601 vom 16. Dez. 1919. Eigene Angaben der Verwaltung vom November 1919, Mai 1920 und Nov. 1920.

§ 2. Die Einlagen können bei der Kasse der Gesellschaft werktäglich in Beträgen von nicht unter 1,— M. gemacht werden, es dürfen aber von einer Person im Laufe eines Monats nicht mehr als 50 — M. und überhaupt nicht mehr als 3000 — M. eingezahlt werden. Jeder Einleger erhält ein auf seinen Namen ausgestelltes Sparkassenbuch, in welchem über die eingezahlten Beträge quittiert wird.

Alle aus dem Besitz eines Sparkassenbuches hervorgehenden Rechte sind an die Person des Einlegers gebunden und daher nicht übertragbar; insbesondere ist eine Übertragung oder Verpfändung des Sparguthabens oder eines Teils desselben ausgeschlossen. Wird der Bestimmung des vorhergehenden Satzes zuwider das Sparguthaben ganz oder zum Teil abgetreten oder verpfändet, so hört mit dem Tage, an welchem der Abtretungs- bzw. Verpfändungsvertrag abgeschlossen ist, die Verzinsung des gesamten Sparguthabens auf; die Gesellschaft ist in diesem Falle berechtigt, dem Sparer das Guthaben ohne Einhaltung einer Kündigungsfrist sofort zu kündigen.

§ 3. Die Gesellschaft ist berechtigt, aber nicht verpflichtet, dem Inhaber und Präsentanten des Sparkassenbuches das Sparguthaben ohne nähere Prüfung seiner materiellen Abhebungsbefugnis ganz oder zum Teil auszuzahlen.

§ 4. Die eingelegten Spargelder werden mit 4 v. H. jährlich verzinst. Die Zinsen werden jeweils per 1. März und 1. September berechnet und dem Kapital solange zugeschrieben, bis dieses den in § 2 bestimmten Höchstbetrag erreicht hat. Die Berechnung der Zinsen findet nur für volle Mark und volle Monate statt.

§ 5. Um die bei der Gesellschaft tätigen Angestellten und Arbeitnehmer mit ihren Ersparnissen an dem Ertrage des Unternehmens zu beteiligen, wird ihnen außer den genannten Zinsen jedesmal nach der Generalversammlung noch derjenige Prozentsatz, welchen die Gesellschaft über 4 v. H. an ihre Aktionäre als Jahresdividende verteilt, für diejenigen Spargelder vergütet, welche während des ganzen abgelaufenen Geschäftsjahres bei der Sparkasse angelegt waren.

§ 6. Als Einlage in die Sparkasse werden nur solche Gelder angenommen, welche von dem Einleger nachweislich aus dem bei der Gesellschaft verdienten Gehalte, Lohn, Gratifikationen usw. nach Bestreitung des Lebensunterhaltes für sich und seine Familie erspart worden sind.

Sind andere Gelder auf ein Sparkassenbuch eingezahlt worden, so kann der Vorstand der Gesellschaft dem Einleger das ganze Guthaben zur sofortigen Rückzahlung kündigen und die Verzinsung desselben für aufgehoben erklären.

Gelder, welche nicht den vorstehend erwähnten Ursprung haben, oder welche über den im § 2 genannten Höchstbetrag hinausgehen, können zwar, sofern und soweit sie den Angestellten und Arbeitnehmern der Gesellschaft gehören, von diesen gleichfalls bei ihr eingezahlt werden; dieselben werden indes nur auf Depositenkonto angenommen und lediglich mit 4 v. H. jährlich verzinst; im übrigen sind die hier beigefügten „Bedingungen für die Annahme von Zahlungen auf Depositenkonto“ maßgebend.

§ 7. Der Inhaber eines Sparkassenbuches kann ohne vorherige Kündigung innerhalb eines Zeitraums von zwei Monaten nicht mehr als 100,— M. — sei es auf einmal, sei es in Teilbeträgen — abheben. Soll ein Betrag von mehr als 100,— M. mit einem Male abgehoben werden, so bedarf es einer vorangegangenen dreimonatigen Kündigung. Die abgehobenen Beträge werden im Sparkassenbuche abgeschrieben, jedoch ist der Inhaber verpflichtet, auf Verlangen eine besondere Quittung zu erteilen.

§ 8. Der Inhaber eines Sparkassenbuches hat für sichere Aufbewahrung desselben Sorge zu tragen. Wenn ein Sparkassenbuch verlorengegangen ist, so ist davon der Gesellschaft, welche indes für einen etwa inzwischen entstandenen

Schaden nicht haftet, sofort Anzeige zu erstatten; nach erfolgter Kraftloserklärung des verlorengegangenen Sparkassenbuches wird an Stelle desselben ein neues ausgefolgt.

§ 9. Scheidet der Inhaber eines Sparkassenbuches bei der Gesellschaft aus, so wird sein Guthaben, falls es nicht schon früher gekündigt ist, drei Monate nach dem Tage des Ausscheidens zur Rückzahlung fällig. Die Gesellschaft ist berechtigt, von der Einhaltung dieser Frist abzusehen; auch bleibt das in § 7 Satz 1 vorgesehene Abhebungsrecht des Sparers für Beträge bis zu 100 M. unberührt.

In keinem Falle des Ausscheidens wird die Superdividende über den Ablauf desjenigen Geschäftsjahres hinaus gewährt, innerhalb dessen das Ausscheiden erfolgt ist.

§ 10. Die Gesellschaft hat das Recht, die bei ihr eingelegten Spargelder zum Schluß eines jeden Geschäftsjahres mit vierwöchiger Frist, sei es allgemein allen Einlegern durch Aushang im Geschäftslokal, sei es einzelnen Einlegern durch eingeschriebenen Brief, zu kündigen. Mit Ablauf dieser Frist hört die Verzinsung auf. Die Einleger haben ihr Guthaben nebst aufgelaufenen Zinsen gegen Rückgabe der Sparkassenbücher bei der Kasse der Gesellschaft in Empfang zu nehmen.

§ 11. Alle zwischen Einlegern und der Gesellschaft etwa entstehenden Streitigkeiten werden endgültig und mit Ausschluß jedes anderen Rechtsmittels von einem Schiedsgericht mit Stimmenmehrheit entschieden. Das Schiedsgericht setzt sich zusammen aus:

1. einem Direktor,
2. einem Mitgliede des Aufsichtsrates,
3. zwei von der Direktion bestimmten Angestellten,
4. vier Arbeitnehmern, welche von den bestehenden Arbeiterausschüssen aus ihrer Mitte für jede Schiedsgerichtssitzung gewählt werden.

Berlin, den 30. Mai 1912.

Die Direktion
der Schultheiß-Brauerei Aktien-Gesellschaft."

„Bedingungen für die Annahme von Zahlungen auf Depositenkonto.

Die Zinsen der auf Depositenkonto eingezahlten Gelder werden halbjährlich per 1. März und 1. September berechnet und ausbezahlt.

Abhebungen können erfolgen:

im Kapitalbetrage bis zu 500 M. eine Woche nach Kündigung
„ „ von 500—3000 „ einen Monat „ „
„ „ „ über 3000 „ drei Monate „ „

Die Kündigung ist jederzeit zulässig und hat schriftlich zu erfolgen.

Der Gesellschaft steht das Recht zur Rückzahlung nach voraufgegangener zweiwöchiger Kündigung ohne Rücksicht auf die Höhe des Betrages zu."

Die Höhe der Spargelder der Angestellten und Arbeiter erreichte 1899 952 650,— M. als Eigentum von 1216 Angestellten, d. h. $^4/_5$ des 1510 Arbeitnehmer umfassenden Personals (130 Angestellte, 1380 Arbeiter). 1905 betrug die Zahl der Spareinleger 1531 Personen, der Gesamtbetrag der Einlagen 2 120 471,— M.

Die Gewinnbeteiligung betrug in den Jahren 1890 bis 1912:

Jahr	Feste Verzinsung von 4 v. H. M.	Gewinnanteile v. H.	Gewinnanteile M.	Gesamtsumme M.
1890—1891	2 800,—	12	6 460,—	9 260,—
1891—1892	3 360,—	12	8 780,—	12 160,—
1892—1893	4 840,—	11	11 200,—	16 040,—
1893—1894	6 460,—	8	10 840,—	17 300,—
1894—1895	7 740,—	10	16 100,—	23 840,—
1895—1896	9 440,—	12	23 380,—	32 800,—
1896—1897	12 460,—	12	45 560,—	57 920,—
1897—1898	27 280,—	11	61 680,—	88 960,—
1898—1899	35 660,—	10	76 900,—	112 560,—
1899—1900	44 440,—	10	97 960,—	142 420,—
1900—1901	51 320,—	10	118 600,—	169 920,—
1901—1902	58 100,—	10	136 220,—	194 300,—
1902—1903	65 060,—	11	167 960,—	233 020,—
1903—1904	73 240,—	12	205 720,—	238 960,—
1904—1905	83 800,—	14	264 500,—	358 300,—
1905—1906	—	11	313 000,—	—
1906—1907	—	12	323 380,—	—
1907—1908	—	9	276 380,—	—
1908—1909	—	9	295 340,—	—
1909—1910	—	9	312 000,—	—
1910—1911	—	10	362 180,—	—
1911—1912	—	10	380 860,—	—

Im Dezember 1919 stellte die Mehrheit der Arbeiter und Angestellten das Verlangen, daß die bisher nur den Inhabern von Sparbüchern zugute kommenden Superzinsen beseitigt und an ihrer Stelle die Beteiligung aller Beamten und Arbeiter am Reingewinn des Geschäftsjahres eingeführt würde. Dies begründeten sie damit, daß die Arbeitnehmer, insbesondere Familienväter, welchen für ihre Familie größere Aufwendungen erwachsen, oft nicht in der Lage sind, Spareinlagen zu bilden, so daß dann die Vergünstigung der Gewinnbeteiligung gerade denjenigen Arbeitnehmern nicht zukommt, für welche sie am ehesten berechtigt wäre. Ein Vertreter der Arbeitnehmer, welcher in der betreffenden Generalversammlung der Schultheiß - Brauerei als Aktionär anwesend war, äußerte sich in gleichem Sinne und bat dringend, den Antrag der Verwaltung auf Beseitigung der Superzinsen und Einführung der allgemeinen Gewinnbeteiligung anzunehmen. Die Versammlung beschloß daraufhin in § 33 der neuen Satzung der Gesellschaft folgende Bestimmung aufzunehmen:

„Von dem durch die Bilanz festgestellten Reingewinn werden verwendet: 3) 15 v. H. zur Auszahlung als Gewinnbeteiligung an die Beamten und Arbeiter der Gesellschaft nach näherer Bestimmung des Aufsichtsrates und des Vorstandes.“

Um den Spartrieb auch nach der Beseitigung der Superzinsen weiterhin wach zu halten, wurde beschlossen, die feste Verzinsung von 4 auf 5 v. H. zu erhöhen.

Über die Erfahrungen, welche die Gesellschaft mit ihrer Superverzinsung der Spareinlagen gemacht hat, äußerte sich die Verwaltung schon im Mai 1899 wie folgt:

„Ein unserer Sparkasse anhaftender Mangel besteht darin, daß Arbeitnehmer, welche infolge schlechter Wirtschaft, großer Familie, Krankheit oder sonstiger Schicksalsschläge keine Ersparung machen können, von der Teilnahme an dieser Wohlfahrtseinrichtung ausgeschlossen sind. In Anerkennung dieses Mangels haben wir jedoch eine Alterszulage eingeführt, die jedem zugute kommt, der 1 bzw. 3 Jahre bei uns beschäftigt ist, und pflegen ferner die Unterstützungskassen alljährlich so reichlich zu dotieren, daß hierdurch ein teilweiser Ausgleich geschaffen werden kann."

Nachdem diese Alterszulage späterhin auf Verlangen der Arbeitnehmer nicht mehr der Sparkasse überwiesen, sondern jedem Arbeitnehmer mit dem Lohn ausgezahlt wurde, machte sich der Fall der Unmöglichkeit der Anlegung von gewinnanteilsberechtigten Spareinlagen noch stärker bemerkbar und führte schließlich 1919 zu der oben erwähnten Einführung der allgemeinen Gewinnbeteiligung. Über die Erfahrungen mit dieser allgemeinen Beteiligung konnte seitens der Verwaltung noch kein Urteil gefällt werden.

D. Chemikalien.

1. Starck, Michael & Co., Berlin[1]).

Die Gesellschaft gewährt ihren kaufmännischen Angestellten eine Gewinnbeteiligung, indem sie denjenigen Angestellten, welche sich als besonders befähigt erweisen, eine bestimmte Beteiligung an dem Bruttogewinn einräumt, der durch ihre Geschäfte erzielt wird. Die Erfahrungen werden als günstige bezeichnet.

Aus den Angaben der Firma ist nicht klar ersichtlich, ob es sich um die allgemein übliche Gewährung von Tantiemeberechtigung an leitende Angestellte oder ein in den Abteilungen des Geschäftes in größerem Umfange organisiertes System der Gewinnbeteiligung für Angestellte handelt.

2. Th. Goldschmidt A.-G., Essen[2]).

Die Gesellschaft führte 1920 durch eine „Stiftung 1920 für Werksangehörige" ein Gewinnbeteiligungssystem ein, nach welchem die Arbeiter und Angestellten an Stelle direkter Gewinnbeteiligung

[1]) Eigene Angaben der Firma vom Mai 1920.

[2]) Eigene Angaben der Firma vom Oktober 1921.

den Anspruch auf Unterstützungen aus den Mitteln der Stiftung erhalten, während das Stiftungsvermögen als solches im Unternehmen der Gesellschaft angelegt wird. Hierfür wird der Stiftung neben einer festen Verzinsung von 6 v. H. insgesamt der gleiche Betrag als Zinssatz gewährt, den die Aktionäre der Gesellschaft als Dividende erhalten.

Die Satzungen der Stiftung lauten:

„Satzung der Stiftung 1920 für Werksangehörige.

§ 1. Errichtung. Zugunsten ihrer Werksangehörigen errichtet die Th. Goldschmidt A.-G. zu Essen mit ihren Zweigniederlassungen in Mannheim-Rheinau und Gernsheim eine Stiftung unter dem Namen: Stiftung 1920 für Werksangehörige.

§ 2. Sitz. Sitz der Stiftung ist Essen.

§ 3. Zweck. Die Erträgnisse der Stiftung sollen Verwendung finden zu einem Drittel für die Gewährung von Mitteln an die jeweiligen und die früheren Werksangehörigen und deren Familien in Fällen unverschuldeter Not, zu zwei Dritteln für die Gewährung von allgemeinen Zuschüssen auf Grund jährlich zu treffender Beschlüsse der gesetzlichen Betriebsvertretungen. In der Regel sollen Zuwendungen nur Werksangehörigen bzw. deren Familien gewährt werden, die mindestens 1 Jahr lang ohne Unterbrechung in den Diensten der Stifterin stehen oder gestanden haben. Zuwendungen an frühere Werksangehörige oder deren Familien sind nur in Fällen der Not statthaft und auch nur dann, wenn die Entlassung nicht wegen grober Vergehen stattfand, oder wenn nach dem Ausscheiden keine Vollarbeit bei anderen Arbeitgebern verrichtet wurde. Am Ende eines Geschäftsjahres nicht verbrauchte Stiftungserträgnisse sind nach gemeinsam zu treffenden Beschlüssen der Betriebsräte und der Stifterin zu verwenden. Sollte eine Einigung über die Verwertung der Restbeträge nicht stattfinden, so sind die nicht verbrauchten Erträgnisse dem Stiftungsvermögen zuzuführen.

§ 4. Vermögen. Das Vermögen der Stiftung besteht aus dem ihr von der Stifterin mit Errichtung zugewendeten Betrag von M. 1 500 000,— sowie aus etwaigen ihr späterhin zufallenden Summen und gemäß § 3 dieser Satzung etwa nicht verwendeten Erträgnissen. Das Stiftungsvermögen arbeitet dauernd im Betriebe der Stifterin weiter, wird also in Form einer seitens der Stifterin unkündbaren Schuldverschreibung der Stifterin an die Stiftung gewährt. Lediglich im Falle der Liquidation oder des Konkurses der Stifterin tritt die Fälligkeit der Schuldforderung zugunsten der Stiftung ohne weiteres zu.

Das Vermögen und seine Erträgnisse sind am Sitz der Stiftung zu verwalten. Die Erträgnisse sind zu verwenden für die Angehörigen des Werks Essen und der süddeutschen Niederlassungen im Verhältnis der im jeweils vorhergehenden Geschäftsjahr auf den einzelnen Betriebsstätten durchschnittlich beschäftigt gewesenen Werksangehörigen.

§ 5. Verwaltung. Die Verwaltung der Stiftung wird von einem Beauftragten der Stifterin unter Mitwirkung der gesetzlichen Vertreter der Arbeitnehmer geführt. Für die süddeutschen Niederlassungen wird zwecks Verwendung der dorthin überwiesenen Erträgnisse ein besonderer Beauftragter der Stifterin bestimmt. Die Einzelheiten der Verwaltung und Verteilung werden durch besondere Geschäftsordnungen für Essen und die süddeutschen Niederlassungen geregelt. Diese Geschäftsordnungen werden mit den zuständigen Betriebsräten vereinbart.

Die gesamte Tätigkeit im Dienste der Stiftung ist ehrenamtlich; nur nachgewiesene bare Auslagen, die bei der Amtsführung entstehen, werden aus den Mitteln der Stiftung erstattet.

§ 6. Verwendung. Das Vermögen der Stiftung und seine Erträgnisse dürfen nur nach Maßgabe dieser Satzung Verwendung finden.

§ 7. Der ausdrücklichen Zustimmung der Stifterin bedürfen Beschlüsse über allgemeine Zulagen zu Leistungen der Pensions- oder Betriebskrankenkasse, sowie Leistungen an einen einzelnen Werksangehörigen oder seine Familie, die einen Gesamtjahresbetrag von mehr als 1000,— M. ergeben.

§ 8. Gesuche um Zuwendungen aus der Stiftung sind an den zuständigen Beauftragten der Stifterin zu richten.

§ 9. Anlage und Verzinsung des Stiftungsvermögens. Das Vermögen der Stiftung wird bei der Stifterin auf einem besonderen Konto geführt und zu einem Zinssatz verzinst, der gleich ist dem Dividendensatz für die Aktien der Stifterin in dem betreffenden Geschäftsjahre. Der Mindestsatz der Verzinsung soll jedoch 6 v. H. betragen.

Die Zinsen in Höhe von 6 v. H. werden der Stiftung in vierteljährlichen Raten am Ende eines jeden Vierteljahres, erstmalig mit Wirkung ab 1. Januar 1921 zugeführt. Etwaige Überzinsen sind jährlich alsbald nach der die Dividende festsetzenden Hauptversammlung der Stifterin in einem Betrage an die Stiftung abzuführen.

§ 10. Zahlung. Die Kassenführung der Stiftung wird durch die Stifterin kostenlos besorgt. Die Auszahlung der Unterstützungen erfolgt an den Kassen der Stifterin auf Anweisung des zuständigen Beauftragten.

§ 11. Geschäftsjahr. Das Geschäftsjahr ist das Kalenderjahr. Das erste Geschäftsjahr umfaßt die Zeit vom 1. Januar 1921 bis 31. Dezember 1921. Die Beauftragten haben alljährlich einen Abschluß zu fertigen und der Stifterin vorzulegen.

§ 12. Änderung. Im Falle der Auflösung der Stiftung oder der Liquidation des Unternehmens bestimmt die Stifterin, in welcher Weise das vorhandene Vermögen zugunsten der Werksangehörigen zu verwenden ist. Derselbe Vorbehalt gilt bezüglich Verwendung der Erträgnisse bei Einstellung, Verlegung, Veräußerung oder Neuerrichtung oder Angliederung von Betriebsstätten.

Essen, den 22. April 1921.

Th. Goldschmidt A.-G."

E. Optische Industrie.

1. Carl Zeiß, Optische Werke, Jena[1]).

Die Firma Zeiß wird in der Gewinnbeteiligungsliteratur vielfach als der markanteste Fall der Gewinnbeteiligung angesehen. Dies trifft nicht zu. Das Wesen der Zeiß-Stiftung besteht vielmehr nach den wiederholten Äußerungen ihres Begründers, Prof. Abbe, darin, daß der gesamte Nutzen eines privatwirtschaftlich organisierten und geleiteten Großbetriebes der Allgemeinheit zugeführt wird. Auch unter den sozialen Bestimmungen der Satzungen des Zeißwerkes

---

[1]) Katscher: Was in der Luft liegt, S. 115, Leipzig 1899. Arbeiterfreund, S. 278, 1901, S. 205, 388 und 428, 1907, S. 37, 1910, S. 453, 1912. Allgemeine konservative Monatsschrift, S. 41, Leipzig 1899. Böhmert: Gewinnbeteiligung, S. 43, Dresden 1902. Auerbach: Das Zeißwerk und die Carl Zeiß-Stiftung, S. 163, Jena 1914. Das Arbeitsverhältnis im Jenaer Zeißwerk von Schomerus, S. 12, Jena 1919. Selter: Zusammenstellung der wichtigsten usw., S. 31, Berlin 1920. Krasper a. a. O. S. 10. Debes a. a. O. S. 214. Zeitschrift für Sozialwissenschaft, S. 415, 1914. Weltwirtschaftszeitung, S. 577, 1919. R.Arb.Bl. S. H. III, S. 14, 1920. Eigene Angaben der Firma vom September 1919.

ist nach den Angaben Abbes nicht die Gewinnbeteiligung, sondern die Verpflichtung des Werkes, ihren Arbeitnehmern im Falle der Kündigung einen bestimmten Teil des Gehaltes als Nachzahlung zu gewähren, der wesentlichste Bestandteil. Die Gewinnbeteiligung sollte unter diesen sozialen Maßnahmen nur ein verbindendes Glied darstellen, mit dem besonderen Zweck, daß den Arbeitern und Angestellten stets nur diejenigen festen Löhne und Gehälter gezahlt zu werden brauchten, welche die Werksleitung in Zeiten normalen Geschäftsganges zu zahlen in der Lage war. Um trotzdem den Arbeitnehmern bei einem günstigeren als dem normalen Geschäftsjahr den verdienten Teil an der guten Konjunktur zukommen zu lassen, wurde ihnen im Wege der Gewinnbeteiligung ein gewisser Prozentsatz des über den normalen Nutzen hinausgehenden Erträgnisses zugeführt.

In dem am 1. Oktober 1896 in Kraft getretenen Statut des Zeißwerkes wurde die Möglichkeit der Einführung der Gewinnbeteiligung vorgesehen „für den Fall, daß die gesamte Geschäftslage und der Stand des Reservefonds es gestatten würden". Für den Fall der Einführung der Gewinnbeteiligung wurde im Statut bestimmt, daß der Gewinnanteil für alle ein relativ gleicher nach Maßgabe ihres Lohnes oder Gehaltes sein müßte und daß jeder Angestellte anteilsberechtigt würde. Ausgeschlossen hiervon wurden allein die Mitglieder der Geschäftsleitung, „damit sie gegen den Verdacht geschützt bleiben, als könnten sie des eigenen Vorteils wegen die schwankenden Bezüge der Geschäftsangehörigen auf Kosten des regelmäßigen Gehaltes oder Lohnes zu erhöhen trachten". Bereits für das im Herbst 1896 ablaufende Geschäftsjahr wurde erstmalig eine Gewinnbeteiligung, welche beim Zeißwerk als „Lohn- oder Gehaltsnachzahlung" bezeichnet wird, in Höhe von 8 v. H. gewährt. Bei der Einführung der Beteiligung wurde folgende Norm aufgestellt:

Von dem ermittelten bilanzmäßigen Jahresgewinn, der den statutarischen Bestimmungen gemäß ohne Rücksicht auf die Höhe des Betriebskapitals in Prozenten der Lohn- oder Gehaltssumme zu berechnen ist, werden die ersten 9 v. H. zum Voraus für den Reservefonds in Abzug gebracht, und zwar 7 v. H. als anschlagsmäßige Reserve für zukünftige Pensionsleistungen und 2 v. H. als Deckung für die zukünftig zu leistenden Abgangsentschädigungen. Sofern der verbleibende Nettogewinn, bezogen auf das Lohn- und Gehaltkonto, 20 v. H. nicht übersteigt, fällt er der Stiftung als Unternehmergewinn zu. Überschreitet aber der Gesamtgewinn die Höhe von 20 v. H. des Lohn- und Gehaltkontos, so wird die eine Hälfte dieses weiteren Überschusses in der oben angegebenen Weise unter die Beamten und Arbeiter verteilt. Der diesen auf solcher Grundlage zustehende Anspruch gilt als ein klagbarer, ohne daß zugleich dem Personal gegenüber eine Pflicht zur Rechnungslegung formell anerkannt worden wäre. (§ 41, Abs. 3 des Statutes.)

Anteilsberechtigt waren bis zum 1. September 1901 alle Arbeiter und Angestellten, welche bei Schluß des Geschäftsjahres (30. September) im Dienste der Firma standen. Nach dem 1. September 1901 ist auch diese Beschränkung fortgefallen, so daß alle Arbeiter und Angestellten, welche im Dienste der Firma standen, anteilsberechtigt wurden.

Die Gewinnanteile bzw. die Lohn- und Gehaltsnachzahlungen des Zeißwerkes betrugen:

Jahr	Gewinnanteil v. H. des Lohnes oder Gehaltes	Wöchentlicher Durchschnittsverdienst der Arbeiter		Zahl der anteilsberechtigten Arbeiter
		ohne Gewinnanteil M.	mit Gewinnanteil M.	
1895—1896	8	—	—	—
1896—1897	5	—	—	—
1897—1898	9	—	—	—
1898—1899	10	—	—	—
1899—1900	10	—	—	—
1900—1901	10	—	—	—
1901—1902	8	—	—	—
1902—1903	—	27,45	27,45	995
1903—1904	5	29,06	30,51	999
1904—1905	9	29,56	32,22	1180
1905—1906	10	30,23	33,25	1246
1906—1907	10	31,01	34,11	1295
1907—1908	8	31,83	34,38	1456
1908—1909	8	31,70	34,23	1803
1909—1910	8	32,48	35,08	1979
1910—1911	8	32,47	35,07	2241
1911—1912	9	32,—	34,88	2786
1912—1913	9	32,21	35,10	3557
1913—1914	6	33,42	35,34	3416
1914—1915	6	35,58	37,68	3476
1915—1916	10	38,85	42,80	2996
1916—1917	8	46,40	50,11	4024
1917—1918	7	46,48	60,43	3505

Durchschnittlich wurde seit Einführung der Gewinnbeteiligung fast 8 v. H. des Lohnes oder Gehaltes gezahlt. Die Feststellung und Bekanntgabe des Prozentsatzes erfolgt stets nach Abschluß der Jahresbilanz Anfang Dezember, die Auszahlung der einzelnen Beträge stets bis zum 15. Dezember. Die ausgeschiedenen Geschäftsangehörigen haben ihren Anteil bis zum 31. März des folgenden Jahres abzuheben oder ihre Adresse mitzuteilen.

Über die Erfahrungen, welche die Firma mit dieser Gewinnbeteiligung gemacht hatte, äußerte sie sich 1901 wie folgt:

„Irgendwelche für die Unternehmung besonders günstigen Wirkungen (Steigerung des Fleißes, der Sorgfalt usw. der Geschäftsangehörigen) können wir der Gewinnbeteiligung nicht zuschreiben. Die Stabilität unseres Personals insbesondere wird weit mehr durch die sonstigen günstigen Arbeitsbedingungen, namentlich durch unsere Pensionszusicherung und die gesicherte Rechtslage der Betriebsangehörigen im allgemeinen gefördert. Auch in sozialer und moralischer Hinsicht haben wir keine bemerkenswerte Förderung durch die Gewinnbeteiligung wahrgenommen, wie uns denn auch bei Einführung dieser Einrichtung derartige Absichten ganz fernlagen. Wie schon oben ausgeführt wurde, war das Motiv dabei einzig und allein die Notwendigkeit, ein Korrektiv zu schaffen für unsere Lohneinrichtungen."

Entgegen der vielfach verbreiteten Behauptung, die Arbeitnehmer der Zeißwerke hätten nach der Revolution sich besonders radikal gebärdet und sehr oft gestreikt, führt dagegen die Verwaltung 1919 aus, daß die Arbeiterschaft der Zeißbetriebe, welche sich vor dem Kriege niemals an einem Streik beteiligt hatte, auch während der Revolutionszeit keine wilden Streiks, Generalstreiks oder böswillige Betriebsstörungen vorgenommen hat. Bei dem einzigen eintägigen Streik im April 1919 handelte es sich um einen Generalstreik und einen Akt, der sich nach den ausdrücklichen Angaben der Arbeiter nicht gegen die Firma, sondern die politischen Verhältnisse richtete.

2. Emil Busch, Aktiengesellschaft, Optische Industrie, Rathenow [1]).

Die Gesellschaft beteiligte ihre Arbeiter und Angestellten seit dem 1. April 1905 an den Erträgnissen des Unternehmens, indem sie ihnen gestattete, Beträge bis zu einer bestimmten Höhe in eine Fabriksparkasse zu legen, welche die Einlagen einschließlich einer garantierten festen Verzinsung von 4 v. H. mit demselben Prozentsatz verzinst, den die Aktionäre als Dividende beziehen. Für die Annahme in der Fabriksparkasse wird nur für jeden Einleger ein Höchstbetrag von 100,— M. für den Monat, 600,— M. für ein Jahr und insgesamt mit Zins und Zinseszins nicht mehr als 3000,— M. zugelassen. Die Beträge, welche in die Sparkasse eingelegt werden, müssen ferner aus den von der Fabrik bezogenen Löhnen bzw. Gehältern erspart sein. Alle aus dem Besitz eines Sparkassenbuches hervorgehenden Rechte werden an die Person des Einlegers oder seiner Erben geknüpft und sind nicht übertragbar. Über die Einlagen können die Arbeiter und Angestellten frei verfügen, jedoch dürfen die Abhebungen bis zu 50,— M. ohne Kündigung, darüber hinaus bis 300,— M. nur innerhalb 4 Wochen vorgenommen werden, während für größere Beträge eine vierwöchentliche Kündigungsfrist beansprucht werden kann. Die Gesellschaft hat ihrerseits die Möglichkeit, die eingelegten Spargelder und hiermit die ganze Gewinnbeteiligung 4 Wochen vor Schluß eines jeden Geschäftsjahres zu kündigen.

Die Satzungen der Fabriksparkasse lauten in der Fassung vom 12. August 1913:

„Bestimmungen über die Annahme von Spareinlagen im Betriebe der EmilBusch, Akt.-Gesellschaft, Optische Industrie, Rathenow.

Die Emil Busch, Aktiengesellschaft, Optische Industrie, nimmt von den in ihrem Betriebe angestellten und beschäftigten Beamten und Arbeitern Spargelder unter folgenden Bedingungen an:

---

[1]) Concordia, S. 107, 1905. Brandt, a. a. O. S. 291. Debes, a. a. O. S. 221. Eigene Angaben der Firma vom September 1921.

§ 1. Angenommen werden nur Gelder, welche der Einleger aus seinem im Gesellschaftsbetriebe verdienten Einkommen — nach Bestreitung seines und seiner Familie Unterhalts — erspart hat.

Demgemäß darf die Einlage einer Person im Laufe eines Monats den Betrag von M. 100,— und im Laufe eines Jahres von M. 600,— nicht übersteigen und werden im ganzen mehr als M. 3000,— von einem Einleger nicht angenommen.

§ 2. Die Einzahlungen (im Mindestbetrage von 1,— M.) erfolgen bei der Gesellschaftskasse, während der von der Fabrikleitung bestimmten Kassenzeit.

§ 3. Jeder Einleger erhält ein auf seinen Namen ausgestelltes Sparkassenbuch, in welchem seitens der Kasse über die eingezahlten Beträge quittiert wird.

Alle aus dem Besitze des Sparkassenbuchs entspringenden Rechte sind an die Person des Einlegers oder dessen Erben gebunden und nicht übertragbar, insbesondere ist eine Übertragung oder Verpfändung des Sparguthabens oder von Teilen desselben verboten und der Gesellschaft gegenüber unwirksam.

§ 4. Die eingelegten Spargelder werden von der Gesellschaft mit 4 v. H. jährlich verzinst. Die Zinsen werden am 31. März und 30. September jedes Jahres festgestellt und dem Kapital zugeschrieben, sie werden nur für volle Mark und volle Monate berechnet.

§ 5. Um ihren Beamten und Arbeitnehmern nach Möglichkeit einen Anteil an den Erträgnissen des Unternehmens zuzuwenden, wird die Gesellschaft alljährlich die im § 4 bestimmte Zinsvergütung für diejenigen Spareinlagen, die *während des ganzen* abgelaufenen Geschäftsjahres bei der Sparkasse angelegt gewesen sind, auf den Prozentsatz erhöhen, der von der Gesellschaft an ihre Aktionäre als Jahresdividende verteilt wird.

Der auf diese Einlagen entfallende Betrag wird nach Feststellung der Jahresdividende dem Kapital zugeschrieben, zinstragend vom vorausgegangenen 1. April ab.

§ 6. Werden, dem im § 1 ausgesprochenen Verbote zuwider, auf ein Sparkassenbuch Gelder eingezahlt, die in anderer Weise erworben sind als durch die Tätigkeit des Einzahlenden im Geschäftsbetriebe der Gesellschaft oder wird das Guthaben ganz oder teilweise verpfändet oder abgetreten, so kommt für das gesamte Guthaben des betreffenden Einzahlers der Anspruch auf die im § 4 festgesetzte Zinsvergütung oder die Beteiligung an der im § 5 vorgesehenen Zinserhöhung in Fortfall, und es wird nach Feststellung des Tatbestandes das Guthaben zurückgezahlt. Neue Einzahlungen werden von diesem Sparer nicht wieder angenommen.

Alle auf ein solches Sparkassenbuch bereits vergüteten Zinsen und Zinserhöhungen, sowohl die nach § 4 als die nach § 5 der Bestimmungen, sind zurückzuzahlen und werden vom Guthaben des Buches einbehalten und der Fabrikkrankenkasse überwiesen.

§ 7. *Der Inhaber eines Sparkassenbuches kann Beträge bis zu 50,— M. an den Kassentagen abheben; innerhalb 4 Wochen jedoch nicht mehr als 300,— M. Für größere Beträge kann eine vierwöchentliche Kündigung beansprucht werden.* Die angehobenen Beträge werden im Sparkassenbuch abgeschrieben; auf Verlangen ist eine besondere Quittung zu erteilen.

§ 8. Der Inhaber eines Sparkassenbuches hat für sichere Aufbewahrung desselben Sorge zu tragen. Wenn ein Sparkassenbuch verlorengegangen ist, so ist davon der Gesellschaft, welche jedoch für einen etwa inzwischen entstehenden *Schaden nicht haftet, sofort Anzeige zu erstatten*; nach erfolgter Kraftloserklärung des verlorengegangenen Sparkassenbuches wird an Stelle desselben ein neues ausgefertigt; die Kosten des Verfahrens trägt der Inhaber.

§ 9. Scheidet der Inhaber eines Sparkassenbuches aus der Fabrik aus, so kann er von seinem Guthaben bis 50,— M. sofort abheben, den Rest nach Maßgabe der im § 7 festgesetzten Bestimmungen; der Gesellschaft steht es aber frei, das gesamte Guthaben sofort und ohne Kündigung auszuzahlen.

Bei Todesfall kann der eingezahlte Betrag bis zum Schluß des Geschäftsjahres stehenbleiben und bis dahin an allen Vorteilen der Kasse teilnehmen.

§ 10. Die Gesellschaft hat das Recht, die bei ihr eingelegten Spargelder zum Schluß eines jeden Geschäftsjahres 4 Wochen vorher, sei es allgemein allen Einlegern durch Aushang im Geschäftslokal, sei es einzelnen Einlegern durch eingeschriebenen Brief zu kündigen. Mit Ablauf dieser Frist hört die Verzinsung auf.

Die Einleger haben ihr Guthaben nebst aufgelaufenen Zinsen gegen Rückgabe der Sparkassenbücher bei der Kasse der Gesellschaft in Empfang zu nehmen. Die etwaige Zinserhöhung gemäß § 5 wird bei der Auszahlung der Dividende nach der Generalversammlung gezahlt.

§ 11. Zwischen den Einlegern und der Gesellschaft aus Anlaß dieser Einrichtung etwa entstehende Streitigkeiten werden mit Ausschluß des Rechtsweges von einem Schiedsgericht entschieden, das sich zusammensetzt aus einem Mitgliede des Aufsichtsrats, einem Direktor der Gesellschaft, einem Beamten des Gesellschaft und zwei Mitgliedern des Arbeiterausschusses. Das Mitglied des Aufsichtsrates und der Direktion werden von dem Vorsitzenden des Aufsichtsrats bestimmt; der Beamte wird von den Prokuristen der Gesellschaft und die zwei Mitglieder des Arbeiterausschusses werden vom Arbeiterausschuß gewählt. Die Leitung der Verhandlung liegt dem bestellten Mitglied des Aufsichtsrats ob.

§ 12. Jeder Spareinleger hat durch Namensunterschrift zu bestätigen, daß er die Bestimmungen der Fabriksparkasse kennt und diese als allein maßgebend und rechtsverbindlich für sich anerkennt."

Über die Höhe der gleich der Dividende gezahlten Zinsen und den Gesamtbetrag der Spareinlagen seit Errichtung der Sparkasse berichtete die Verwaltung wie folgt:

Jahr	Feste Verzinsung v. H.	Mehr-Zinsen als Gewinnanteil v. H.	Gesamtzinsen v. H.	Gesamtzinsen M.	Gesamtbetrag der Spareinlagen M.
1905—1906	4	6	10	4 080,—	65 101,—
1906—1907	4	7	11	6 886,—	97 708,—
1907—1908	4	7	11	11 112,—	141 655,—
1908—1909	4	4	8	11 031,—	175 562,—
1909—1910	4	5½	9½	16 829,—	201 629,—
1910—1911	4	7	11	22 273,—	252 021,—
1911—1912	4	9	13	33 821,—	307 052,—
1912—1913	4	9	13	40 440,—	366 350,—
1913—1914	4	2	6	22 552,—	433 529,—
1914—1915	4	9	13	55 672,—	477 606,—
1915—1916	4	12	16	77 424,—	536 626,—
1916—1917	4	12	16	88 613,—	617 682,—
1917—1918	4	12	16	100 783,—	746 568,—
1918—1919	4	12	16	116 011,—	832 689,—
1919—1920	4	12	16	122 683,—	824 652,—
1920—1921	4	10	14	111 382,—	854 915,—

Über die Erfahrungen, welche die Gesellschaft mit diesem Gewinnbeteiligungssystem gemacht hat, hat sich die Verwaltung nicht geäußert. Jedoch dürfte die Beschränkung der Spareinlagen auf 3000,— M. insgesamt zwar den Spartrieb infolge der hohen Verzinsung wesentlich fördern, aber den sonst von der Gewinnbeteiligung erstrebten Anreiz einer Vermehrung der Arbeitsleistung zwecks Erzielung höherer Erträgnisse und Dividenden bzw. Sparkassenverzinsung z. Z. kaum erreichen.

F. Verkehrswesen.

1. Sächsisch-Böhmische Dampfschiffahrt-Gesellschaft, Dresden[1]).

Die Gewinnbeteiligung der Arbeiter und Angestellten in dieser Gesellschaft wurde 1886 auf Grund eines Angriffs der Zeitschrift „Volkswohl" gegen die Verwaltung des Unternehmens eingeführt. In dem betreffenden Artikel der Zeitschrift wurde der Verwaltung der Gesellschaft zum Vorwurf gemacht, daß bei einer Dividende von 18 v. H. für die Aktionäre kein Prozent des Gewinnes den Arbeitern und Angestellten überlassen wurde. Trotzdem die Verwaltung der Gesellschaft sich in der darauffolgenden Diskussion gegen die Beteiligung der Arbeiter ausgesprochen hatte, da ihre Tätigkeit für den Ertrag eines Dampfschiffahrtsunternehmens, dessen Gewinnergebnisse in hohem Maße von den Zufällen der Temperatureinflüsse abhängen, nicht von wesentlichem Einfluß sein könne, wurde 1886 die Gewinnbeteiligung der Arbeiter und Angestellten durch entsprechende Änderung des Gesellschaftsstatuts eingeführt. Zu den 3 v. H. des Reingewinns, welche bisher schon für eine Pensionskasse der Arbeiter und Angestellten abgeführt worden waren, sollten nunmehr weitere 3 v. H. des Ertrages zur direkten Verteilung an die Arbeitnehmer vorbehalten bleiben mit der Maßgabe, daß diese zugunsten der Abeiter und Angestellten ausgesetzten 6 v. H. vor der Verteilung der Dividende von dem Reingewinn in Abzug gebracht werden sollten. Anteilsberechtigt sind sämtliche Arbeiter und Angestelltən nach 1 Jahr Dienstzeit mit Gewinnanteilen, deren Höhe nach dem Ertrage ihres Arbeitseinkommens abgestuft waren. Die Auszahlung der Anteile erfolgt in bar. Ihre Verwendung bleibt dem freien Ermessen der Empfänger anheimgestellt.

Die Gewinnanteile betrugen 1900 insgesamt 20 759,71 Mark. Nach Angaben der Verwaltung betrug der Gewinnanteil in der letzten Zeit nicht mehr als 10,— Mark pro Jahr und Arbeitnehmer, da das Erträgnis des Unternehmens außerordentlich gering war.

---

[1]) Arbeiterfreund, S. 402/404, 1886. Volkswohl, S. 114/115, 1888. Katscher: Was in der Luft liegt, S. 107, Leipzig 1899. Arbeiterfreund, S. 425, 1901. Böhmert: Gewinnbeteiligung, S. 96, Dresden 1902. Pischel: Sonderabdruck aus Archiv für Eisenbahnwesen, S. 725/726, 1921. Eigene Angaben der Firma vom September 1919.

Die Erfahrungen, welche die Gesellschaft mit der Gewinnbeteiligung gemacht hat, bestätigten die vor der Einführung von der Verwaltung des Unternehmens geäußerten Bedenken, da es der Gesellschaft seit langer Zeit nicht möglich war, den Arbeitern und Angestellten Beträge in einer Höhe zuzuwenden, welche ihr Interesse entsprechend angespornt hätte. Sowohl im Jahre 1900 als auch Ende 1919 äußerte sich die Direktion dahin, daß der Anteil der einzelnen Angestellten und Arbeiter an dem Gewinn so gering war, daß man nicht sagen kann, die Gewinnbeteiligung hätte auch nur den geringsten Einfluß auf ihr Verhalten ausgeübt.

2. Allgemeine Berliner Omnibus-Aktiengesellschaft[1]).

Die Gesellschaft führte die Gewinnbeteiligung ihrer Angestellten im Jahre 1903 ein und gewährt jedem Angestellten, der während eines vollen Geschäftsjahres bei ihr tätig gewesen ist und am Tage der Generalversammlung noch in ihren Diensten steht, einen Anspruch auf einen Anteil am Gewinn. Ursprünglich erstreckte sich dieser Anspruch auf den Gewinn aus einem angenommenen Aktienbesitz in Höhe von einer Aktie von nom. 300,— M. Vom Jahre 1907 ab wurde jedoch dieser Gewinnanspruch auf zwei Aktien zu je nom. 300,— M. = 600,— M. erweitert.

Die Gewinnanteile betrugen:

Jahr	Gewinnanteile		Jahr	Gewinnanteile	
	v. H.	M.		v. H.	M.
1903	14	42,—	1912	8	48,—
1904	15	15,—	1913	9	54,—
1905	15	45,—	1914	$7^1/_2$	45,—
1906	9	27,—	1915	—	—
1907	—	—	1916	—	—
1908	—	—	1917	—	—
1909	2	12,—	1918	—	—
1910	6	36,—	1919	—	—
1911	7	42,—	1920	4	24,—

Nach den Angaben der Verwaltung hat die Beteiligung der Angestellten an dem Gewinn der Gesellschaft auf das Verhältnis zwischen der Gesellschaft und den Angestellten einen günstigen Einfluß ausgeübt.

[1]) Brandt: Gewinnbeteiligung und Ertragslohn, S. 290. Eigene Angaben der Firma vom Oktober 1921.

G. Verschiedene Gewerbezweige.

1. Heinrich Freese, Jalousie- und Holzpflasterfabrik, Berlin-Niederschönhausen[1]).

Die Firma, deren Inhaber, Heinrich Freese, einer der eifrigsten deutschen Verfechter der Gewinnbeteiligung ist, der in zahlreichen Schriften für die Verbreitung der Beteiligung eintrat, führte die Gewinnbeteiligung der Beamten der Firma erstmalig im Jahre 1888 ein. Die Veranlassung hierzu lag in den Schwierigkeiten, die sich einer gerechten Verteilung der Weihnachtsvergütungen an die Beamten entgegenstellten. Freese bestimmte deshalb jährlich einen festen Teil des Reingewinns der Fabrik für die Verteilung an die Beamten und setzte ihn im ersten Jahr auf 2 v. H. des erzielten Reingewinns fest mit der Bestimmung, daß dieser Gewinnanteil der Beamtenschaft jedes Jahr um $^1/_2$ v. H. bis zur Höhe von 5 v. H. steigen sollte. Der Betrag sollte jedes Jahr nach erfolgter Inventur festgestellt werden. Die Beteiligung erstreckte sich auf alle kaufmännischen und technischen Beamten einschließlich der Kontoristinnen und Lehrlinge. Für die Verteilung dieses Gesamtbetrages auf die einzelnen anteilsberechtigten Beamten sollte ausschließlich die Höhe ihres Jahreseinkommens maßgebend sein. Der Einrichtung wurde ein rechtsverbindlicher Charakter gegeben. Bei der Berechnung des Reingewinns wurde bis zum Jahre 1919 weder ein Gehalt oder Unternehmerlohn für Freese selbst, noch Zinsen für sein Betriebskapital vorweg in Abzug gebracht. Es sollten vielmehr außer den regelmäßigen Abschreibungen und Rückstellungen nur die an fremde Personen gezahlten Zinsen abgerechnet werden. Späterhin wurde noch bestimmt, daß neu eintretende Beamte mit Rücksicht darauf, daß sie sich erst einzuarbeiten hätten, im ersten Jahre ihrer Tätigkeit nur den hälftigen Gewinnanteil erhalten sollten, jedoch ist diese Karenzzeit 1919 auf 6 Monate vermindert worden. Die Werkbeamten (Werkmeister, Platzmeister und Lagerverwalter) wurden erst 1894 nachträglich in die Gewinnbeteiligung der Beamten einbezogen.

Schon bei Einführung der Gewinnbeteiligung für die Beamten des Freeseschen Unternehmens war beabsichtigt worden, die Beteiligung baldmöglichst, spätestens jedoch in dem Zeitpunkt auch auf die Arbeiter

[1]) Katscher: Was in der Luft liegt, S. 10, Leipzig 1899. Arbeiterfreund, S. 277, 1901. Arbeiterfreund, S. 388, 1911. Böhmert: Gewinnbeteiligung, S. 42, Dresden 1902. Freese: Die konstitutionelle Fabrik, Jena 1919. Reichs-Arb.-Bl. Sonderheft Nr. III, S. 15, 1920. Selter: Zusammenstellung der wichtigsten Lohn- und Ertragsbeteiligungsformen, S. 31, Berlin 1920. Pischel: Sonderabdruck aus Archiv für Eisenbahnwesen, S. 727, 1921. Debes, a. a. O. S. 206—208, 1921. Brandt: Gewinnbeteiligung und Ertragslohn, S. 294, Dresden 1907. Eigene Angaben der Firma vom Juli 1919.

des Unternehmens auszudehnen, mit welchem der Gewinnanteil der Beamtenschaft die Maximalhöhe von 5 v. H. des Reingewinns erreicht hätte. Die Beteiligung der Arbeiter wurde jedoch schon 2 Jahre später erstmalig 1890 unter den gleichen Bedingungen wie seinerzeit für die Beamten eingeführt. Die Verteilung sollte nach Maßgabe der gezahlten Arbeitslöhne erfolgen. Für die im Laufe des Jahres entlassenen Arbeiter verfiel der Gewinnanteilsbetrag den Wohltätigkeitskassen des Unternehmens.

Die Gewinnbeteiligung der Arbeiter und Beamten ist in einer Arbeitsordnung des Unternehmens wie folgt festgelegt:

„Gewinnbeteiligung.

§ 47. Die Arbeiterschaft der Fabrik ist seit dem Jahre 1890 am Reingewinn der Fabrik zur Zeit in Höhe von 5 v. H. beteiligt.

Ferner werden der Unterstützungskasse (§ 37) jährlich $2^1/_2$ v. H. des Rein gewinns überwiesen.

Der Gewinnanteil wird jedes Jahr bei Abschluß der Bilanz festgestellt. Als Reingewinn gilt der volle Bruttogewinn der Fabrik nach Abzug der Unkosten, der Abschreibungen, der Rückstellungen und der an Gläubiger der Firma gezahlten Zinsen.

Die Verteilung erfolgt nach Maßgabe der gezahlten Arbeitslöhne. Die Richtigkeit der verteilten Lohnquote ist von einem vereidigten Bücherrevisor zu bescheinigen.

Beteiligt ist jeder Arbeiter, der von der Firma beschäftigt worden ist. Es sind also auch alle vorübergehend beschäftigten Arbeiter beteiligt.

Wer nach § 5 zu einer Kündigung verpflichtet ist und trotzdem ohne Kündigung aufhört, verliert das Anrecht auf seinen Gewinnanteil.

Sein Anteil wird der Unterstützungskasse überwiesen. Arbeitern, die aus dem Betriebe ausgeschieden sind, wird ihr Anteil auf 3 Monate zur Aufhebung aufbewahrt. Die binnen dieser Frist nicht erhobenen Anteile werden der Unterstützungskasse überwiesen. Eine öffentliche Aufforderung, die Beträge abzuheben, erfolgt nicht.

Die Werkbeamten nehmen nicht an der Gewinnbeteiligung der Arbeiterschaft, sondern an der der kaufmännischen und technischen Beamten nach der Höhe ihres Gehalts teil.

Über die Gewinnanteile der Beamten und Arbeiter werden Sparkassenbücher der Fabriksparkasse (§ 44) ausgehändigt, über die die Inhaber frei verfügen können."

Die Berechnung des Gewinnanteiles der Arbeitnehmerschaft erfolgt ohne Mitwirkung der Arbeitnehmer durch die Verwaltung, jedoch bescheinigt ein Bücherrevisor einem Ausschuß der Arbeiter, daß eine Quote von .. v. H. nach den Statuten ordnungsgemäß auf sie entfällt. Es finden jährlich 6 bis 8 Generalversammlungen statt, in denen Freese die Betriebs- und Wohlfahrtskosten genau auseinandersetzt und wie bei einer Aktien-Gesellschaft unter Darlegung der Bilanz den Jahresbericht erstattet und seine Entlastung fordert. Auf dieses „konstitutionell-parlamentarische System" glaubt Freese besonders großen Wert legen zu sollen.

Die Gewinnanteile der Beamten und Arbeiter und die Zuweisung aus dem Reingewinn an die Unterstützungskasse des Werkes betrugen in Prozenten des Gehaltes:

Jahr	Beamte	Arbeiter	Unterstützungs-kasse
1888	4,52	—	—
1889	7,93	—	—
1890	9,97	0,63	—
1891	9,—	1,—	—
1892	6,71	1,20	—
1893	3,—	0,44	—
1894	9,63	1,91	—
1895	12,14	2,60	—
1896	17,20	3,65	—
1897	9,16	2,12	—
1898	24, 64	4,89	—
1899	15,24	3,31	1,65
1900	14,80	3,19	1,60
1901	17,50	3,53	1,77
1902	7,77	1,78	0,89
1903	17,56	3,41	1,70
1904	16,96	3,23	1,62
1905	20,46	4,15	2,08
1906	17,18	4,16	2,08
1907	11,—	2,55	1,28
1908	15,25	3,91	1,96
1909	8,12	2,65	1,32
1910	16,45	4,60	2,30
1911	7,03	2,02	1,01
1912	9,68	2,74	1,37
1913	12,24	3,27	1,64
1914	10,10	3,45	1,73
1915	2,71	1,19	0,59
1916	11,80	4,90	2,45
1917	8,92	5,11	2,56
1918	7,72	3,66	1,83

Der Gewinnanteil der Beamten erreichte hiernach im Jahre 1898 die größte Höhe mit 24,64 v. H. des Gehaltes, der Anteil der Arbeiter 1917 mit 5,11 v. H. des Gehaltes. Die Anteilsguthaben werden jeweils in Fabrik-Sparkassenbüchern angelegt, deren Einlagen jederzeit abgehoben werden können. Die in der Sparkasse belassenen Einlagen werden dem Betriebskapital zugeführt und mit 5 v. H. fest verzinst. Diese Einlagen hatten nach Angaben Freeses 1919 eine außerordentliche Höhe erreicht, so daß es ihm selbst fast ein zu großes Risiko war, derart erhebliche Teile des Vermögens seiner Angestellten in seinem Unternehmen arbeiten zu lassen. Jeder länger beschäftigte Arbeiter oder Beamte hatte mindestens mehrere tausend Mark, einige noch bedeutend größere Summen und ein einzelner sogar über 100 000,— M. an Sparkassenguthaben.

Im ganzen sind seit der Einführung der Gewinnbeteiligung bis zum Jahre 1919 den Beamten der Firma 186 030,41 M., den Arbeitern 153 506,39 M. und der Unterstützungskasse 70 205,53 M., zusammen also 409 742,33 M. überwiesen worden, gegenüber einer Gehalts- und Lohnsumme von etwa 8 000 000,— M., welche in dem gleichen Zeitraum an die Beamten und Arbeiter ausgezahlt worden ist. Dies bedeutet also im Durchschnitt die Zuweisung eines Gewinnanteiles von 5 v. H. der Gehalts- und Lohnsumme und jedes Anteilberechtigten.

Über die Erfahrungen äußerte sich Freese dem Verfasser gegenüber 1919 dahin, daß er mit seinen Beamten und Arbeitern äußerst zufrieden sei. Als Erfolg der Gewinnbeteiligung rechnet er außer der Erhöhung des Umsatzes besonders die sorgsamere Behandlung der Maschinen, sparsamste Verwendung des Materials und ein gutes Verhältnis zwischen Arbeitgebern und Arbeitnehmern. Die Arbeiter der Freeseschen Fabriken haben sich während des Krieges musterhaft geführt. Bei der ersten Kriegsanleihe wurden 16 000,— M. in einem Tage aus den Ersparnissen der Arbeiter gezeichnet.

Nach dem Ausbruch der Revolution stellten die Arbeitnehmer die Forderung nach einer 50 %igen Lohnerhöhung, begnügten sich dann jedoch mit den von Freese vorgeschlagenen 10 v. H. Freese verlangte ferner, daß nunmehr sein im Unternehmen angelegtes Kapital jeweils mit 5 v. H. vorweg aus dem Reingewinn befriedigt würde. Dieser Forderung stimmten die Arbeiter zu, da, wie sie bemerkten, von Freese auch ihr durch die Einrichtung der Fabrik in dem Unternehmen angelegtes Kapital mit 5 v. H. fest verzinst werde. Aus den Kreisen der Beamten erhob sich dagegen zunächst Widerspruch.

Bei den Arbeitern wurde seit dieser Zeit auf ihren speziellen Wunsch kein Unterschied gemacht und jeder Arbeiter ohne Rücksicht auf die Dauer seiner Zugehörigkeit zur Fabrik als voll anteilsberechtigt angesehen. Die Arbeiter begründeten diese Stellungnahme damit, daß sie zwar das Ungerechte dieses Systems einsähen, daß sie sich aber gegen den Vorwurf wahren wollten, eine Schutzgarde der Kapitalisten zu bilden und den an sich schon schlechter gestellten vorübergehend beschäftigten Arbeiter zu benachteiligen. Es würden sonst zwei Klassen von Arbeitern geschaffen.

Freese hat in den 30 Jahren der Gewinnbeteiligung keinen Mißerfolg gehabt und einschließlich der Revolution keinen einzigen Streik (einmal im Frieden einen geringfügigen Teilstreik, der für die betreffenden Arbeitnehmer erfolglos verlief).

Er hält die Gewinnbeteiligung für außerordentlich aussichtsreich und geschaffen, um zur Erhaltung des sozialen Friedens mitzuwirken, und verdankt den großen Aufschwung seines Werkes der Gewinnbeteiligung, durch die trotz Einführung des Achtstundentages schon im Jahre 1896 der Umsatz stetig gehoben wurde. Es sei bedauerlich, daß die Gewinnbeteiligung infolge des absprechenden Urteils nationalökonomischer Theoretiker in Deutschland bisher so wenig Verbreitung gefunden habe.

Als Anwendung seiner Erfahrungen empfiehlt er für die heutige Lage:

Keine Beteiligung durch Arbeiter-Aktien.

In Großbetrieben ein zentralisiertes System von Unterausschüssen und einem Zentralausschuß (der Freesesche Arbeiterausschuß hat seit Jahrzehnten die Befugnisse des heutigen Betriebsrates).

Begünstigung steuerlicher Art für Gewinnbeteiligungsfirmen und Festlegung gesetzlicher Richtlinien.

Kein gesetzlicher Zwang zur Gewinnbeteiligung, sondern freie Initiative des Unternehmers.

Bei Erhöhung der Gewinnbeteiligungsquote rückwirkende Kraft geben.

2. August F. Richter, Schmuckwarenfabrik, Hamburg[1]).

Die Fabrik führte die Gewinnbeteiligung ihrer Arbeitnehmer im Dezember 1887 ein, „um die Interessen von Arbeitgeber und Arbeitnehmer zu verschmelzen". Alle Angestellten und Arbeiter erhielten nach erreichtem 20. Lebensjahr und mindestens zweijähriger Dienstzeit im Geschäft einen Anteil am Reingewinn des Unternehmens. Die Höhe der gesamten zur Verteilung gelangenden Anteile vom Reingewinn war dem Ermessen des Unternehmers überlassen. Eine Kontrolle der Geschäftsbücher stand Angestellten nicht zu.

Für die Bestimmung des Gewinnanteils behielt sich der Inhaber die Berücksichtigung folgender Bedingungen vor:

a) die Dauer der ununterbrochenen Anstellung in dem Fabrikgeschäft (Ausnahme bei militärischen Dienstpflichtigen),
b) das mehr oder minder regelmäßige und pünktliche Innehalten der festgesetzten Arbeitsstunden,
c) Fleiß und Eifer, Aufmerksamkeit und Ordnung,
d) Fähigkeiten und Schicklichkeit.

Sollte einer der Angestellten seinen Pflichten nicht zur Zufriedenheit genügen, so bleibt vorbehalten, ihn von der Gewinnverteilung des betreffenden Jahres auszuschließen.

Die Anteile wurden jedem Arbeitnehmer auf ein persönliches Konto gutgeschrieben und mit 5 v. H. verzinst. Die Anteile blieben auf dem persönlichen Konto gesperrt und wurden dem Anteilsberechtigten beim Ausscheiden des Betreffenden aus der Fabrik nach zwanzigjähriger ununterbrochener Dienstzeit oder nach vollendetem 55. Lebensjahre

---

[1]) Arbeiterfreund, S. 410, 1901 Böhmert: Gewinnbeteiligung, S. 74, Dresden 1902. Eigene Angaben der Firma vom Nov. 1919, Mai 1920 u. Sept. 1921.

ausgezahlt, falls der betreffende Arbeitnehmer mindestens 10 Dienstjahre aufwies. Die Auszahlung der Konten sollte ferner erfolgen bei eventueller Liquidation des Geschäftes und in besonderem Notfalle, nach Ermessen des Unternehmers, auch vor den oben festgesetzten Zeitpunkten. Die gewinnanteilberechtigten Arbeitnehmer durften über ihr Guthaben, solange sie es noch nicht ausgezahlt erhalten hatten, in keinem Falle zugunsten dritter verfügen. Eine Abänderung dieser Gewinnbeteiligungs-Satzungen stand nur dem Geschäftsinhaber zu, der sich auch ausdrücklich das Recht vorbehielt, die Gewinnbeteiligung nach Auszahlung der bestehenden Guthaben jederzeit aufheben zu können. Ein gerichtlicher Anspruch stand den Angestellten nur auf Auszahlung bereits gutgeschriebener Anteile, d. h. nicht auch auf günstige Gewinnanteile aus dem Gewinn eines laufenden oder eben abgelaufenen Geschäftsjahres zu. Ein im Frühjahr 1901 von der Fabrikleitung der Arbeiterschaft vorgelegter Plan, die Gewinnanteile jedes Jahr zur Hälfte in bar auszuzahlen und nur die restlichen 5 v. H. der Zwangssparkasse zuzuführen, wurde von den Arbeitern des Unternehmens abgelehnt.

Bis 1901 wurden den Beamten insgesamt 28 000 M., den Arbeitern 90 000 M. an Gewinnanteilen gutgeschrieben. Die Höhe des einzelnen Anteils belief sich 1900 auf 24 M. bis 150 M., durchschnittlich $1^1/_2$ bis 2 Wochenlöhne.

1919 wurde nach Angabe der Verwaltung seitens der Arbeiterschaft, wahrscheinlich auf Veranlassung ihrer Organisationen, gegen ihren eigenen Wunsch auf die Fortdauer der Beteiligung, an der sie über 30 Jahre teilgenommen hatten, verzichtet, während für die Angestellten die Gewinnbeteiligung in der oben geschilderten Form aufrecht erhalten blieb.

Über die Erfahrungen äußerte sich die Verwaltung 1900 dahin, daß auf Grund der Beteiligung der Arbeitnehmer ein stabiles Verhältnis zu den Angestellten, eine ruhige Abwicklung der Arbeitsverträge und eine günstige Einwirkung auf Fleiß, Treue, Sorgfalt, Geschäftsinteresse und die Beziehungen zwischen Arbeitgeber und Arbeitnehmer festgestellt werden konnten. In vereinzelten Fällen erfolgte allerdings der Austritt von Arbeitnehmern aus demUnternehmen in der offenkundigen Absicht, damit eine Verfügung über das angesammelte Gewinnanteilsguthaben zu erlangen. Nach Angaben der Verwaltung vom Mai 1920 hat sich anscheinend der Einfluß der Nachkriegserscheinungen auch auf die Arbeiter dieses Unternehmens dahin geltend gemacht, daß sie das 32 Jahre lange zur Zufriedenheit von Arbeitnehmern und Arbeitgeber ausgeübte Gewinnbeteiligungssystem verwarfen. Nach Ansicht des Inhabers hatte es sich gezeigt, daß die Arbeiter ein Verständnis für diese Gewinnbeteiligung in der bisherigen Form, wenigstens in der Mehrzahl, entweder niemals besaßen oder aber, daß dieses Verständnis ihnen von ihren politischen Führern ausgeredet worden ist

3. Max Roeßler, Feinsteingutfabrik, Akt.-Ges., Rodach i. Coburg[1]).

Der Inhaber dieser Gesellschaft, Max Roeßler, ist nächst Freese stets der eifrigste deutsche Verfechter der Gewinnbeteiligungsidee gewesen. Er beteiligte seine Arbeiter und Angestellten am Reingewinn des Unternehmens erstmals im Jahre 1896, indem er ihnen 50 v. H. des erzielten Gewinnes überantwortete. Die Hälfte dieser 50 %igen Beteiligung am Erträgnis wurde den Arbeitern, die andere Hälfte den Angestellten überwiesen. Von 1910 an wurde das Unternehmen in eine Aktien-Gesellschaft umgewandelt und der Gewinnanteil der Arbeiter und Angestellten von 50 auf 25 v. H. des Erträgnisses herabgesetzt. Für die Anteilsberechtigung der Arbeiter bestand die Bedingung einer mindestens zweijährigen ununterbrochenen Beschäftigung in der Fabrik, nach deren Ablauf der Arbeiter gewinnanteilsberechtigt wurde. Roeßler begründete diese Wartefrist damit, daß das Verständnis und die Anwartschaft auf die Gewinnbeteiligung erst durch längere Zugehörigkeit zur Fabrik erworben werden könne. Die Verteilung der Anteile wird nach Einheiten berechnet, und zwar erhalten:

der	männliche	Arbeiter	nach	2	Kalenderjahren	1 Einheit
„	„	„	„	3	„	2 Einheiten
„	„	„	„	4	„	3 „
„	„	„	„	5	„	4 „
„	„	„	„	10	„	5 „

Jugendliche männliche Arbeiter bis zum 21. Lebensjahr und weibliche Arbeitskräfte erhalten 50 v. H. der obigen Einheiten.

Der Anspruch auf den Gewinnanteil kann durch das Verhalten eines Arbeiters ermäßigt oder verwirkt werden. Von dieser Bestimmung wurde jedoch nur in wenigen Ausnahmefällen Gebrauch gemacht.

Nach Feststellung der Bilanz wird der gesamte, den Arbeitern und Angestellten zustehende Anteil am Reingewinne einem Arbeiterausschuß ausgehändigt, welcher die Verteilung der Anteile an die einzelnen Arbeitnehmer und gegebenenfalls auch die Ermäßigung oder Verweigerung eines Gewinnanteils als Strafe für pflichtwidriges Verhalten durchzuführen hat. In den Satzungen der Arbeiterausschüsse sind diese Aufgaben in § 2 Abs. 8 in der Fassung vom Oktober 1912 wie folgt niedergelegt:

„Erträgnisbeteiligung. Laut § 39 der Satzungen der Firma erhalten die Beamten und Arbeiter der Fabrik alljährlich nach Feststellung und Genehmigung der Bilanz zusammen 25 v. H. als Lohnnachzahlung aus dem Reingewinn. Davon gehören 19 v. H. den Arbeitern. Das System der Verteilung nach Dienstjahren ist festgelegt in dem Anhang der Satzungen der Firma. Die Kontrolle und Festsetzung der zu beteiligenden Personen und des prozentischen Maßes ihrer Beteiligung ist Aufgabe der Abteilungsausschüsse. Was von der Hauptsumme

---

[1]) Arbeiterfreund, S. 295, 1899, S. 192, 1901, S. 207 und 431, 1907, S. 75, 1908, S. 52, 1909, S. 57 und 189, 1910, S. 66, 1912, S. 36 und 407, 1914. Böhmert: Gewinnbeteiligung, S. 36, Dresden 1902. Roeßler: Arbeiterbeteiligung, S. 6ff., Dresden 1914. Debes, a. a. O., S. 215, 1920. Eigene Angaben der Firma vom September 1919 und Mai 1920.

an die Arbeiter bar ausgezahlt und welcher kleinere Teilbetrag davon etwa der Arbeiter-Notkasse überwiesen werden soll, darüber entscheidet der Hauptausschuß. In derartigen vermögensrechtlichen Angelegenheiten gesellen sich den sechs Mitgliedern des Hauptausschusses der Vorstand und der Betriebsleiter der Fabrik als nicht bloß Berichtende und Beratende sondern auch stimmberechtigte Mitglieder zu."

Von 1896 bis 1911 betrug die Einheit eines Gewinnanteils eines erwachsenen männlichen Arbeiters 20 M., so daß er nach zweijähriger Dienstzeit 20 M., nach dreijähriger 40 M., nach vierjähriger 60 M., nach fünfjähriger 80 M. und nach zehnjähriger 100 M. erhielt. 1911 wurde der Einheitssatz um 10 v. H. auf 22 M. erhöht. Am Ende des Jahres 1912 beschäftigte das Unternehmen 33 Angestellte und 371 Arbeiter, von denen 262 Arbeiter an der Gewinnbeteiligung teilnahmen.

Für die Beamten der Fabrik wurden andere Grundsätze für die Verteilung und die Gewinnanteilsberechtigung aufgestellt, da bei den jüngeren stets mit einem größeren Wechsel zu rechnen war und die Einflußnahme auf die Gewinnerzielung je nach dem Tätigkeitsbereich der verschiedenen Angestellten ganz verschieden sein mußte. Die Überweisung der Gesamtsumme der Anteile, welche wie oben erwähnt, bis 1909 25 v. H., von da ab 6 v. H. des Reingewinns betrug, erfolgt seitens der Firma alljährlich im ganzen. Die Verteilung an die einzelnen Beamten wird jedoch nicht durch einen besonderen Ausschuß, sondern durch den Vorstand der Fabrik unter Zuziehung der ältesten und führenden Beamten vorgenommen.

Die Gewinnbeteiligung gestaltete sich in den Jahren 1898 bis 1912 wie folgt:

Jahreszahl	Gesamtzahl der Arbeitnehmer	Anteilsberechtigte		Reingewinn	Anteil der Firma	Anteil der Arbeitnehmer	Gewinnanteile der Arbeiter	Gewinnanteile der Beamten
		Arbeiter	Beamte					
1898	148	62	13	10 040,—	5 020,—	5 020,—	1 230,—	2 510,—
1899	185	75	13	30 000,—	15 000,—	15 000,—	3 470,—	5 140,—
1900	196	103	16	33 585,—	16 792,58	16 792,58	3 980,—	6 250,—
1901	206	133	16	38 667,60	19 333,80	19 333,80	5 530,—	7 160,—
1902	211	142	16	28 000,—	14 000,—	14 000,—	6 580,—	5 700,—
1903	223	154	18	36 000,—	18 000,—	18 000,—	7 960,—	6 280,—
1904	241	152	21	36 000,—	18 000,—	18 000,—	8 657,—	6 860,—
1905	282	166	24	38 000,—	19 000,—	19 000,—	9 380,—	8 380,—
1906	289	167	25	48 000,—	24 000,—	24 000,—	10 530,—	9 150,—
1907	310	181	25	60 000,—	30 000,—	30 000,—	10 905,—	9 750,—
1908	319	211	24	56 000,—	28 000,—	28 000,—	12 400,—	9 890,—
1909	329	245	23	62 000,—	31 000,—	31 000,—	14 560,—	8 670,—
1910	347	239	27	92 263,92	71 211,29	21 052,63	15 735,—	3 825,—
1911	380	235	32	121 723,49	96 723,49	25 000,—	17 827,—	5 850,—
1912	404	262	35	131 103,94	106 103,94	25 000,—	19 942,—	5 840,—
	4000	2527	328	821 384,11	512 185,10	309 199,01	148 686,—	104 255,—

Außerdem wurde von dem Anteil der Arbeitnehmer (Spalte 7) an die Arbeiternotkasse insgesamt 27 386,69 M. und die Beamtenhilfskasse insgesamt 34 870,82 M. überwiesen. Aus dem Gewinnanteil der Firma (Spalte 6) sind in den Jahren 1910/12 noch weitere 44 187,34 M. Unterstützungen an Arbeiter und Angestellte und sonstige Zuwendungen ausgegeben worden. Bei einem Vergleich der Endsummen der Gewinnbeteiligung der Firma und des Personals ergab sich hiernach ein Gesamtreingewinn von 57 v. H. für die Firma und 43 v. H. für Arbeiter und Angestellte.

Außer diesem Gewinnbeteiligungssystem gewährt Roeßler seinen Arbeitern und Angestellten auch eine Beteiligung an dem Kapital des Unternehmens (vgl. Abschnitt Kapitalbeteiligung).

Die Erfahrungen, welche Roeßler mit seinem Beteiligungssystem gemacht hat, wurden von ihm als durchaus günstig bezeichnet. Insbesondere verdankt er der Gewinnbeteiligung eine Förderung des Sparsinns, größere und beständige Aufmerksamkeit bei der Arbeit und entsprechende günstige Beeinflussung auf lässige Kameraden, Verbesserung der Arbeitsleistung aus eigenem Antrieb, sowie eine Ersparnis an besonderer und beständiger Aufsicht für Pünktlichkeit, Ordnung und fürsorgliches Umgehen mit Werkzeugen und Rohstoffen. So führte, nach seinen Angaben, die Gewinnbeteiligung dazu, daß seinem Unternehmen ein treuer Stamm von in ihren Arbeitsgebieten erfahrenen Leuten herangebildet und erhalten wurde. Eine weitere angenehme Folge der Beteiligung war das Unterbleiben von Lohnstreitigkeiten.

Nach dem Kriege blieben diese bis dahin zweifellos außerordentlich günstigen Folgen der Gewinnbeteiligung allerdings nicht in vollem Umfange erhalten. Nach Angaben der Verwaltung vom Oktober 1919 und Mai 1920 war eine der ersten Forderungen der Arbeiterschaft nach der Revolution, die Gewinnbeteiligung abzuschaffen und den Gewinnanteil in den Lohn einzurechnen. Im Laufe des Jahres 1919 wurde dann nach wiederholten Verhandlungen zwischen den die Vertretung der Roeßlerschen Arbeiterschaft satzungsgemäß darstellenden Arbeiterausschüssen und der Direktion bezüglich Ablösung der Gewinnbeteiligung eine endgültige Entscheidung dahin getroffen, daß die Einkalkulierung der Gewinnanteile in den Lohn abgelehnt wurde. Auf Veranlassung der Generalversammlung und des Aufsichtsrates wurde hiernach die Aufrechterhaltung des bisherigen Beteiligungssystemes beschlossen.

4. Kautschukwerke Dr. Heinr. Traun & Söhne, vorm. Harburger Gummi-Kamm-Co.[1]).

Das Unternehmen führte die Gewinnbeteiligung der Arbeiter 1861 ein, und zwar zu dem Zweck, „um den Mitarbeitern die

[1]) Arbeiterfreund, S. 285, 1901. Böhmert: Gewinnbeteiligung, S. 50, Dresden 1902. Eigene Angaben der Firma vom November 1919.

direkte Wirkung ihrer größeren oder geringeren Anstrengungen für das Geschäft vor Augen zu führen und um dadurch ihr Interesse, ihr Verständnis und ihre Einnahmen zu erhöhen". Die Gewinnbeteiligung war zunächst eine direkte und erfolgte unter offener Darlegung der Abrechnung. Nachdem jedoch verschiedentlich, insbesondere in verlustbringenden Jahren Differenzen zwischen Angestellten und Unternehmer aufgetreten waren, wurde die Gewinnbeteiligung wie folgt geändert: Alle Arbeiter erhalten Gelegenheit, sich durch Ersparung von Bruch und Abfällen usw. Prämien von 25 bis 40 v. H. über ihren Minimallohn zu erwerben. Ein Teil der Arbeitnehmer (1901 waren es 250 Arbeiter und Vorarbeiter) erhält außerdem zu Weihnachten je nach ihren Leistungen und dem Ausfall des Geschäftes Bargeschenke von 10 M. bis 300 M. Ein Teil der Angestellten, Arbeiter und Werkmeister erhält nach Vollendung des Bücherabschlusses 30 M. bis 500 M. in Sparkassenbüchern gutgeschrieben, während eine Anzahl kaufmännischer und technischer Direktoren und Beamten direkt am Resultat des Geschäfts beteiligt wird. Die Art und Höhe ihrer Beteiligung bleibt ihnen jedoch unbekannt. Die Höhe ihres Gewinnanteiles wird vielmehr von dem Leiter des Unternehmens mit geeigneten Erklärungen über den Ausfall des Geschäftes und den mutmaßlichen Einfluß ihrer Tätigkeit auf das Gesamtresultat mitgeteilt. Die Gewinnanteile werden nicht in bar ausgezahlt, sondern auf ein Konto bei der Firma gutgeschrieben und mit 6 v. H. verzinst. Sie dürfen vereinbarungsgemäß nicht für den täglichen Unterhalt verwandt werden, sondern sollen einen Not- oder Altersreservefonds darstellen.

Nach Angaben der Firma vom November 1919 wurden im vergangenen Jahre bei insgesamt 1200 Arbeitern und Angestellten Vergütungen in Höhe von 50 M. bis 1200 M. für den betreffenden Arbeitnehmer gewährt und bei einer dortigen Sparkasse eingezahlt. Die Gesamtzahl der 1918 hierfür aufgewandten Summe betrug 100 000 M. Außerdem wurden erhebliche Beträge für Weihnachtsgeschenke und sonstige Wohlfahrtseinrichtungen des Unternehmens ausgeschüttet. Die Firma ist der Auffassung, daß diese Vergütungen keine Gewinnbeteiligung darstellen, jedoch dürfte diese regelmäßige Gewährung von Barbeträgen nach dem Gesamterträgnis des Geschäftes und der Arbeitsleistung des einzelnen als Gewinnbeteiligung anzusehen sein, auch wenn die sonst übliche Aufstellung fester Satzungen, d. h. eines schriftlichen Beteiligungsvertrages zwischen Unternehmer und Arbeitnehmern, in diesem Falle nicht stattgefunden hat. Nach Ansicht der Firma würden die Arbeiter und Angestellten durch derartige Vergütungen besser für sparsame Wirtschaftsführung und gute Arbeit interessiert als durch die Gewinnbeteiligung, da der Gewinn eines Unternehmers hauptsächlich nicht der Tätigkeit der Arbeiter und Angestellten, sondern der

Geschicklichkeit der leitenden Persönlichkeiten zu verdanken sei. Die Menge der Arbeiter wolle den Erfolg allwöchentlich und recht handgreiflich sehen und die Verteilung leicht nachprüfen, während die Verteilung nach einem so langen Zeitraum wie einem Jahr nicht anfeuernd genug wirke. Der Arbeiter wird ferner stets Zweifel an der Richtigkeit der Verteilung hegen, weil er eine Nachprüfung derselben nicht vornehmen kann. Endlich dürfte der für die Gewinnbeteiligung jeweils zur Verfügung stehende Betrag zu gering sein, um den Erwartungen der Arbeiter entsprechen zu können. Die Firma hält den Stücklohn für die beste und klarste Gewinnbeteiligung der Arbeiter. Der Arbeiter ist dann ein kleiner Unternehmer, dem es überlassen bleibt, welchen Verdienst er durch seine Intelligenz, Geschicklichkeit, Ausdauer und Arbeitskraft aus dem Stücklohn erzielen will. Der Unternehmer zieht seinen Gewinn aus dem Verlagsgeschäft und dem reinen Verkauf, schmälert also nicht den Verdienst und Gewinn des ausführenden Arbeiters.

5. Preuß. Boden-Credit-Aktien-Bank, Berlin[2]).

Die Preußische Boden-Credit-Aktien-Bank begründete am 1. Januar 1875 eine Spar- und Hilfskasse für ihre Beamten und Angestellten, deren Statuten von dem bekannten Sozialpolitiker und Verfechter der Gewinnbeteiligungsidee Dr. Engel bearbeitet wurden. Die Sparkasse, welche mit einem Fonds von 27 000 Talern = 81 000 M. gebildet wurde, ist nach Maßgabe des § 7 der Satzungen wie folgt am Gewinn des Unternehmens beteiligt:

„§ 7. Als ordentliche Einnahmen werden der Spar- und Hilfskasse vom Kuratorium der Bank soviel Prozente des Gesamtbetrages der im vorher abgelaufenen Geschäftsjahre an die Beamten und Angestellten gezahlten Gehalte (exklusive Naturalemolumente) aus dem Reinertrag des nämlichen Geschäftsjahres überwiesen als für dasselbe Prozente des Aktienkapitals als Dividende an die Aktionäre zur Verteilung gelangen.

Die Zahl der zu überweisenden Prozente des Gesamtbetrages der Gehalte usw. darf jedoch 10 v. H. nicht übersteigen. Gelangt für ein Geschäftsjahr keine Dividende zur Auszahlung, so findet für dieses Jahr auch keine Überweisung als ordentliche Einnahme an die Spar- und Hilfskasse statt."

Die Beamten und Angestellten können an dieser Spar- und Hilfskasse erstmalig nach Ablauf einer sechsmonatlichen Dienstzeit teilnehmen. Hiernach werden ihnen für das Geschäftsjahr stets soviel Prozente ihres empfangenen Gehaltes gutgeschrieben, wie an die Aktionäre als Dividende für deren Aktien ausgeschüttet werden. Die Beamten und Angestellten treten satzungsgemäß erst nach und nach in den Besitz ihrer Guthaben, und zwar nach fünfjährigem tadellosen

---

[1]) Intern. Wiss. Bibliothek, Böhmert, Bd. I, S. 321, Bd. II, S. 157, 1878. Katscher: Was in der Luft liegt, S. 107, Leipzig 1899. Arbeiterfreund, S. 418, 1901. Katscher; Arbeiterwohl, S. 123, 1899. Böhmert: Gewinnbeteiligung, S. 82, Dresden 1902. Eigene Angaben der Firma vom September 1921.

und ununterbrochenen Dienst in den Besitz des vierten Teiles. Nach zehn Jahren erhalten sie Anspruch auf die Hälfte, nach 15 Jahren auf ein Drittel und nach 20 Jahren auf das ganze Guthaben.

1894 wurde an Stelle dieser Spar- und Hilfskasse eine Pensions-, Witwen- und Waisenkasse eingerichtet, deren durch einseitige Zuwendungen der Bank angesammeltes Vermögen 1899 auf 530 500 M. angewachsen war. Die Zahl der Anteilsberechtigten betrug 47, daneben wurden auch weiterhin jedem Anteilsberechtigten jährlich bestimmte Prozente seines Gehaltes in Höhe der Jahresdividende einem Sparfonds gutgeschrieben, dessen Reglement, zuletzt 1901, die nachfolgende Fassung erhielt.

„Reglement für den Sparfonds der Beamten der Preußischen Boden-Credit-Aktien-Bank.

§ 1. Seit dem Jahre 1894 sind jedem Beamten der Preußischen Boden-Credit-Aktien-Bank Prozente seines Gehalts in Höhe der jedesmaligen Jahresdividende gutgeschrieben worden.

Diese Gutschriften werden in Zukunft unter nachstehenden Bedingungen alljährlich fortgesetzt. Die Höhe der jährlichen Verzinsung dieser Gutschriften bestimmt die Direktion.

Die Verwaltung des Fonds erfolgt durch einen Ausschuß, welcher aus dem Vorsitzenden des Aufsichtsrats, einem Mitgliede des Vorstands und einem Beamten der Preußischen Boden-Credit-Aktien-Bank besteht.

§ 2. Jeder Beamte der Bank hat nur in folgenden beiden Fällen Anspruch auf Herauszahlung der zu seinen Gunsten erfolgten Gutschriften an ihn oder an seine Erben:

a) Herauszahlung an den Beamten selbst erfolgt nur nach erfolgter reglementsmäßiger Pensionierung.

   Eine Herauszahlung nach Ausscheiden ohne Pensionierung erfolgt nur nach dem Ermessen des Ausschusses.

b) Herauszahlung der Gutschriften an die Erben des Beamten erfolgt im Falle des Ablebens, wenn gegen die reglementsmäßige Pensionierung des Abgeschiedenen — abgesehen von der Beschäftigungsdauer — keine Bedenken vorgelegen haben würden.

   Über das Vorhandensein solcher Bedenken entscheidet ausschließlich der Ausschuß. Für die Herauszahlung des Sparfonds soll jedoch eine gewisse Dauer der Beschäftigung bei der Bank — wie dies bei der Pensionierung vorgeschrieben — nicht die Voraussetzung sein.

§ 3. Jeder Anspruch auf Herauszahlung des Sparfonds erlischt, sobald auf denselben eine Pfändung ausgebracht oder derselbe an Dritte abgetreten, verpfändet oder sonst übertragen wird.

§ 4. Der Rechtsweg zur Verfolgung irgendwelcher Ansprüche aus dem Sparfonds wird ausgeschlossen.

Berlin, den 7. Dezember 1901.

Aufsichtsrat und Direktion
der Preußischen Boden-Credit-Aktien-Bank."

Die Dividende der Bank und die hiernach seitens der Bank zugunsten der Beamten und Angestellten abgeführten Gewinnanteile betrugen:

Jahr	Dividende v. H. des Aktienkapitals	Gewinnanteile v. H. des Gehaltes jedes Anteilsberechtigten	Jahr	Dividende v. H. des Aktienkapitals	Gewinnanteile v. H. des Gehaltes jedes Anteilsberechtigten
1875	8	8	1899	7	7
1876	8	8	1900	7	7
1877	8	8	1901	7	7
1878	5	5	1902	7	7
1879	—	—	1903	7	7
1880	$6\frac{1}{2}$	$6\frac{1}{2}$	1904	7	7
1881	$6\frac{2}{3}$	$6\frac{2}{3}$	1905	$7\frac{1}{2}$	$7\frac{1}{2}$
1882	$6\frac{2}{3}$	$6\frac{2}{3}$	1906	$7\frac{1}{2}$	$7\frac{1}{2}$
1883	$5\frac{1}{2}$	$5\frac{1}{3}$	1907	$7\frac{1}{2}$	$7\frac{1}{2}$
1884	6	6	1908	8	8
1885	$5\frac{1}{2}$	$5\frac{1}{2}$	1909	8	8
1886	$5\frac{1}{2}$	$5\frac{1}{2}$	1910	8	8
1887	6	6	1911	8	8
1888	$6\frac{1}{3}$	$6\frac{1}{3}$	1912	8	8
1889	$6\frac{1}{2}$	$6\frac{1}{2}$	1913	8	8
1890	7	7	1914	7	7
1891	7	7	1915	7	7
1892	7	7	1916	7	7
1893	7	7	1917	7	7
1894	7	7	1918	7	7
1895	7	7	1919	$7\frac{1}{2}$	$7\frac{1}{2}$
1896	7	7	1920	$7\frac{1}{2}$	$7\frac{1}{2}$
1897	7	7	1921	$7\frac{1}{2}$	$7\frac{1}{2}$
1898	7	7			

Nach Angaben der Verwaltung vom September 1921 hatten die angesammelten Fonds im Jahre 1920 eine Höhe von 28 000 M. pro Einzelkonto erreicht.

In der Aufsichtsratssitzung vom 4. Februar 1921 wurde ferner beschlossen, die Einrichtung des Sparfonds für neueintretende Beamte abzuschaffen. Nachdem der Sparfonds lediglich zu dem Zweck gebildet worden war, langjährigen Beamten nach ihrer Pensionierung und deren Witwen nach dem Tode ihres Ernährers die Übergangszeit zu erleichtern, mußte die Anteilsberechtigung für neueingestellte Beamte fortfallen, da sich herausgestellt hatte, daß diese neubesetzten Stellen häufigem Platzwechsel unterliegen.

Die Erfahrungen, welche mit diesem Beteiligungssystem in Form einer Zwangssparkasse bei der Bank im Laufe der Jahre gemacht worden sind, waren nach Angaben der Verwaltung in den verschiedenen Jahren gute und erfüllten die an sie geknüpften Erwartungen vollauf.

6. Georg Schepeler, Kolonialwaren-Großhandlung, Frankfurt a. M.[1]).

Die Firma betreibt den Handel mit Kolonialwaren, Wein und Zigarren und führte die Gewinnbeteiligung ihrer Angestellten und Arbeiter im Jahre 1900 ein. Die Zahl der beschäftigten Arbeitnehmer betrug im Mai 1901 88 Angestellte, Meister und Werkführer, 49 männliche und 15 weibliche Arbeiter. Die Gesamtsumme der in der Zeit vom Mai 1900 bis Mai 1901 gezahlten Gehälter betrug 678 299,42 M., die der Arbeitslöhne 55 038,84 M. Die Gewinnbeteiligung wurde eingeführt, um „den Angestellten das lebhafteste Interesse am Geschäft einzuflößen und ihre Intelligenz zu schulen". Das System ist das folgende:

Ein bestimmter, dem Personal bekanntgegebener Prozentsatz des Reingewinns wird unter die Arbeitnehmer, d. h. die Arbeiter und Angestellten, in der Weise verteilt, daß die festen Gehälter und Löhne durch 50 teilbar nach oben abgerundet und mit der im Jahre tätig gewesenen Monatszahl multipliziert werden, worauf eine Verhältniszahl und dann der einzelne Gewinnanteil ermittelt wird. Die durchschnittlich $4^1/_2$ v. H. des Jahresgehalts bzw. Lohnes betragenden Anteile werden auf einer Sparkasse eingezahlt. Jeder gewinnanteilsberechtigte Arbeitnehmer erhält die freie Verfügung über seine angesammelten Spareinlagen. Ein vereidigter Bücherrevisor prüft die Bilanz und bescheinigt die Richtigkeit der von den leitenden Angestellten ermittelten Gewinnanteilssumme jedes einzelnen Arbeitnehmers.

Jahr	Angestellte:		
	Anzahl der Gewinnanteilsberechtigten	Gesamtsumme der Gehälter M.	Gesamtsumme der Gewinnanteile M.
1900—1901	—	—	10 231,—
1901—1902	96	166 580,—	12 540,—
1902—1903	107	169 540,—	13 900,—
1903—1904	109	167 660,—	12 780,—
1904—1905	120	177 340,—	13 660,—
1905—1906	121	192 760,—	14 040,—
1906—1907	128	216 180,—	14 820,—
1907—1908	128	223 760,—	15 760,—
1908—1909	130	208 900,—	14 160,—
1909—1910	138	226 960,—	14 880,—
1910—1911	140	248 220,—	10 860,—
1911—1912	147	247 700.—	11 800.—

[1]) Arbeiterfreund, S. 411, 1901. Böhmert: Gewinnbeteiligung, S. 83, Dresden 1902. Debes, a. a. O., S. 218, 1921. Eigene Angaben der Firma vom September 1919.

Jahr	Arbeiter: Anzahl der Gewinnanteilsberechtigten	Gesamtsumme der Löhne M.	Gesamtsumme der Gewinnanteile M.
1900—1901	—	—	2 310,—
1901—1902	64	59 560,—	2 580,—
1902—1903	72	58 920,—	2 680,—
1903—1904	83	73 780,—	2 420,—
1904—1905	70	60 600,—	2 580,—
1905—1906	84	84 760,—	3 240,—
1906—1907	104	117 420,—	3 980,—
1907—1908	109	119 340,—	4 160,—
1908—1909	107	112 500,—	3 880,—
1909—1910	103	115 940,—	3 960,—
1910—1911	106	119 720,—	3 440,—
1911—1912	107	118 540,—	3 480,—

Über die Erfahrungen äußerte sich der Firmeninhaber 1901 dahin, daß zwar ein abschließendes Urteil über den Erfolg seines Gewinnbeteiligungssystems noch nicht gefällt werden könnte, jedoch ein fortlaufend günstiger Einfluß der getroffenen Einrichtung zu bemerken sei. Das Interesse sei entschieden erhöht, und ein Angestellter wirke auf den anderen erziehlich ein. 1906 berichtete die Firma erneut, daß die Gewinnbeteiligung das Interesse ihrer Arbeitnehmer gefördert und stabile Arbeitsverhältnisse geschaffen habe. Ende 1919 wurde auf eine Anfrage des Verfassers die Erteilung einerAuskunft über die bis dahin gemachten Erfahrungen abgelehnt.

7. Großer & Klein, Werkgemeinschaft für Hoch-, Tief- und Betonbau, Berlin[1]).

Die Firma Werkgemeinschaft für Hoch-, Tief- und Betonbau Großer & Klein führte am 1. Januar 1921 eine Gewinnbeteiligung ihrer Arbeiter und Angestellten ein, deren Bedingungen den Arbeitnehmern durch folgendes Rundschreiben bekanntgegeben wurde:

„An die Angestellten und Arbeitnehmer der Werkgemeinschaft für Hoch-, Tief- und Betonbau, Grosser & Klein, Berlin SW 61.

1. Vom 1. Januar 1921 ab werden unsere technischen und kaufmännischen Angestellten, Werkführer, Schachtmeister, Polierer, Handwerker, Arbeiter usw. ohne Ausnahme nach Maßgabe ihres verdienten Lohnes am Gewinn beteiligt.

Mit Einführung dieses Grundsatzes haben wir die bisherige Firma Grosser & Klein mit einem hinweisenden Vorsatz versehen. Die Firma wird für die Folge unter der handelsgerichtlichen Eintragung

[1]) Eigene Angaben der Firma vom Juni 1921.

Werkgemeinschaft für Hoch-, Tief- und Betonbau, Grosser & Klein zeichnen.

2. Die Feststellung des zur Verteilung kommenden Gewinnes findet nach folgenden Grundzügen statt:

Für jede Baustelle wird im Hauptbüro ein Konto geführt, dessen Gegenüberstellung der Kredit- und Debetseite nach vollkommenem Abschluß des Baukontos den verbleibenden Rohgewinn oder den Verlust des betreffenden Baues ergibt. Die Zusammenstellung sämtlicher Bauten eines Jahres ergibt den Rohgewinn oder den Verlust. Von dem Rohgewinn werden den sozialen Lasten sowie die Geschäftsunkosten abgesetzt.

3. Von dem danach verbleibenden Gewinn werden

a) an die Angestellten zusammen 5 v. H.,

b) an die Werkführer, Schachtmeister, Polierer, Handwerker, Arbeiter usw. zusammen 10 v. H.

nach folgender Maßgabe verteilt:

Es wird das Verhältnis des gezahlten Gehaltes und der Gesamtlohnsumme, wie sie sich aus den Lohnlisten ergibt, zu der etwa zu verteilenden Gewinnsumme prozentual ermittelt. Die Verteilung des Gewinnes erfolgt an die einzelnen Beteiligten im Verhältnis ihres verdienten Gehaltes oder Lohnes.

4. Ein verbleibender Gewinnüberschuß wird an die Beteiligten gezahlt, sobald die nachfolgenden Voraussetzungen erfüllt sind:

Eine Gewinnverteilung findet nur dann statt, wenn der sich nach der Handelsbilanz der Firma ergebende Jahresreingewinn M. 50 000,— übersteigt. Eine Gewinnverteilung findet nur insoweit statt, als dieser Betrag von M. 50 000,— dadurch nicht in Anspruch genommen wird.

5. Die Gewinnbeteiligung stellt eine rein freiwillige Zuwendung an die bei der Firma Beschäftigten dar.

6. Wer die durch sein Arbeitsverhältnis gegenüber der Firma gegebenen Pflichten verletzt oder gegen die Arbeitsordnung verstößt, wird von der Gewinnbeteiligung, die an sich keinen rechtlichen Anspruch darstellt, ausgeschlossen. Der auf den Betreffenden entfallende Gewinnanteil kommt den anderen Beschäftigten zugute.

7. Die Verteilung des erzielten anteiligen Gewinnes erfolgt alljährlich, und zwar spätestens 3 Monate nach Jahresschluß (31. Dezember).

8. Die Einsicht der Baukonten und des Gewinnverteilungsplanes steht nur dem sogenannten Ältestenrat zu, der sich aus vier am längsten bei der Firma tätigen Personen zusammensetzt. Zu dem Ältestenrat stellt jede Kategorie ein Mitglied, und zwar a) technische Angestellte, b) kaufmännische Angestellte, c) Werkführer, Schachtmeister, Polierer usw., d) Handwerker und Arbeiter.

9. Der Ältestenrat darf nur aus Mitgliedern bestehen, die bei der Firma beschäftigt sind. Scheidet ein Mitglied durch Auflösung seines Dienstverhältnisses aus, so wird dieses unmittelbar durch den nächsten Mitgliedberechtigten ersetzt.

10. Die im Jahre 1920 begonnenen Bauten scheiden von der Berechnung im Jahre 1921 aus, mit Ausnahme der Baustellen Togostraße, Johannisthal und Wittenau, Brodersenstraße.

11. Die Geschäftsinhaber behalten sich Abänderungen der vorstehenden Bestimmungen, die sich auf keine bestimmten Erfahrungen stützen, vor. Bei diesen Änderungen wird der Ältestenrat beratend hinzugezogen, der seinerseits in der Lage ist, Vorschläge, die die beiderseitigen Interessen stützen können, in den monatlich abzuhaltenden Besprechungen zu machen.

12. Wir geben zum Schluß der Hoffnung Ausdruck, daß jeder unserer Mitarbeiter die ihm bestimmungsgemäß gewährte Zuwendung dadurch verdient, daß jeder nach seinen Kräften bestrebt ist, die Interessen der Firma, die dadurch zum großen Teile zu seinen eigenen geworden sind, zu stützen und durch ordnungsmäßiges Verhalten und einwandfreie Leistung dazu beiträgt, den guten Ruf der Firma zu bewahren und weiter zu verbreiten.

Berlin, im Januar 1921.

Werkgemeinschaft für Hoch-, Tief- und Betonbau
Grosser & Klein."

Erfahrungen konnten nach Angaben der Verwaltung vom Juni 1921 wegen der Kürze der Zeit noch nicht gemacht werden.

8. E. Breuninger, A.-G., Stuttgart[1]).

Die Gesellschaft führte die Gewinnbeteiligung in ihrem Warenhaus „Zum Großfürsten" im Jahre 1910 ein. Sie gewährt ihren Angestellten Tantiemen, die sich nach dem Resultate der jeweiligen Geschäftsabschlüsse richten. Die Beteiligung betrug in den Jahren 1911 und 1912 bei 149 Anteilsberechtigten etwa 6,7 v. H. der Gehälter.

Außerdem hat die Gesellschaft im Januar 1905 eine Geschäftssparkasse gegründet, welche den Spareinlegern für Einlagen von 10 M. bis 20 000 M. neben einer festen Verzinsung von 5 bis 6 v. H. einen weiteren Zinsbetrag bis zur Höhe der an die Aktionäre der Gesellschaft ausgeschütteten Dividende gewährt. Die Einlagen müssen jedoch aus Ersparnissen der Angestellten herrühren. Die Sparkassensatzung lautet:

„Satzungen der Geschäfts-Sparkasse der Firma E. Breuninger A.-G., Stuttgart.

Die Sparkasse soll den Sinn aller Angestellten für das Sparen wecken, das Sparen zu einer freudigen Pflicht gestalten und die Grundlage bilden zu einer zeitigen Fürsorge für spätere Tage.

Die von der Firma gemachten Stiftungen und freien Zuwendungen verfolgen ausschließlich die Erreichung dieses Zwecks; sie werden aus diesem Grunde nicht ausbezahlt, sondern gegen Verzinsung für die Empfänger in der Sparkasse angelegt.

Freiwillige Einlagen der Angestellten, einschließlich des Arbeitspersonals, in beliebigen Beträgen, nicht unter 10,— M., können jederzeit bis zur Höhe von 20 000,— M. gemacht werden.

Andere Kapitalien als Ersparnisse dürfen nur mit besonderer Genehmigung der Geschäftsleitung in die Geschäfts-Sparkasse eingelegt werden.

Die Verzinsung geschieht vom Tage der Einlage an; deren Höhe wird regelmäßig bekanntgemacht und beträgt gewöhnlich zwischen 5 und 6 v. H. Die Zinsen werden jährlich zur Zeit des Inventurabschlusses gutgeschrieben.

---

[1]) Debes, a. a. O. S. 221. Eigene Angaben der Firma vom September und Oktober 1921.

Bei entsprechenden Geschäftserträgnissen wird außer den festgesetzten Zinsen noch eine Extradividende aus dem Betrag des Guthabens an dem vorhergegangenen Inventurabschlusse, soweit solches nicht zurückgezogen worden ist, bestimmt.

Auszahlungen gutgeschriebener Zinsen und Rückzahlungen selbst eingelegter Gelder erfolgen ohne Kündigung jederzeit sofort an der Hauptkasse.

Anträge auf Ausbezahlungen der freiwilligen Zuwendungen der Firma sind unter eingehender Begründung schriftlich an den Personalchef einzureichen.

Abänderungen und Zusätze zu diesen Bestimmungen werden an den Aushängetafeln im Geschäftshause bekanntgemacht und den Einlegern schriftlich mitgeteilt.

Stuttgart, im Januar 1905.

E. Breuninger A.-G.“

Über die Erfahrungen berichtete die Verwaltung, daß die Gewinnbeteiligung das Interesse am Geschäft erweckt habe. Ziel und Zweck ihrer Beteiligung sei jedoch die Schaffung eines loyalen Arbeiterstammes, welcher sich als einen Teil des Unternehmens selbst betrachte. Besonders die älteren Arbeiter hätten den guten Erfolg der Gewinnbeteiligung klar erkannt und arbeiteten mit sichtbarem Interesse an dem Erfolg des Unternehmens.

9. J. H. Epstein, Fabrik farbiger Leder, Frankfurt a. M.[1]).

Das Gewinnbeteiligungssystem dieser Firma, welches unter dem Namen „Epsteins autonome Fabrik“ in der Gewinnbeteiligungsliteratur wegen seiner besonderen Eigenart außerordentlich umstritten wurde, ist von dem Begründer der Firma im Jahre 1903 eingeführt. Als Grundsatz seines Beteiligungssystems stellte Epstein die folgende Richtlinie auf:

„Die Gewinnbeteiligung der Arbeiter in Fabrikbetrieben soll nicht von dem sich als Reingewinn darstellenden Erfolge des Gesamtbetriebes abhängig sein, sondern sich nur auf den direkt produzierenden Teil desselben, die Fabrik, beziehen.“

Die Fabrik an sich sollte also als „autonomer Betrieb innerhalb der Firma“ angesehen werden, deren Gewinn das Objekt der Verteilung an die Arbeitnehmer bildete. Epstein begründete seine obige Richtlinie damit, daß die Bestimmung des Bruchteiles des Gesamtgewinnes, welcher den Arbeitern als ihr Anteil zufallen soll, bei den bisherigen Methoden eine durchaus willkürliche sei und nur von dem guten Willen des Arbeitgebers abhänge, während es nicht möglich sei, eine logische Begründung dafür zu geben, warum der Gewinnbeteiligungssatz 10 und nicht 20 oder 50 v. H. sein solle.

---

[1]) Arbeiterfreund, S. 35 und 293, 1905, S. 80, 1908. Jacob H. Epstein: Die autonome Fabrik, Dresden 1907. Selter, a. a. O. S. 33 und 54. Eigene Angaben der Firma vom Oktober 1921.

Das Epsteinsche System der Fiktion eines selbständigen Fabrikbetriebes innerhalb einer industriellen Firma beruht auf folgenden Grundsätzen: Die Firma, womit das Gesamtunternehmen gemeint ist, stellt der Fabrikationsabteilung die zur Fabrikation nötigen Räume, Maschinen, Rohstoffe, Arbeiter usw. zur Verfügung und berechnet sich hierfür im Wege einer internen Buchhaltung und Buchführung einen normalen Betrag als Entgelt und Leistung der Fabrik an die Firma. Die Firma vergütet anderseits der Fabrikabteilung einen entsprechenden Betrag für die verrichtete Arbeit, d. h. das Gerben und Zurichten des Rohleders. Diese Vergütung wird in gemeinsamer Besprechung der Inhaber mit dem Betriebsleiter und unter Zuziehung der in Frage kommenden Werkmeister festgelegt. Ursprünglich sollte der Arbeiterausschuß des Unternehmens die Vergütung festsetzen, jedoch hat sich dies als untunlich erwiesen, da den Mitgliedern des Arbeiterausschusses die nötige Übersicht über den allgemeinen Betrieb fehlte. Der Überschuß, welchen die Fabrikabteilung bei Ablieferung der ihr zur fabrikatorischen Bearbeitung übergebenen Rohprodukte an die Firma über die Betriebskosten hinaus erzielt, gilt als Gewinnanteil der Arbeiter der Fabrik. Die Berechnung der Gewinnanteile erfolgt also nicht nach dem Nutzen der Firma, sondern nach dem durch die Geschäftsteilung in der Fabrikabteilung erzielten Gewinn gegenüber den Betriebskosten des Fabrikationsprozesses und der normalen Beträge, welche die Firma der Fabrikabteilung gutbringt, als ob diese kein Teil ihres Unternehmens, sondern ein „autonomer Betrieb“ sei.

Die Gründe, welche Epstein für die Wahl dieses Beteiligungssystems anführt, sind für den Unternehmer der Vorteil, den Beteiligten keine Abrechnung über den Geschäftsgang geben und keine Einmischung in die Geschäftsleitung gestatten zu brauchen. Andererseits kann bei der Trennung des Betriebes den Arbeitern voller Einblick in alle Einzelheiten des Fabrikbetriebes gewährt werden. Noch größer schätzte Epstein die Vorteile seines Systems für die Arbeitnehmer, welche allen Gefahren der Konjunktur, mangelhafter Geschäftsführung, unvorsichtiger Kreditgewährung oder Spekulationen der Unternehmer enthoben werden und einen Gewinnanteil stets erhalten, wenn durch ihre eigene Tätigkeit, und nur durch diese, ein Überschuß erzielt worden ist. Das System ermöglicht also die Ausschüttung von Gewinnanteilen an die Arbeiter auch in Geschäftsjahren, welche für das Gesamtunternehmen verlustreich sind, und könnte fast schon als eine Art Umsatzbeteiligung in Form von Produktionsprämien angesprochen werden.

Die Gewinnanteile werden an alle erwachsenen Anteilsberechtigten in voller Höhe ausbezahlt, und zwar sofort nach Beendigung der Bilanz. Den jugendlichen Arbeitern werden die Anteile zurückbehalten, verzinst und insgesamt bei Erreichung der Volljährigkeit ausbezahlt.

Die Gewinnanteile betrugen in den Jahren 1903 bis 1920:

	Zahl der Arbeiter männl.	weibl.	Summe der gezahlten Löhne M.	Durchschnittl. wöchentlich M.	Gewinnanteil. Verteilte Summe M.	Zahl der Berechtigten	Einzelanteil	v. H. der Löhne
1903	60	3	86 032,—	26,30	390,—	49	8	0,51
1904	63	2	91 918,—	27,50	1 180,—	59	20	1,41
1905	65	3	94 858,—	27,—	896,—	56	16	1,14
1906	56	6	92 562,—	28,80	1 590,—	53	30	1,36
1907	65	6	86 874,—	25,70	2 166,—	47	38	2,85
1908	59	4	77 035,—	23,50	624,—	52	12	0,98
1909	61	3	82 350,—	24,70	1 000,—	50	20	1,56
1910	62	3	84 320,—	25,20	960,—	48	20	1,54
1911	55	2	67 650,—	23,70	820,—	41	20	1,68
1912	52	1	76 533,—	27,60	850,—	34	25	1,72
1913	51	—	72 617,—	27,—	1 290,—	43	30	2,10
1914	48	—	67 980,—	27,60	900,—	30	30	2,23
durchschnittlich				26,20			22,4	1,57
Kriegsjahre.								
1915	33	1	61 106,—	31,—	600,—	24	25	1,39
1916	27	5	63 941,—	38,40	2 400,—	24	100	5,—
1917	30	5	78 635,—	43,80	1 318,—	28	50	2,22
1918	28	9	106 017,—	55,20	2 310,—	32	70	2,40
durchschnittlich				42,10			61,2	2,75
1919	52	3	222 726,—	77,80	3 650,—	41	90	1,64
1920	48	3	582 167,—	223,—	17 000,— [1]	32 14	400 verh. 300 led.	2,93

Über die Erfahrungen äußerte sich Epstein 1908 dahin, daß ein erzieherischer Einfluß seines Systems auf seine Arbeiter sowohl in bezug auf ihre Arbeit als auch auf das Verständnis der Organisation festzustellen sei. Im Laufe der Zeit scheinen jedoch die Erfahrungen nach den Angaben der Verwaltung, an deren Spitze zur Zeit der Sohn des Begründers des Unternehmens steht, nicht stets günstig geblieben zu sein. Wohl wurde festgestellt, daß die verschiedenen arbeiterfreundlichen Einrichtungen des Unternehmens die Anhänglichkeit der Arbeiter an den Betrieb förderten und über den Wechsel, insbesondere von älteren Arbeitern, nicht geklagt werden konnte. Im übrigen aber soll das Gewinnbeteiligungssystem der Firma nicht sehr günstig auf die Stimmung des Arbeitnehmers gegenüber dem Arbeitgeber gewirkt haben und nicht imstande gewesen sein, das tief wurzelnde Mißtrauen des Arbeitnehmers gegenüber dem Arbeitgeber zu zerstreuen. Daß in dem Betriebe besser gearbeitet wurde als in den gleichartigen Unternehmen der Konkurrenz wird mehr dem in der Firma eingeführten

[1]) Kein Gewinn erzielt, sondern Zuschuß der Firma.

System der Stundenarbeit mit Prämien als der Gewinnbeteiligung zugeschrieben, während zu einer besonderen Schonung der Betriebsstoffe weder die Gewinnbeteiligung noch die Prämien Anreiz zu geben schienen.

10. Keill & Richarz, Inh. Heinz Riesen, Städtischer Verkaufsvermittler, Berlin[1]).

Der Inhaber des Unternehmens, das sich mit dem kommissionsweisen Verkauf von Lebensmitteln befaßt, beabsichtigte die Einführung der Gewinnbeteiligung schon vor dem Kriege. Diese Absicht konnte jedoch infolge des Ausbruchs des Krieges erst mit dem 1. April 1919 verwirklicht werden.

Die Angestellten erhalten zusammen ein Drittel des Nettogewinns. Auf diesen Anteil gewährt ihnen der Inhaber des Unternehmens einen rechtlichen Anspruch durch Eingehung der nachfolgenden beiderseitigen Verpflichtungen:

„Revers.

Die Fa. Keill & Richarz, Inh. Heinz Riesen, städt. Verkaufsvermittler, gewährt ihren Angestellten und Arbeitern außer den vertragsmäßigen Gehältern und Löhnen eine jederzeit widerrufliche Sozialisierung, d. h. eine Beteiligung am Reinnettogewinn, und zwar ab 1. April 1919 unter folgenden Gesichtspunkten bzw. Bedingungen:

1. Für den Gewinnanteil der Angestellten und Arbeiter wird ein Drittel des Reinnettogewinns zur Verfügung gestellt, dessen restliche Auszahlung bis spätestens 4 Wochen nach Fertigstellung des Jahresabschlusses, der per 31. März aufzumachen ist, erfolgt.

2. Das Recht auf Einsicht in die Bücher aus irgendeinem Grunde, u. a. auch zum Zweck der Prüfung des Sozialisierungsgewinns und dessen Verteilung, wird nur Herrn Masurat und in dessen Vertretung Herrn Paul Buchholz gewährt. In Angelegenheiten, die lediglich den Sozialisierungsgewinn und dessen Verteilung betreffen, haben außer den obengenannten Herren jährlich im März für das kommende Jahr zu wählende Vertrauensleute, und zwar einer für die Angestellten und einer für die Arbeiter bzw. Kutscher mitberatenden Einfluß. Die genannten und gewählten Herren bilden den Firmenrat. Meinungsverschiedenheiten und Streitfälle, die im Zusammenhange mit dem Sozialisierungsgewinn und dessen Verteilung stehen, werden durch Beratung des Geschäftsinhabers mit dem Firmenrat geregelt und unter Ausschluß des Rechtsweges protokollarisch von ersterem entschieden.

3. Angestellte und Arbeiter, die, abgesehen von der Urlaubszeit oder einer Krankheitsdauer, bei Angestellten bis zu 6 Wochen, bei Arbeitern bis zu 2 Wochen, nicht das volle Wirtschaftsjahr tätig waren, erhalten pro rata Beteiligung; für diejenigen, welche im Laufe des Jahres selbst gekündigt haben bzw. die infolge eines selbstverschuldeten Grundes, insbesondere wegen Verstoß gegen die für den Betrieb der Firma besonders aufgestellte Geschäfts- und Arbeitsordnung entlassen sind, fällt auch die pro rata-Beteiligung fort. Über eine sofortige Entlassung entscheidet der Geschäftsinhaber unter Hinzuziehung des Firmenrats.

---

[1]) Eigene Angaben der Firma vom Oktober 1920.

4. Für den Sozialisierungsgewinn und dessen Verteilung kommen neben den Prokuristen alle durch Unterschrift des Revers engagierten Angestellten und Arbeiter der Firma in Betracht.

5. Jeder Angestellte und Arbeiter hat allen ihm vom Geschäftsinhaber oder von seinen Vorgesetzten (diese sind Prokuristen, Abteilungsleiter) bei der Arbeit zugehenden Weisungen ohne Verzug Folge zu leisten.

6. Einer Arbeitsordnung, die vom Geschäftsinhaber unter Hinzuziehung des Firmenrats aufgestellt und an geeigneten, allen beteiligten Angestellten und Arbeitern zugänglichen Stellen im Geschäftslokal ausgehängt wird, hat sich jeder Angestellte und Arbeiter zu unterwerfen.

7. Personalvermehrung wird nur vorgenommen, wenn die Ausdehnung des Geschäftes es verlangt. Hierüber beschließt der Geschäftsinhaber unter Hinzuziehung des Firmenrats. Passives Verhalten des Personals zwingt den Geschäftsinhaber ohne Hinzuziehung des Firmenrats zur Verstärkung des Personalstandes, und die dadurch entstehenden Unkosten fallen dem Sozialisierungsgewinn zur Last.

8. Ferner fallen diesem Gewinn zur Last die vom Firmenrat nicht aufgeklärten Verluste, die entstehen:

a) durch unerlaubtes Kreditgeben,

b) durch fehlende bzw. abhanden gekommene Utensilien, wie z. B. Kästen, Käfige, Fastagen,

c) durch Unachtsamkeit beim Auszählen, Auswiegen oder Ausliefern fehlende Waren,

d) Geschäftsverluste, die einer bestimmten Person zur Last fallen, z.B. Rechenfehler, falsche Rechnungen oder Abrechnungen, falsche Auszahlungen usw. werden aus dem Anteil des Betreffenden am Sozialisierungsgewinn und wenn dieser nicht ausreicht, aus dem Gehalt, soweit die Gesetze einen Abzug gestatten, getilgt. Hierunter fällt auch der entstehende Verlust aus nachweisbar zu billigem Verkauf. Über letzteren Verlust und dessen Anrechnung entscheidet der Geschäftsinhaber unter Hinzuziehung des Firmenrats.

10. Es ist ausdrücklich verboten:

a) Nebengeschäfte irgendwelcher Art zu betreiben,

b) Schmiergelder oder sonstige Vergütungen irgendwelcher Art direkt oder indirekt anzunehmen,

c) bestimmte, persönlich bekannte Kunden oder Absender zu begünstigen, weil hierdurch die allgemeinen Interessen des Geschäfts und dadurch der Rein- und Sozialisierungsgewinn nachteilig beeinflußt wird.

11. Ein Verstoß gegen diese ausdrücklichen Verbote hat im ersten Fall den Verlust des halben, im Wiederholungsfalle des ganzen Sozialisierungsgewinnanteils und im dritten Fall sofortige Entlassung zur Folge. Auch hierüber entscheidet der Geschäftsinhaber unter Hinzuziehung des Firmenrats.

12. Urlaub erhält jeder Angestellte 14 Tage, jeder Arbeiter 8 Tage im Jahre.

13. Die Kündigungsfrist beträgt für jede Partei, und zwar für Angestellte, die unter 10 Jahre im Geschäft tätig sind, einen Monat, für solche, die 10 Jahre und darüber hinaus tätig sind, 3 Monate. Für Arbeiter bzw. Kutscher unter zehn Jahre Tätigkeit im Geschäft 8 Tage, für solche mit 10jähriger und längerer Tätigkeit 14 Tage.

14. Jeder Angestellte und Arbeiter ist verpflichtet, für die Erhöhung des Gewinns schon aus eigenstem Interesse mit allen Kräften und ununterbrochen zu sorgen und alles zu unterlassen, was dem Geschäft schaden könnte, damit die Firma denjenigen Konkurrenzfirmen gegenüber, die ihre Angestellten und Arbeiter nicht am Gewinn beteiligt haben, durch den Ausfall des für die Firma erheblichen Sozialisierungsgewinns kapitalistisch konkurrenzfähig bleiben kann.

Ich erkläre durch Namensunterschrift, vorstehende und etwa noch zu gebende Bestimmungen und Verordnungen anzuerkennen und mich diesen wie den allgemeinen einschlägigen Bestimmungen des BGB., des HGB. bzw. der GO. ausdrücklich zu unterwerfen. Insbesondere erkenne ich an, daß die Gewinnbeteiligung lediglich den Zweck hat, eine Aufbesserung der Grundgehälter und Löhne darzustellen und mir hieraus andere Rechte gegen das Geschäft der Firma, welche es auch sein mögen, nicht zustehen. Schließlich verpflichte ich mich, vorstehenden Revers sowie alle sonstigen Geschäftsgeheimnisse streng vertraulich zu behandeln.

Berlin, den . . . . Unterschrift . . ."

Bis zum Jahre 1920 wurde der Gewinnanteil zum Teil zu Weihnachten im voraus, der Rest unmittelbar nach Bilanzabschluß ausgeschüttet. Später wurde im Einverständnis mit dem Firmenrat und dem gesamten Personal je $^1/_{12}$ des im Vorjahr ausgeschütteten Gewinnanteils monatlich als Vorschuß für den später fälligen Gewinnanteil vorausbezahlt. Auf Grund einer vierteljährlich errichteten Zwischenbilanz wird außerdem eine weitere vierteljährliche Zahlung gewährt. Die endgültige Ausschüttung des Restes geschieht am Jahresabschluß. Die Verteilung des insgesamt für die Angestellten zurückbehaltenen Drittels des Gewinnes erfolgt nicht schematisch in Prozenten der Gehaltshöhe, sondern auf besonderen Wunsch des Inhabers nach den Leistungen der einzelnen Arbeitnehmer, deren Beurteilung und Bewertung in Prozentsätzen der Anteilsberechtigung sich der Inhaber vorbehalten hat.

Die Erfahrungen werden von dem Inhaber des Unternehmens als außerordentlich günstig bezeichnet. Die Angestellten zeigen einen besonderen Eifer und außerordentliche Arbeitsfreudigkeit und Gewissenhaftigkeit bei ihrer Arbeit. Die auf Grund der verhältnismäßig hohen Gesamtbeteiligung von $33^1/_3$ Prozent des Geschäftsertrages sehr ansehnlichen Gewinnanteile haben die Angestellten weiterhin angespornt und ihr anfängliches Mißtrauen vollständig überwunden.

H. Landwirtschaft.

Obstbaukolonie Eden, Oranienburg b. Berlin[1]).

Das Unternehmen stellt eine eingetragene Genossenschaft dar, deren satzungsgemäßer Zweck der Erwerb, Anbau und Betrieb von Obst- und Gemüsepflanzungen, die Ansiedlung von Genossen auf diesen, sowie die Ausführung der hiermit in Verbindung stehenden Geschäfte (der Verarbeitung und Verwertung der gewonnenen Erzeugnisse) ist. Die Genossenschaft wurde am 28. Mai 1893 von 18 Genossen gegründet und umfaßte 1901 etwa 150 Morgen Land an Pachtungen sowie 50 Morgen gemeinsames Land der genossenschaftlichen Wirtschaft. 1899 wurden

[1]) Arbeiterfreund, S. 306, 1901. Böhmert: a. a. O. S. 87, 1902. Eigene Angaben der Firma vom Oktober 1919.

139 Mitglieder gezählt. Die arbeitenden Mitglieder der Genossenschaft erhalten eine Gewinnbeteiligung gemäß § 29 der Satzungen, welcher die Beteiligung wie folgt regelt:

„Nach Abzug des in den gesetzlichen Reservefonds einzustellenden Betrages sind vorweg in Abzug zu bringen diejenigen Werte, zu welchen die Gebäude und sonstigen besonderen Anlagen in der Bilanz über den reinen Selbstkostenpreis eingestellt sind. Die mit in die Kalkulation aufgenommenen Verwaltungskosten sind ebenfalls vorweg in Abzug zu bringen. Dieser Teil des Reingewinns ist zu einem besonderen (Erneuerungs-) Fonds zu nehmen. Von dem Rest des Reingewinns werden 20 v. H. an die im genossenschaftlichen Betriebe beschäftigt gewesenen Genossen als Lohnzuschuß nach Verhältnis der ihnen im letzten Geschäftsjahr gezahlten Löhne gewährt."

Die Gewinnanteile werden angesammelt und zur Einzahlung auf Geschäftsanteile verwandt. Für den Fall, daß diese Geschäftsanteile voll bezahlt sind, erfolgt die Gewinnbeteiligung in der Form einer Einlage in Sparbüchern. An Gewinnanteilen wurden verteilt:

1893—1897	0 v. H. der Lohnsumme
1898—1899 1903—1911 1916—1918	5—10 v. H. der Lohnsumme

In den Jahren 1900 bis 1902 und 1912 bis 1915 konnte ebenfalls mangels Gewinnverteilung eine Beteiligung nicht stattfinden. Die Gesamtsumme der bis 1918 an die arbeitenden Mitglieder der Genossenschaft gezahlten Gewinnanteile belief sich auf 13 315,— M.

Die Erfahrungen sind nach Angaben der Verwaltung günstig, da auf Grund der Gewinnbeteiligung eine Belebung der Arbeitsfreude und die Bemühung, gut und erfolgreich zu wirtschaften, festgestellt werden konnte.

2. Gewinnbeteiligungsbetriebe, in denen die Beteiligung abgeschafft wurde.

A. Metallindustrie.

1. Windhoff, Deeters & Co., Eisengießerei u. Maschinenfabrik in Lingen[1]).

Die Gesellschaft führte die Gewinnbeteiligung im Jahre 1872 ein und gewährte denjenigen ihrer Angestellten, welche mindestens 10 Dienstjahre bei der Gesellschaft erreicht hatten, insgesamt jährlich 10 v. H. des Reingewinnes. Diese Gesamtsumme wurde in Gewinnanteilen von je 300,— M. zerlegt, so daß jeder Angestellte den gleichen Anteil erhielt. War gelegentlich die Zahl der 300 Mark-Anteile geringer als die Zahl der anteilsberechtigten Angestellten, so

---

[1]) Böhmert: Die Gewinnbeteiligung, Teil II, S. 95—98, Leipzig 1878, Katscher: Was in der Luft liegt, S. 90, Leipzig 1899.

entschied das Los, jedoch bezogen die hierbei ausfallenden Angestellten in dem folgenden Jahre ihren Gewinnanteil vor den übrigen Angestellten bzw. vor einer erneuten Verlosung. Nach 5jähriger Dauer der Beteiligung erhielten 14 von 300 Angestellten einen Gewinnanteil.

Über die Erfahrungen äußerte sich die Verwaltung 1877 dahin, daß die vorzüglichen Leistungen und der gute Wille der Arbeiter dem Unternehmen zu großem Vorteil gereicht hätten. Der Einfluß der an dem Gewinn beteiligten Arbeitnehmer auf die übrigen habe zur Folge, daß in dem ganzen Unternehmen ein vortrefflicher Geist herrsche.

Der Gewinnbeteiligungsversuch dieser Firma, der von Katscher (s. unten) 1899 noch als bestehend erwähnt wird, ist von Böhmert in seiner umfassenden Untersuchung von 1901 nicht mehr aufgeführt, so daß er in diesem Zeitraum nach fast 30jähriger Dauer eingestellt worden sein muß.

2. Eisenwerk Kaiserslautern[1]).

Das Unternehmen gewährte seinen Beamten, Werkmeistern und den älteren Arbeitern eine Gewinnbeteiligung von 10 v. H. des nach Abzug der Kapitalzinsen und der Abschreibungen verbleibenden Reingewinns. 1874 betrug der Gewinnanteil für jeden Anteilsberechtigten etwa 7 v. H. des Gehalts oder Lohnes. Anfänglich wurde außerdem auch jüngeren Arbeitern nach 5jähriger Dienstzeit die Beteiligung gewährt, jedoch wurde dies nach kurzer Zeit aufgehoben, da diese Arbeiter den Wert der Beteiligung nicht zu würdigen wußten.

Die Gewinnbeteiligung des Unternehmens wird von Katscher 1899 noch erwähnt, während Böhmert wiederum diesen Beteiligungsversuch 1901 nicht mehr als bestehend aufführt.

3. G. A. Schütz, Maschinenfabrik, Wurzen[2]).

Das Unternehmen beteiligte die Arbeiter vom Jahre 1889 ab in Form eines Lohnzuschusses, der nach § 8 der Arbeitsordnung des Unternehmens zunächst 3 v. H. des Lohnes betrug. Nach 5jähriger Dienstzeit erhöhte sich der Lohnzuschuß auf 5 v. H. Die Beträge blieben im Geschäft zinstragend angelegt oder wurden auf Verlangen der Arbeiter einer Sparkasse überwiesen.

Obgleich Böhmert diese Lohnzuschüsse in seiner Untersuchung von 1901 als Gewinnbeteiligung aufführt, ist aus dem Bericht sowie aus den gleichlautenden Darstellungen im „Arbeiterfreund" nicht ersichtlich, ob die Lohnzuschüsse nur im Falle der Erzielung eines Rein-

[1]) Böhmert: a. a. O., Teil II, S. 98, Leipzig 1878. Gilman-Katscher: Die Teilung des Geschäftsgewinns, S. 151, Leipzig 1891. Katscher: a. a. O., S. 90, Leipzig 1899.

[2]) Arbeiterfreund, S. 301, 1901. Böhmert: a. a. O., S. 65, Dresden 1902.

gewinnes oder unabhängig hiervon stets gewährt wurden. In der Gewinnbeteiligungsliteratur der späteren Jahre ist das Unternehmen auch von Böhmert nicht mehr erwähnt worden, so daß als feststehend angenommen werden kann, daß das hier angewandte System nach 1902 abgeschafft worden ist.

Der Versuch einer diesbezüglichen Anfrage an die Firma blieb erfolglos.

4. Maschinen- und Werkzeugfabrik X., Thüringen[1]).

Die Fabrik, welche in der Gewinnbeteiligungsliteratur ohne Namensnennung erwähnt wird, führte die Gewinnbeteiligung im Jahre 1899 ein, „um die für den Betrieb notwendigen, eingerichteten Arbeitskräfte zu erhalten.“ Allen Gehilfen mit mindestens einjähriger Dienstzeit wurde eine Beteiligung von zusammen 5 v. H. des Fabrikationsgewinnes gewährt. Die Verteilung unter die Anteilsberechtigten erfolgte nach Maßgabe des Dienstalters, und zwar erhielten: Gehilfen mit 1 bis 3 Arbeitsjahren eine Einheit, mit 4 bis 10 Arbeitsjahren zwei Einheiten, mit 10 bis 20 Arbeitsjahren drei und mit über 20 Jahren vier Einheiten. Die Anteile wurden in bar zur freien Verwendung ausgezahlt. Die Beteiligung wurde als freiwillige und jederzeit widerrufliche bezeichnet. Als Vorteil der Gewinnbeteiligung berichtete die Verwaltung 1901, daß die alten Arbeiter gegenüber agitatorischen Hitzköpfen ruhiger denken, was bei der Eigenart der Branche einen Vorteil bedeute.

Der Gewinnbeteiligungsversuch dieses Unternehmens wird von der Gewinnbeteiligungsliteratur und auch von Böhmert nach 1901 nicht mehr erwähnt, so daß hiernach seine Einstellung angenommen werden muß.

5. Wiedenbrück & Wilms, Eisengießerei, Köln-Ehrenfeld[2]).

Die Firma führte Anfang 1900 für das gesamte Beamten- und Arbeiterpersonal ein umfassendes Gewinnbeteiligungssystem ein „in dem Wunsche, alle für das Prosperieren des Geschäftes besonders zu interessieren, sie an die Firma zu fesseln und vor allem durch erhöhten Verdienst ihre Lebenshaltung und ihren Sparsinn zu erhöhen“. Als Gewinnbeteiligung wurde eine sich nach der Höhe des Reingewinns richtende Quote des Lohn- und Gehaltskontos (im Jahre 1900: 10 v. H.) an alle Angestellten und Arbeiter nach Maßgabe ihrer Gehälter und Löhne verteilt. Über das Verhältnis der gesamten Beteiligungssumme zur Höhe des Reinertrages wurde seitens der Firma Stillschweigen bewahrt. Die Gewinnanteile (im Jahre 1900 3323,— M. für die Beamten und 5812,— M. für die Arbeiter) wurden bar ausgezahlt und späterhin

---

[1]) Arbeiterfreund, S. 425, 1901. Böhmert: a. a. O., S. 73, Dresden 1902.

[2]) Arbeiterfreund, S. 281, 1901. Böhmert: a. a. O., S. 46, Dresden 1902. Eigene Angaben der Firma vom September 1919.

zum Teil für die Kosten sozialer Wohlfahrtseinrichtungen der Firma verwandt, während der Rest der Gewinnanteile den Anteilsberechtigten zur freien Verfügung verblieb. Die Gewinnanteile von Arbeitern, welche im Laufe des Jahres unbegründet das Geschäft verlassen hatten, wurden für die obenerwähnten sozialen Einrichtungen verwandt. Die Gewinnanteile schwankten 1900 zwischen 5 und 300 Mark.

Über die Erfahrungen wurde 1901 berichtet, daß sich infolge der schlechten Geschäftszeit zwar keine ökonomischen Vorteile der Gewinnbeteiligung erkennen ließen, daß aber die stets sehr gut gewesenen Beziehungen zwischen Arbeitgeber und Arbeitnehmern ganz besonders herzliche und freundliche seien, so daß wohl von einem moralischen und sozialen Erfolge geredet werden könne. Auf Anfrage teilte jedoch die Verwaltung im September 1919 mit, daß die seinerzeit eingeführte Gewinnbeteiligung nach wenigen Jahren wieder aufgehoben werden mußte, da die Erfahrungen keine günstigen waren.

6. Aktien-Gesellschaft vorm. Seidel & Naumann, Dresden[1]).

Die Gesellschaft wurde von Böhmert in seiner Gewinnbeteiligungsuntersuchung im Jahre 1901 als Gewinnbeteiligungsunternehmen aufgeführt und das dort angewandte System wie folgt beschrieben:

Die Angestellten erhalten Gratifikationen in Höhe von insgesamt 1 v. H. der dem Vorstand und dem Aufsichtsrat zustehenden Tantiemen. Die Arbeiter, welche ein Jahr in der Fabrik tätig waren, erhielten 3 v. H. ihres Jahresverdienstes, diejenigen, die zehn und mehr Dienstjahre hatten, 4 v. H. als Gewinnbeteiligung.

Das Jahr der Einführung ist von Böhmert nicht erwähnt worden. Desgleichen ist die Gesellschaft in den späteren Jahren in der Literatur nicht mehr verzeichnet. Nachdem die Verwaltung auf Anfrage wiederholt und zuletzt im September 1921 kurz mitteilte, daß eine Gewinnbeteiligung der Arbeitnehmer in ihrem Betriebe nicht eingeführt sei, muß angenommen werden, daß der von Böhmert beschriebene Gewinnbeteiligungsversuch eingestellt worden ist.

7. W. Borchert jr. Messingwerke, Berlin[2]).

Das 1867 eingeführte Gewinn- und Kapitalbeteiligungssystem[3]) dieses Unternehmens, welches auf Veranlassung des Sozialpolitikers

---

[1]) Böhmert: a. a. O., S. 54, Dresden 1902. Arbeiterfreund, S. 100, 1902. Eigene Angaben der Firma vom September 1920.

[2]) Arbeiterfreund, S. 145 und 366, 1867, S. 158, 1871, S. 333, 1872, S. 430, 1876, S. 133, 1882, S. 495, 1883. Gilman-Katscher: a. a. O., S. 269. Katscher: a. a. O., S. 91, 1899. Zeitschr. f. Staatsw., S. 599, 1899. Böhmert: a. a. O., S. 16, 1902. Arbeiterfreund, S. 415, 1909. Debes, a. a. O., S. 203.

[3]) Abschnitt Kapitalbeteiligung.

Dr. Engel angewandt wurde und in weitesten Kreisen Aufmerksamkeit erregte, bedeutete den ersten bedeutenden Beteiligungsversuch eines gewerblichen Betriebes in Deutschland. Außer einer Kapitalbeteiligung durch Erwerb von Anteilen des Unternehmens durch Arbeiter und Angestellte, über die in dem Abschnitt Kapitalbeteiligung noch ausführlicher berichtet wird, wurden die Arbeiter und Angestellten an dem Reingewinn der Firma derart beteiligt, daß grundsätzlich die Hälfte der Erträgnisse als Kapitalgewinn an die Anteilseigner und die restliche Hälfte als Bonus an die Arbeiter und Angestellten fiel. Die Arbeitnehmer, welche feste Gehalts- oder Lohnsätze bezogen, erhielten einen höheren Gewinnanteil als die in Akkord oder Stücklohn Beschäftigten, da die Akkord oder Stückarbeit als eine „Bruttotantieme" angesehen wurde.

Nach fünfjähriger Dauer, innerhalb welcher die Arbeiter und Angestellten insgesamt 70 992,— M. erhalten hatten, wurde die Gewinnbeteiligung anläßlich der Umwandlung des Unternehmens in eine Aktien-Gesellschaft abgeschafft und an ihre Stelle eine Produktionsprämie eingeführt. Über die Gründe, welche zu dieser Einstellung des Beteiligungssystems führten, bemerkten der Inhaber des Unternehmens, Wilhelm Borchert, und Dr. Engel in einem Aufruf an die Arbeitnehmer, daß zwei Erfahrungen sie vorzugsweise bewogen hätten, den (Gewinnbeteiligungs)-„Bonus" in eine Produktionstantieme zu ändern: „Ein großer Teil, namentlich der nur kürzere Zeit im Geschäft verbleibenden Arbeiter habe die Bonusverteilung als etwas in so ferner Zukunft Liegendes und so Unbestimmtes betrachtet, daß sie ihm kein hinlänglicher Antrieb zur Entfaltung eines Maximums von Fleiß und Sorgfalt während eines ganzen Jahres war. Weil ihm die kleine Wochen- oder Monatszulage wie der Sperling in der Hand, die größere, am Jahresschluß, auf einmal ihm zuteil werdende Summe des Bonus aber wie die Taube auf dem Dache erscheint, so zieht er in der Regel eine Monatszulage vor, und macht davon sein Gehen oder Bleiben in der Fabrik abhängig. Die andere Erfahrung sei, daß, wenn der Bonus, seiner ursprünglichen Bestimmung nach, aus dem Produktionsgewinn gezahlt wird, mithin fortfällt, wenn kein solcher vorhanden ist, die Extrabelohnung der Arbeit an Umstände geknüpft ist, auf welche sie keinen Einfluß hat. Es ist sicher nicht der Fehler der Arbeit, wenigstens nicht der technischen, wenn Kupfer, Zink oder Kohlen zu teuer eingekauft, die gefertigten Waren zu wohlfeil verkauft und in solchen Fällen Überschüsse oder Gewinne nicht erzielt werden. Obschon jeder der nicht beim Ein- und Verkauf beteiligten Beamten und Arbeiter seine Schuldigkeit im vollsten Maße getan haben kann, so würde er doch wegen des mangelnden Produktionsgewinnes (wovon auf den Bonus die Hälfte entfällt) leer ausgehen müssen. Diese Ungerechtigkeit findet nicht statt, sobald die Arbeit unabhängig von jenen Chancen gestellt ist und ihre Früchte lediglich nach ihren Leistungen bemessen werden.“

Hiermit wurde dieser erste bedeutendere deutsche Gewinnbeteiligungsversuch beendet. Bemerkenswert für die Hoffnungen, mit welchen er begründet wurde, ist die Tatsache, daß sein Begründer, Dr. Engel, seinen damals besonderes Aufsehen erregenden Vortrag über die Einführung der Gewinnbeteiligung und deren Wert mit den bekannten Worten schloß: „So ist denn die soziale Frage keine Frage mehr; ihre Lösung darf als erfolgt angesehen werden.“ Einige Jahre nach der Einstellung der Gewinnbeteiligung schrieb Wilhelm Borchert in einer Zuschrift an den „Arbeiterfreund“, daß „die Gewinnbeteiligung der Arbeiter an gewerblichen Unternehmungen im einzelnen Falle und den Eigenheiten des betreffenden Betriebes richtig angepaßt, bei günstigen Umständen beide Teile, Arbeitgeber wie Arbeitnehmer, befriedigen kann. Es wird dies aber sicher nur eine Ausnahme und als einer der vielen Versuche anzusehen sein, die die soziale Frage kommen und verschwinden läßt.“

8. Hallesche Maschinenfabrik und Eisengießerei, Halle[1]).

Die Gesellschaft führte die Gewinnbeteiligung im Jahre 1890 auf Veranlassung des Fabrikdirektors, Kommerzienrat Riedel, ein. In einer Bekanntmachung an die Arbeiter wurde als Grund für die Einführung angegeben: „Betätigt sich das Interesse der Arbeiter an dem Gedeihen der Fabrik durch Fleiß, Intelligenz, Sorgfalt bei der Materialverwendung und aufrichtiges Bemühen seitens der Arbeiter, die Herstellungskosten zu vermindern und zu sparen, wo zu sparen ist, so kommt die Fabrik in die Lage, ihre Preise so stellen zu können, daß sie auch dann noch Arbeit findet, wenn andere Fabriken schon Mangel daran haben, und das ist für die Arbeiter noch wichtiger als für die Aktionäre. Wirft der gute Gang der Geschäfte aber einen hohen Gewinn ab, wie dies im vergangenen Jahre bei der Halleschen Maschinenfabrik der Fall gewesen ist und hoffentlich dies Jahr wieder der Fall sein wird, so erscheint es mir sehr wünschenswert, daß die Arbeiter, die dazu mitgewirkt haben, den Gewinn zu erzielen, außer ihrem Lohn auch einen Teil davon kriegen.“

In Einverständnis mit einer in dieser Angelegenheit befragten Arbeiterdeputation wurden folgende Grundsätze für die Gewinnbeteiligung aufgestellt:

„1. Jeder Arbeiter erhält eine am 1. Juli jedes Jahres zahlbare Tantieme vom Reingewinn der Aktiengesellschaft.

---

[1]) Vgl. Katscher, a. a. O. 1899, S. 92; „Arbeiterfreund“ 1900, S. 190; Böhmert, a. a. O. 1902, S. 35; Selter, a. a. O. S. 32; Eigene Angaben der Firma vom September 1919 und Mai 1920.

Die Höhe derselben richtet sich nach der Höhe der Dividende für das Vorjahr, welche den Aktionären der Halleschen Maschinenfabrik zur selben Zeit ausgezahlt wird, und nach der Zeit, seit welcher der betreffende Arbeiter ununterbrochen in der Halleschen Maschinenfabrik in Arbeit gestanden hat. (Krankheitsversäumnis und Einziehung zu Reserve- und Landwehrübungen wird für Arbeitszeit gerechnet.)

Jeder Arbeiter, welcher am 1. Juli des betreffenden Jahres mindestens drei volle Jahre ununterbrochen in der Halleschen Maschinenfabrik beschäftigt gewesen ist, erhält für jedes den Aktionären zu zahlendes Prozent Dividende 3,— M.

Wer mindestens zwei Jahre ununterbrochen in Arbeit ist, in gleicher Weise 2,— M.

Wer mindestens ein Jahr ununterbrochen da ist, 1,— M., und wer erst seit kürzerer Zeit beschäftigt ist, eine halbe Mark[1]).

Alles, wie gesagt, für jedes Prozent Dividende, welches die Aktionäre der Halleschen Maschinenfabrik in demselben Jahre für das Vorjahr erhalten.

Da in diesem Jahre an die Aktionäre für 1889 32 v. H. Dividende verteilt werden, so erhalten diesmal am 1. Juli die alten, d. h. mindestens drei Jahre beschäftigten Arbeiter jeder 96,— M., die ich ausnahmsweise abrunden will

auf	100,— M.,
die zweijährigen	64,— „
die einjährigen	32,— „
und die übrigen	16,— „

2. Lehrlinge erhalten keine Tantieme, doch können ihnen, wenn sie sich gut geführt haben, nach Befinden der Meister Gratifikationen bis zur Höhe von 10,— M. gewährt werden, wenn sie mindestens ein volles Jahr Lehrzeit hinter sich haben. Bleiben sie nach dem Auslernen als Arbeiter in der Fabrik, so wird ihnen für die Berechnung künftiger Tantieme ein Jahr ihrer Lehrzeit als Arbeitszeit angerechnet.

3. Wer vor dem 1. Juli wegen notwendiger Einschränkung der Arbeiterzahl oder wegen Mangel an Arbeit entlassen wird, erhält am 1. Juli einen entsprechenden Teil der Tantieme für die Zeit nachgezahlt, während welcher er seit dem vorhergehenden 1. Juli wirklich beschäftigt gewesen ist, jedoch nur, wenn er sich gut geführt hat und wenn er mindestens sechs Monate ununterbrochen Arbeiter der Halleschen Maschinenfabrik gewesen ist. Die Zeitdauer seiner Beschäftigung wird nach dem Tage seines Austritts berechnet.

4. Wer wegen Unbrauchbarkeit oder Unfleiß oder wegen ungehörigen Betragens aus der Arbeit entlassen wird, oder wer die Arbeit freiwillig verläßt, wer mit Arbeitseinstellung droht oder andere dazu zu verleiten sucht, wer streikt oder wer von der Arbeit eigenmächtig wegbleibt oder sich andere grobe Ungehörigkeiten zuschulden kommen läßt, verliert dadurch jeden Anspruch auf Tantieme.

Der Vorstand der Halleschen Maschinenfabrik wird aus eigenem Antriebe bemüht bleiben, die Löhne resp. die Arbeitsverdienste der Arbeiter der Halleschen Maschinenfabrik ebenso hoch wie die anderer hiesigen Maschinenfabriken und möglichst noch etwas höher zu halten, um sich die fleißigsten und tüchtigsten Arbeiter heranzuziehen und sich dieselben dauernd zu erhalten.

Werden aber von seiten der Arbeiter gemeinsame Schritte unternommen, um allgemeine Lohnerhöhungen für die gesamte Arbeiterschaft der Halleschen Maschinenfabrik oder für einzelne Werkstätten zu erzwingen, so erlischt damit

---

[1]) Im Jahre 1893 wurden diese Sätze wegen einer Erhöhung des Aktienkapitals auf 4,— M. bzw. auf $2^2/_3$, $1^1/_3$ und $^2/_3$ Mark v. H. Dividende erhöht.

jeder Anspruch auf Tantieme entweder für alle Arbeiter oder mindestens für diejenigen Werkstätten, welche die Lohnerhöhungen haben erzwingen wollen.

Halle a. S., den 25. April 1890.

Hallesche Maschinenfabrik und Eisengießerei.

Der Vorstand. H. Riedel."

„Nachtrag

zu den Bestimmungen über die Gewinnbeteiligung unserer Arbeiter.

Es ist vorgekommen, daß Arbeiter den vorschriftsmäßigen Gewinnanteil erhalten haben, welche nur wenige Tage vor dem 1. Juli bei uns in Arbeit getreten und gleich nach Empfang des Geldes wieder ausgetreten sind. Um solche Vorkommnisse für die Zukunft unmöglich zu machen, werden die Vorschriften für die Gewinnbeteiligung hiermit dahin abgeändert, daß fernerhin nur solche Arbeiter Anspruch auf Gewinnbeteiligung haben sollen, welche zur Zeit der Auszahlung derselben (1. Juli) seit mindestens vier Monaten ununterbrochen bei uns beschäftigt sind.

Dagegen soll künftig solchen Arbeitern, die wegen vorübergehenden Arbeitsmangels entlassen worden sind, wenn sie längstens drei Monate nach ihrer Entlassung wieder eingestellt werden, bei Ermittlung des ihnen entsprechend der Zeit ihrer Beschäftigung bei uns zukommenden Jahresbetrages der Tantieme auch diejenige Zeit mit angerechnet werden, während welcher sie vor der vorübergehenden Entlassung bei uns gearbeitet haben. Es wird der Gewinnanteil in solchen Fällen aber nicht für das volle Jahr, sondern nur für denjenigen Teil desselben berechnet, während welcher der Betreffende wirklich bei uns gearbeitet hat.

Halle a. S., den 1. Juni 1898.

Hallesche Maschinenfabrik und Eisengießerei.

R. Riedel."

Über die Erfahrungen, welche die Gesellschaft mit ihrem Gewinnbeteiligungssystem gemacht hatte, bemerkte die Verwaltung 1893, daß das Geschäftsinteresse besonders bei den älteren Arbeitern erheblich gestärkt worden sei. 1896 schrieb der Begründer, Direktor Riedel, daß seit Einführung der Gewinnbeteiligung seitens der einzelnen Arbeiter mehr und bessere Arbeit geleistet werde, weil eine größere Stabilität in der Arbeiterschaft eingetreten sei, da die durch die Gewinnbeteiligung besser gestellten Arbeiter naturgemäß nur sehr ungern von der Gesellschaft weggingen. 1901 äußerte sich die Verwaltung dahin, daß die Arbeiterschaft der Gesellschaft trotz der allgemeinen Streikbewegungen in den vergangenen Jahren, unter welchen sonst fast sämtliche Maschinenfabriken in Halle zu leiden hatten, sich diesen Bestrebungen in keiner Weise angeschlossen hatte.

Ungeachtet dieser günstigen Erfahrungen verlangten die Arbeiter nach der Revolution gegen Ende 1918 die Abschaffung der Gewinnbeteiligung nach 28jähriger Dauer der Beteiligung, da sie nach ihrer Ansicht nicht mehr zeitgemäß war. Sie forderten, daß an Stelle der Beteiligung alle bisher gewährten Nebenbezüge einschließlich der durchschnittlichen Gewinnanteile in den festen Lohn einkalkuliert würden. Daraufhin wurde die Gewinnbeteiligung auf dieses Verlangen der Arbeiterschaft abgeschafft und ist bis jetzt nicht wieder eingeführt worden.

Die Gewinnanteile betrugen in den Jahren 1890 bis 1918:

Zusammen-

der in der Halleschen Maschinenfabrik und Eisengießerei

Höhe der Dividende		Gesamtarbeiterzahl		Gewinnanteile erhielten		hierunter waren				demnach Anzahl der erwachsenen Dauerarbeiter		
						Lehrlinge		zum Militärdienst Eingezogene u. mit Berechtigung auf Gewinnanteile Entlassene			Gewinnanteile	Durchschnitt
im Jahre	v. H.	am	Mann	Mann	Mark	Mann	Mark	Mann	Mark	Mann	Summe Mark	Mark
1890	35	1. 7. 91	499	549	36 879,50	20	167,—	75	1 660,—	454	35 052,50	77,21
1891	35	1. 7. 92	512	561	40 921,—	27	217,—	37	839,—	497	39 865,—	80,21
1892	35	1. 7. 93	525	539	42 182,—	21	174,—	30	813,—	488	41 195,—	84,41
1893	27	1. 7. 94	621	623	46 920,50	26	192,—	11	270,50	586	46 458,—	79,28
Bis zum Jahre 1893, in welchem infolge einer Erhöhung des Aktienkapitals die Ge-												
1894	28	1. 7. 95	579	587	49 871,10	22	153,—	24	662,25	541	49 055,85	90,68
1895	32	1. 7. 96	655	683	59 067,25	20	153,—	46	1 887,10	617	57 027,15	92,42
1896	40	1. 7. 97	685	707	78 589,70	21	147,—	25	1 756,35	661	76 686,35	116,02
1897	35	1. 7. 98	561	617	65 648,80	18	148,—	78	2 546,85	521	62 953,95	120,83
1898	32	1. 7. 99	674	554	59 135,60	15	120,—	14	603,95	525	58 411,65	111,26
1899	33	1. 7. 00	842	694	65 333,50	17	142,—	10	379,50	667	64 812,—	97,17
1900	36	1. 7. 01	703	681	70 422,50	22	177,—	99	3 237,50	560	67 008,—	119,65
1901	28	1. 7. 02	577	591	49 881,55	26	201,—	101	2 304,95	464	47 375,60	102,10
1902	15	1. 7. 03	451	471	21 997,95	25	206,—	87	1 301,95	359	20 490,—	57,07
1903	9	1. 7. 04	545	480	13 200,90	17	160,—	13	248,90	450	12 792,—	28,42
1904	18	1. 7. 05	700	531	27 835,85	10	86,—	15	377,85	506	27 372,—	54,10
1905	32	1. 7. 06	767	744	59 793,40	11	80,—	59	2 069,60	697	57 643,80	82,70
1906	34	1. 7. 07	574	668	64 958,65	24	199,—	108	3 583,10	536	61 176,55	114,13
1907	26	1. 7. 08	582	524	45 480,30	28	230,—	28	945,65	468	44 304,65	94,65
1908	26	1. 7. 09	796	558	44 047,65	32	276,—	46	1 182,95	480	42 588,70	88,73
1909	30	1. 7. 10	593	612	52 317,95	24	219,—	80	1 358,95	508	50 740,—	99,88
1910	30	1. 7. 11	818	670	56 998,35	26	238,—	22	980,35	622	55 780,—	89,68
1911	32	1. 7. 12	365*	670	63 313,95	28	257,—	39	871,20	603	62 185,75	103,12
1912	30	1. 7. 13	633	673	60 330,65	31	276,—	89	3 514,65	553	56 540,—	102,24
1913	28	1. 7. 14	661	611	55 905,70	31	277,—	25	1 328,20	555	54 300,50	97,83
1914	25	1. 7. 15	439	595	37 726,85	27	251,—	210	4 743,65	358	32 732,20	91,43
1915	15	1. 7. 16	528	464	18 757,15	29	275,—	79	1 952,15	356	16 805,—	47,20
1916	25	1. 7. 17	491	461	33 488,90	35	306,—	73	3 785,10	353	29 397,85	83,28
1917	30	1. 7. 18	423	372	25 566,65	36	334,—	26	1 331,30	310	23 901,35	77,10
1918	35	1. 7. 19	468	333	18 007,85	41	185,—	34	987,90	258	16 834,95	65,25

*) Aussperrung.

9. Zinnfolienfabrik D. Morgenstern, Fürth i. Bayern[1]).

Das Unternehmen führte die Gewinnbeteiligung im Jahre 1866 ein. Von dem jeweiligen Reinertrag wurden insgesamt 10 v. H. für Gewinn-

[1]) Internat. Bibliothek, a. a. O., S. 141. Katscher, a. a. O., S. 93, 1899. Arbeiterfreund, S. 300, 1901. Böhmert, a. a. O., S. 64, 1902. Eigene Angaben der Firma vom Oktober 1919.

stellung
von 1891—1919 gezahlten Arbeiter-Gewinnanteile.

Davon:											
3 Jahre und mehr à 4 M. pro v. H. Dividende			2 Jahre und mehr à $2^2/_3$ M. pro v.H. Dividende			1 Jahr und mehr à $1^1/_3$ M. pro v.H. Dividende			weniger als 1 Jahr à $^2/_3$ M. pro v.H. Dividende		
Mann	Gewinnanteil Mark	Summe: Mark	Mann	Gewinnanteil Mark	Summe: Mark	Mann	Gewinnanteil Mark	Summe: Mark	Mann	Gewinnanteil Mark	Summe: Mark
254	105,—	26 670,—	75	70,—	5 250,—	54	35,—	1 890,—	71	17,50	1 242,50
315	105,—	33 075,—	55	70,—	3 850,—	41	35,—	1 435,—	86	17,50	1 505,—
343	105,—	36 015,—	29	70,—	2 030,—	64	35,—	2 240,—	52	17,50	910,—
356	108,—	38 448,—	59	72,—	4 248,—	38	36,—	1 368,—	133	18,—	2 394,—
winnanteilsätze wie oben festgesetzt wurden, betrugen diese 3,—, 2,—, 1,—, 0,50 M.											
386	112,—	43 232,—	28	74,65	2 090,20	73	37,35	2 726,55	54	18,65	1 007,10
374	128,—	47 872,—	53	85,35	4 523,55	27	42,65	1 151,55	163	21,35	3 480,05
406	160,—	64 960,—	22	106,65	2 346,30	118	53,35	6 315,30	115	26,65	3 064,75
396	140,—	55 440,—	51	93,35	4 760,85	44	46,65	2 052,60	30	23,35	700,50
414	128,—	52 992,—	39	85,35	3 328,65	26	42,65	1 108,90	46	21,35	982,10
426	132,—	56 232,—	21	88,—	1 848,—	86	44,—	3 784,—	134	22,—	2 948,—
398	144,—	57 312.—	47	96,—	4 512,—	101	48,—	4 848,—	14	24,—	336,—
384	112,—	43 008,—	42	74,65	3 135,30	28	37,35	1 045,80	10	18,65	186,50
329	60,—	19 740,—	11	40,—	440,—	12	20,—	240,—	7	10,—	70,—
319	36,—	11 484,—	10	24,—	240,—	57	12,—	684,—	64	6,—	384,—
308	72,—	22 176,—	47	48,—	2 256,—	94	24,—	2 256,—	57	12,—	684,—
332	128,—	42 496,—	77	85,35	6 571,95	137	42,65	5 843,05	128	21,35	2 732,80
371	136,—	50 456,—	83	90,65	7 523,95	59	45,35	2 675,65	23	22,65	520,95
391	104.—	40 664,—	38	69,35	2 635,30	19	34,65	658,35	20	17,35	347,—
384	104,—	39 936,—	10	69,35	693,50	27	34,65	935,55	59	17,35	1 023,65
374	120,—	44 880,—	18	80,—	1 440,—	105	40,—	4 200,—	11	20,—	220,—
371	120,—	44 520.—	82	80,—	6 560,—	46	40,—	1 840,—	143	20,—	2 860,—
424	128,—	54 272,—	25	85,35	2 133,75	117	42,65	4 990,05	37	21,35	789,95
403	120,—	48 360,—	66	80,—	5 280,—	61	40,—	2 440,—	23	20,—	460,—
435	112,—	48 720,—	48	74,65	3 583,20	35	37,35	1 307,25	37	18,65	690,05
310	100,—	31 000,—	12	66,65	799,80	20	33,30	666,—	16	16,65	266,40
250	60,—	15 000,—	15	40,—	400,—	17	20,—	340,—	79	10,—	790,—
268	100,—	26 800,—	8	66,65	533,20	47	33,30	1 565,10	30	16,65	499,50
{127	50,—	6 350,—	11	33,30	366,30	4	16,65	66,60	7	8,35	58,45
{129	100,—	15 480,—	13	80,—	1 040,—	8	40,—	320,—	11	20,—	220,—
234	70,—	16 380,—	4	46,65	186,60	9	23,35	210,15	11	—	58,20

beteiligung und andere soziale Einrichtungen verwandt, und zwar erhielt jeder Anteilsberechtigte nach einjähriger Dienstzeit $^1/_3$ Anteil, nach zwei Jahren $^2/_3$ und nach drei Jahren einen ganzen Anteil. In den Jahren 1867 bis 1876 schwankten die Gesamtanteile zwischen 1000,— M. und 17 000,— M. Die Beteiligung mußte Anfang der 90er Jahre wegen vollständiger Umstellung des Betriebes infolge schlechter Konjunktur und der damit verbundenen Entlassung des Personals vorübergehend eingestellt werden, wurde jedoch nach einigen Jahren in gleicher Weise wieder eingeführt. Die erste Hälfte der Gewinnanteile, von welchen die Anteilsberechtigten gegen Ende des Jahres Kenntnis erhielten, wurde zu Weihnachten ausbezahlt, während die zweite Hälfte am 1. November des folgenden Jahres zur Auszahlung gelangte, falls sich der Anteilsberechtigte zu dieser Zeit noch in dem Geschäfte befand und die Betriebsleitung mit seinen Leistungen zufrieden war.

Die Beteiligung hat nach Angaben der Verwaltung für beide Teile segensreich gewirkt. „Die Mehrheit der Arbeiter ist von dem Verfahren günstig beeinflußt worden; dieselben haben sich dankbar gezeigt, arbeiten besser und bringen es zu Ersparnissen. Auf einige wenige jedoch hat die neue Einrichtung keine Wirkung ausgeübt."

Trotz dieser günstigen Erfahrungen wurden nach der Revolution auf Wunsch der Arbeiter die durchschnittlichen Gewinnanteile in den festen Lohn einkalkuliert und an Stelle einer Gewinnbeteiligung eine entsprechende Lohnerhöhung vorgenommen. Das Unternehmen stellte hierauf die Beteiligung der Arbeitnehmer ein.

10. Schuckert & Co., Elektrizitäts-Aktien-Gesellschaft, Nürnberg[1]).

Von den Rechtsvorgängern der Firma, der offenen Handelsgesellschaft S. Schuckert und der Kommandit-Gesellschaft S. Schuckert & Co. wurde 1893 eine Gewinnbeteiligung der Angestellten und Arbeiter in Form von Gratifikationen eingeführt, welche vom Vorstand der Gesellschaft nach freiem Ermessen bestimmt wurden. Angestellte und Arbeiter, welche noch nicht ein Jahr in den Diensten der Firma standen, wurden nicht berücksichtigt, während im übrigen die Höhe des Dienstalters von Bedeutung für die Höhe der Gratifikation war. Den Arbeitnehmern war anheimgestellt, ihre Gewinnanteile in Höhe von mindestens 500,— M. bis höchstens 2000,— M. bei der Firma als Spareinlage zu hinterlegen, welche mit dem Dividendensatz der Aktionäre, mindestens aber mit 5 v. H. verzinst wurde. Im März 1900 betrug die Summe der von den Arbeitnehmern auf dem Sparkonto gemachten Einzahlungen 123 900,— M., die Höhe der Gewinnanteile der einzelnen Arbeitnehmer 5,— M. bis 200,— M.

Über die Erfahrungen berichtete die Verwaltung anläßlich der Böhmertschen Untersuchung von 1901, daß sie eine Gewinn- und Verlustbeteiligung für undurchführbar halte und nur Gratifikationen in dem von ihnen ausgeübten Sinne empfehlenswert erschienen, da die Angestellten und besonders die Arbeiter keinerlei Empfindung für die Konjunktur und die damit zusammenhängenden Schwankungen des Ertrages

[1]) Arbeiterfreund, S. 293, 1901. Böhmert, S. 57, 1902. Eigene Angaben der Firma vom Oktober 1919.

hätten. Als günstigen Erfolg der Gratifikationen erwähnte die Verwaltung die Erhaltung eines Stammes treuer und zuverlässiger Arbeiter und Angestellter.

Der Gewinnbeteiligungsversuch des Unternehmens ist in der Literatur ausschließlich in der Böhmertschen Untersuchung erwähnt. Auf Anfrage teilte die Verwaltung im Oktober 1919 mit, daß eine Gewinnbeteiligung der Arbeitnehmer nicht bestehe.

B. Textilindustrie.

1. G. Steinheil, Dieterlen & Co., Baumwollspinnerei, Rhotau i. Elsaß[1]).

Diese, seit 1806 bestehende Baumwollspinnerei, Bleicherei und Kattundruckerei gehörte zu den ältesten deutschen Gewinnbeteiligungsfirmen und beteiligte das Personal erstmalig im Jahre 1847 an dem Reinertrag des Unternehmens in Gestalt eines Kollektivanteils, welcher den vorhandenen Hauseinrichtungen zugunsten der Angestellten zufiel. Mit demselben Prozentsatz waren diese Wohlfahrtseinrichtungen auch an den Verlusten der Firma beteiligt. An Stelle dieses Kollektivanteils, welcher bis 1868 10 v. H. des Reinertrags betrug, wurde von diesem Jahre ab 5 v. H. des Reingewinns zur Verteilung an die einzelnen Arbeitnehmer und 7 v. H. als Kollektivanteil ausgeworfen. Infolge der schlechten Konjunktur wurden jedoch bis zum Jahre 1872 keine Gewinne erzielt und in diesem Jahre anläßlich der Umwandlung der Firma in eine Aktiengesellschaft 10 v. H. des Reingewinns als Gewinnanteil des Personals festgelegt. Hiervon gelangten $^2/_5$ zur Barauszahlung, während der Rest anderen sozialen Einrichtungen des Unternehmens zufloß. In den Jahren 1875 bis 1884 bewegte sich der Gewinnanteil des Personals zwischen 2700,— M. und 10 000,— M. bei einem Jahresdurchschnitt von etwa 6600,— M. Im Jahre 1900 wurden die Statuten der Gesellschaft geändert und die Gewinnbeteiligung nunmehr in der Form ausgeübt, daß 10 v. H. des Reingewinns, der sich nach Abzug der Abschreibungen und einer fünfprozentigen Dividende ergab, zur Hälfte den Angestellten und den Arbeitern zugeteilt wurde. Für die Angestellten wurden die Anteile in Form von Gratifikationen, für die Arbeiter durch Unterstützung ihrer sozialen Wohlfahrtseinrichtungen ausgeschüttet. Durchschnittlich wurden jährlich etwa 12 000,— M. an Gewinnanteilen aufgewandt oder für den einzelnen Arbeiter durchschnittlich 2 bis 5 v. H. seines Jahresverdienstes. Zur Sicherung der Dividende der Aktionäre und der Gewinnanteile der Beamten und Arbeiter bestand ein „Vorsichtsfonds“,

[1]) Int. Bibl., a. a. O., S. 170. Arbeiterfreund, S. 166, 1901. Katscher, a. a. O., S. 94. Böhmert, a. a. O., S. 31, 1902.

welcher den Aktionären 5 v. H., den Beamten 3760 M. und den Arbeitern 6400 M. garantierte.

In ihrem Bericht über die Erfahrungen mit der Gewinnbeteiligung, welchen die Gesellschaft 1901 für die Böhmertsche Untersuchung erstattete, wurde besonders die günstige Wirkung der kollektiven Gewinnbeteiligung gerühmt, aus deren Mitteln die sozialen Wohlfahrtseinrichtungen gespeist wurden. Die gemeinsame Verwaltung dieser durch die Gewinnbeteiligung erhaltenen Einrichtungen durch Arbeitgeber und Arbeitnehmer habe wesentlich dazu beigetragen, die gegenseitigen Beziehungen gut und friedlich zu gestalten. Die Verwaltung glaubte deshalb die in ihrem Betriebe angewandte einfache Kollektiv-Gewinnbeteiligung solchen Unternehmen empfehlen zu können, in denen die individuelle Beteiligung auf Schwierigkeiten stößt.

Der Gewinnbeteiligungsversuch der Gesellschaft wurde in der späteren Gewinnbeteiligungsliteratur nach dem Kriege nicht weiter erwähnt. Da die nunmehr französisch gewordene elsässische Firma auf wiederholte Anfragen keine Antwort erteilte, ist das Schicksal dieses Beteiligungsversuchs ungewiß.

2. Schaeffer, Lalance & Co., Bleicherei, Lutterbach-Pfastadt, Elsaß[1]).

Die Gesellschaft führte die Gewinnbeteiligung im Jahre 1874 ein, indem sie die Werkführer (Meister) und diejenigen Arbeiter, welche die Geschäftsleitung als würdig bezeichnete, mit einem alljährlich von der Firma frei bestimmten Betrage auf Grund der festen Bezüge an den Erträgnissen des Unternehmens beteiligte. Ein Drittel der Gewinnanteile wurde in bar ausgezahlt, ein weiteres Drittel gutgeschrieben und in einer Sparkasse (unter Sperre für 20 Jahre oder bis zum Todesfall) zu 5 v. H. angelegt. Das dritte Drittel wurde von der Firma verwaltet, mit 5 v. H. verzinst und erst nach einem Jahre zusammen mit dem bar auszuzahlenden ersten Drittel des neuen Gewinnanteiles ausgefolgt. Bei Beginn der Gewinnbeteiligung betrug die Zahl der Gewinnanteilsberechtigten 112 bei 1000 Arbeitnehmern, 1885 349 bei 1054 Arbeitnehmern. In den ersten 10 Jahren gelangten insgesamt 132 547,— M. Gewinnanteile zur Auszahlung oder Gutschrift. Die Höchstgrenze der von der Firma für die Gewinnbeteiligung ausgeworfenen Summe betrug 20 000,— M. jährlich, welche bestimmungsgemäß höchstens einem Drittel der Arbeitnehmer zugute kommen sollten.

Über die Erfahrungen, welche die Gesellschaft mit ihrem Beteiligungssystem gemacht hatte, berichtete Katscher 1899, daß die Absicht

[1]) Intern. Bibl., 2. Teil, S. 186. Arbeiterfreund. S. 154, 1875. Katscher, a. a. O., S. 95, 1899.

der Firma, das Personal seßhafter zu machen, erreicht worden sei, da ohne triftige Gründe niemand mehr aus der Firma ausscheide. Auch seien die sittlichen Wirkungen vortreffliche.

Der Beteiligungsversuch der Firma wurde von Böhmert in seiner Untersuchung vom Jahre 1901 nicht mehr erwähnt, so daß er zwischen 1899 und 1901 eingestellt worden sein muß.

3. Dollfuß & Co., Mülhausen[1]).

Die Firma führte in der zweiten Hälfte des vergangenen Jahrhunderts (das Jahr der Einführung ist in der Literatur nicht erwähnt) eine Kollektivbeteiligung ihrer Arbeitnehmer ein, indem sie einen bestimmten Prozentsatz der Erträgnisse jedes Jahres für die Arbeitnehmer zurückbehielt und aus diesen Mitteln zahlreiche soziale Wohlfahrtseinrichtungen bestritt. Außerdem wurden die Zinsen eines „Arbeiter-Reserve" benannten Reservefonds, welcher mit 4 v. H. verzinst wurde, für die gleichen Zwecke verwandt. Die Arbeiterreserve belief sich 1889 auf rund 630 000,— M., während die Zinsen aus diesem Betrage und der Kollektivanteil am Geschäftsgewinn jährlich ungefähr 110 000,— M. oder etwa 7 v. H. der Löhne betrugen.

Über die Erfahrungen dieser Kollektivgewinnbeteiligung wird von Katscher, der die Firma als Einziger aufführte und beschrieb, nichts erwähnt. In der Böhmertschen Untersuchung von 1901 ist dieser Beteiligungsversuch nicht mehr verzeichnet.

4. H. vom Bruck Söhne, Krefeld, Seiden-, Samt- u. Samtbandfabrik[2]).

Die Geschäftsinhaber beschlossen im Jahre 1867, in ihren Gesellschaftsvertrag eine Bestimmung aufzunehmen, daß dem Personal künftig ein festgesetzter Prozentsatz des Reingewinns zugute kommen solle. Den Arbeitnehmern — es handelte sich in der Hauptsache um Weber, die als Heimarbeiter beschäftigt wurden — wurde jedoch nur mitgeteilt, daß sie bei mindestens achtmonatlicher Beschäftigung im Jahre bei guten Geschäftserträgnissen ohne Unterschied der Dienstjahre oder der Lohnhöhe besondere Entlohnungsbeträge erhalten sollten. Infolge des großen Kreises der Anteilsberechtigten der Firma, welche 2600 bis 3000 Webstühle beschäftigte, war das finanzielle Ergebnis der Beteiligung für die Weber außerordentlich geringfügig, und zwar erhielten:

---

[1]) Katscher, a. a. O., S. 95, 1899.

[2]) Int. Bibl., a. a. O., S. 154. Gilman-Katscher, a. a. O., S. 261, 1891. Arbeiterfreund, S. 149, 1875. Frommer, a. a. O., S. 118, 1887. Katscher, S. 99, 1899.

Jahr	Anzahl der Teilnehmer	Verteilter Betrag M.
1868	1654	8 685,—
1869	1832	21 987,—
1870	2170	$1^1/_2$ v. H. der Löhne = 13 020,—
1871	2252	1 „ „ „ „ = 13 536,—
1872	2391	$2^7/_{10}$ „ „ „ „ = 43 038,—

In den nächsten drei Jahren arbeitete die Fabrik mit Verlusten, die aus dem Erträgnis der Jahre 1876 und 77 gedeckt wurden, so daß auch in diesen Jahren keine Anteile ausgeschüttet werden konnten. Am Schlusse des Jahres 1877 stellte die Firma ihren Gewinnbeteiligungsversuch gänzlich ein.

Bezüglich der Gründe dieser Einstellung schrieb damals einer der Eigentümer des Unternehmens an Böhmert, daß der Industriezweig in hohem Grade von unberechenbaren Konjunkturen abhänge, die einen großen Reservefonds erfordern und keinen erheblichen Gewinnanteil für die Angestellten zulassen. Überdies hätten sich die von dem versuchten Verfahren gehegten Erwartungen nicht erfüllt.

5. Mechanische Baumwollspinnerei Kaufbeuren[1]).

Die Gesellschaft führte die Gewinnbeteiligung im Jahre 1871 als freiwillige, jederzeit widerrufliche Beteiligung der Arbeiter und Angestellten ein. Bis 1877 wurden durchschnittlich Gewinnanteile in Höhe von 10 v. H. der Löhne und in Gesamtbeträgen von 20 000,— bis 40 000,— M. ausgeschüttet. Nachdem das Personal in den ersten Gewinnbeteiligungsjahren, in welchen die nahezu 80 000,— M. in zwei Raten zur Verteilung gelangt waren, in der Mehrzahl das empfangene Geld schnell ausgab, traf die Firma die Änderung, daß in den weiteren Jahren die Gewinnanteile 14tägig zusammen mit den Löhnen ausgezahlt wurden oder auch verzinslich angelegt werden konnten. 1877 gab die Firma nach einem ungünstigen Geschäftsergebnis die Gewinnbeteiligung auf (Katscher verzeichnet im Gegensatz zu Böhmert das Jahr 1879 als Ende des Beteiligungsversuches) und gewährte an Stelle der Gewinnbeteiligung Produktionsprämien.

Die Aufführung der Firma durch Böhmert unter den Gewinnbeteiligungsfirmen der Untersuchung von 1901 dürfte nicht gerechtfertigt erscheinen, da die Gesellschaft ihre Gewinnbeteiligung ausdrücklich eingestellt hatte und das Produktionsprämiensystem nicht als Beteiligung am Gewinn angesprochen werden kann.

[1]) Int. Bibl., a. a. O., S. 165. Gilman-Katscher, a. a. O., S. 262. Katscher, a. a. O., S. 100, 1899. Arbeiterfreund, S. 409, 1901. Böhmert, a. a. O., S. 73, 1902.

6. Aktiengesellschaft Weberei Hasel, Hasel i. Baden[1]).

Der Gewinnbeteiligungsversuch dieser Gesellschaft, der 1872 begonnen wurde, stellt den Versuch einer „christlich-sozialen Bundesfabrik“ dar, mit welcher eine Verquickung von sozialpolitischen und religiösen Idealen beabsichtigt war. Von dem Aktienkapital von 100 000 süddeutschen Gulden wurde der fünfte Teil für die Arbeiter reserviert[2]), während ein anderer Teil der Aktien von der Baseler Chrischona-Mission übernommen wurde. Bei Erzielung eines Reingewinns von weniger als 8 v. H. sollte die Aktionär-Dividende 4 v. H. betragen und bei einem Reingewinn von 8 bis 16 v. H. eine Dividende von $4^1/_2$ bis 7 v. H. ausgeschüttet werden. Von dem Rest des Reingewinnes sollte ein Fünftel in den Reservefonds fließen, zwei Fünftel an die Chrischona-Mission und die restlichen zwei Fünftel als Gewinnbeteiligung an die Angestellten fallen. Die Anteilsberechtigung wurde nach dreijähriger Dienstzeit erworben. Das Personal des Unternehmens zählte 10 männliche und 35 weibliche Arbeitnehmer. Schon nach zwei Jahren mußte das Kapital auf 70 000 Gulden herabgesetzt werden, da die Aktien nicht voll untergebracht werden konnten. Gleichzeitig wurde die Verteilung des Reingewinnes geändert und nunmehr nach Abzug der üblichen Kapitalzinsen der verbleibende Reingewinn in drei gleiche Beträge zwischen dem Reservefonds, der Missionsgesellschaft und den Angestellten geteilt, so daß die Gewinnbeteiligung des Personals hiermit von zwei Fünftel auf ein Drittel des Reingewinnes herabgesetzt wurde. Die Gewinnbeteiligung ist indessen bei dem Unternehmen überhaupt nicht akut geworden, da bis zum Jahre 1877, in welchem die Firma sich auflöste, nie ein Gewinn erzielt worden ist und selbst die Kapitalzinsen für das Aktienkapital nur ein einziges Mal bezahlt werden konnten.

Über die Ursachen des Mißerfolges dieses Gewinn- und Kapitalbeteiligungsversuches wurde Böhmert von verschiedenen Seiten berichtet, daß die Arbeiter keinerlei Verschulden tragen, sondern daß mangelnde Sachkenntnis der Gründer und schlechter Geschäftsgang die Verluste des Unternehmens herbeiführten.

7. Scheurer, Lauth & Co., Textildruckerei, Thann i. Elsaß[3]).

Die Gesellschaft führte im Jahre 1874 eine Kollektiv-Gewinnbeteiligung ihrer Arbeitnehmer ein, indem sie eine Arbeiterwohlfahrtskasse mit einem Stammkapital von 50 000 Fr. begründete und sich verpflichtete, 10 v. H. des Reingewinnes an diese Kasse abzuführen. Die

[1]) Katscher, a. a. O., S. 100, 1899. Gilman-Katscher, S. 262.

[2]) Kapitalbeteiligung, Teil II.

[3]) Arbeiterfreund, S. 293, 1899. Frommer, S. 114, 1887. Allgemeine Konservative Monatsschrift, S. 36, 1899.

Arbeiterwohlfahrtskasse sollte zunächst zur Gewährung von Unterstützungen und Pensionen dienen. Sobald die Mittel der Kasse für diesen Zweck ausreichend genügten, sollte eine teilweise Barauszahlung der Gewinnanteile erfolgen, die in Form von Sparkassenbüchern geplant waren. Das Vermögen der Arbeiterwohlfahrtskasse war 1895, d. h. nach etwa 20 Jahren, auf rund 765 000 Fr. angewachsen. Bis zum Jahre 1898 ist nach einem Böhmertschen Bericht zu schließen, daß eine Barverteilung von Gewinnanteilen noch nicht erfolgte. Die Jahresausgaben der Wohlfahrtskasse zugunsten der Arbeitnehmer betrugen in den Jahren 1884 bis 1888 durchschnittlich 22 500 Fr., im Jahre 1894/95 fast 40 000 Fr. (darunter ein Viertel für Ruhegehälter, fast die Hälfte für Unterstützungen und der Rest für Reichsversicherungsbeiträge). Über die Ergebnisse dieser Kollektivbeteiligung äußerte sich die Firma nach dem Böhmertschen Bericht von 1899 wie folgt: „Naturgemäß haben unsere Einrichtungen besonders angenehme Beziehungen zwischen uns und dem Personal zur Folge; demgemäß haben sich unsere Arbeiter auch nicht dem Generalstreik von 1898 angeschlossen."

Der Gewinnbeteiligungsversuch dieser Firma ist das erste und einzige Mal von Böhmert 1899 erwähnt, während Katscher ihn im gleichen Jahre nicht aufführte. Auch Böhmert selbst hat diese Gewinnbeteiligung in seiner Untersuchung von 1901 nicht mehr aufgenommen, so daß anzunehmen ist, daß der Gewinnbeteiligungsversuch dieses Unternehmens in der Zeit von 1899 bis 1901 eingestellt worden ist.

8. A. W. Bär & Co., Mechanische Weberei, Zschopau i. Sa.[1])

Die Firma führte die Gewinnbeteiligung im Jahre 1893 mit dem Vorbehalt ein, sich von Jahr zu Jahr über die Weiterführung des Verfahrens entscheiden zu können. Der Gewinnanteil des Personals betrug 10 v. H. des nach Abzug von 5 v. H. Kapitalzinsen verbleibenden Reingewinns. Die Anteilsberechtigung wurde schon nach einem halben Dienstjahr erreicht. Die Auszahlung der Gewinnanteile erfolgte in bar. Das Rundschreiben der Firma vom 30. Juni 1893, mit welchem den Angestellten die Gewinnbeteiligung angekündigt wurde, enthielt folgende Ausführungen:

„Zwei Abgeordnete des Arbeiterausschusses sollen von den einschlägigen Buchungen Kenntnis nehmen und mit uns gemeinsam den Anteilsatz berechnen, der sich ergibt, indem man den zehnten Teil des Reingewinnes durch die Summe sämtlicher Gehälter und Löhne dividiert. Der Anteilsatz wird durch Anschlag bekanntgemacht; er drückt aus, wieviel Pfennige Gewinnanteil auf jede Mark entfallen, die die Anteilsberechtigten während der Zeit vom 1. Juli 1893 bis 30. Juni 1894 als Gehalt oder Lohn seitens unserer Lohnkasse erhalten haben. Jeder kann sich somit leicht selbst ausrechnen, wieviel Mark und Pfennige sein Gewinnanteil beträgt. Die Wirkung wird sicher eine gute sein, wenn Verständnis und guter

---

[1]) Katscher, a. a. O., S. 99, 1898.

Wille sich vereinen. Es überlege sich also ein jeder, daß er durch Fleiß, Sparsamkeit, Pünktlichkeit und Ordnung nicht nur seinen eigenen Vorteil wahrt, sondern auch gleichzeitig zur erhöhten Einnahme und zum Wohlbefinden jedes seiner Mitarbeiter beiträgt, während Mangel an Fleiß, Unordnung, Materialvergeudung, Sachbeschädigung oder gar Veruntreuung einem wie dem andern zum Schaden gereichen. Arbeiten wir alle Hand in Hand, hilft einer dem andern, regt der Fleißige und Pünktliche durch sein Vorbild und durch Aufmunterung den Trägen und Lässigen an, ermahnt der Ordentliche und Sparsame den Leichtsinnigen, so kann es nicht fehlen, daß wir gute Erfolge erzielen."

Der Gewinnbeteiligungsversuch der Firma wurde von Böhmert in seiner Untersuchung von 1901 nicht mehr erwähnt, so daß er vor dieser Zeit eingestellt worden sein muß.

9. Sächsische Leinenindustrie-Gesellschaft, vorm. H. C. Müller & Hirt, A.-G., Freiberg i. Sa.[1]).

Die Gesellschaft führte im Jahre 1898 eine Gewinnbeteiligung ein für „sämtliche Angestellte und Arbeiter, soweit sie ihre Berufspflichten gewissenhaft erfüllen". Als Beweggrund der Einführung wurde die beabsichtigte Belebung des Interesses der Arbeiterschaft für die Prosperität des Geschäfts sowie die Verbesserung der sozialen Lage treuer, strebsamer Arbeiter angegeben. Die Festsetzung der gesamten zur Verteilung gelangenden Gewinnanteilssumme blieb dem jeweiligen Ermessen von Aufsichtsrat und Vorstand überlassen. Die Anteile wurden nach Wunsch der Arbeitnehmer bar ausgezahlt oder bei der städtischen Sparkasse angelegt und betrugen 30 bis 60 M., etwa 5 v. H. des Jahreslohnes. An Gewinnanteilen wurden in den ersten drei Jahren ausgezahlt:

	1898	1899	1900
	Mk.	Mk.	Mk.
an die Beamten . .	627,94	532,10	294,53
an die Arbeiter . .	7577,58	6777,76	4632,74

Als Erfolg der Gewinnbeteiligung berichtete Böhmert 1901 die Erzielung eines treuen, seßhaften Arbeiterstammes. In der Gewinnbeteiligungsliteratur wird der Versuch dieser Firma nach 1902 nicht mehr erwähnt, so daß die Einstellung der Gewinnbeteiligung angenommen werden muß. Auf Anfrage des Verfassers bei der Verwaltung des Unternehmens wurde die Auskunft hierüber verweigert.

10. Rudolf Petersdorff, Bekleidungs-Spezialhäuser, Breslau-Königsberg i. Pr.[2]).

Der Inhaber dieser Firma, welche Konfektionshäuser in Breslau, Posen und Königsberg unterhielt, übergab das Breslauer Unternehmen

---

[1]) Arbeiterfreund, S. 99, 1901. Böhmert, S. 63, 1902. Eigene Angaben der Firma vom Oktober 1919.

[2]) Tägliche Rundschau" vom 21. Januar 1920. Selter, a. a. O., S. 36, 1920. Eigene Angaben der Firma vom September 1921.

am 1. Februar 1919 seinem Personal nach Maßgabe der folgenden Bestimmungen:

Das Einlagekapital des Besitzers wurde mit 6 v. H. verzinst. Alle Verluste des Geschäftes sollten von dem Besitzer getragen werden. Von dem Reingewinn gingen nach Abzug der 6 v. H. Kapitalzinsen zunächst 10 v. H. in einen Fonds zur Erbauung von Angestelltenhäusern. Von dem verbleibenden Reingewinn sollten ein Drittel die Mitglieder der Geschäftsleitung, etwa 12 bis 15 Herren, erhalten, bei denen sich der Geschäftsinhaber die Art der Verteilung vorbehielt. Das zweite Drittel sollte an das gesamte kaufmännische Personal ausgeschüttet werden und über seine Verteilung ein besonderer Angestelltenausschuß entscheiden. Das letzte Drittel war für das technische Personal, die Schneider, Heimarbeiter usw. bestimmt. Hierüber war die Entscheidung eines Arbeiterausschusses vorgesehen.

Die Erfahrungen, welche der Inhaber des Unternehmens mit diesem besonders großzügigen Gewinnbeteiligungsversuch gemacht hat, welcher 94 v. H. des Reingewinnes den Arbeitnehmern zuführte, müssen schon nach kurzer Zeit ungünstige gewesen sein, da die Gewinnbeteiligung nach Angaben der Firma vom September 1921 ein Versuch blieb und nicht zur Durchführung gelangte.

11. Rheinische Möbelstoff-Weberei, vorm. Dahl & Hunsche, A.-G., Unter-Barmen[1]).

Die Gesellschaft führte im Frühjahr 1919 die Gewinnbeteiligung ihrer Arbeitnehmer nach Maßgabe der folgenden Vereinbarung durch:

„Laut Beschluß der Generalversammlung vom 26. Februar 1920 sind Angestellte und Arbeiter unserer Firma zukünftig am Jahresgewinn zu beteiligen, indem ihnen nach Genehmigung der Bilanz durch die Generalversammlung vom Reingewinn nach Abzug von 4 v. H. Dividende und der dem Aufsichtsrat vertragsmäßig zustehenden Vergütungen, die Hälfte der zur Verteilung vorgesehenen Summe nach folgenden Bestimmungen ausgezahlt werden soll:

1. Die Gewinnbeteiligung tritt erstmalig für das bilanzmäßig am 31. Dezember 1919 zu Ende gehende Geschäftsjahr in Kraft.

2. Die Gewinnbeteiligung wird im Verhältnis zu dem Jahresverdienst des Angestellten oder Arbeiters berechnet, und soll eine stufenweise fortschreitende Steigerung für der Firma geleistete langjährige Dienste erfolgen.

3. Gewinnberechtigt ist jeder männliche oder weibliche Angestellte oder Arbeiter, der am 31. Dezember des für die Gewinnbeteiligung in Betracht kommenden Geschäftsjahres mindestens ein volles Jahr ohne Unterbrechung bei uns beschäftigt war. Krankheit rechnet nicht als Unterbrechung. Das Geschäftsjahr geht vom 1. Januar bis 31. Dezember.

4. Wer im Laufe eines Geschäftsjahres austritt, hat für die Zeit seiner Tätigkeit in dem betreffenden Jahre keinen Anspruch auf Gewinnbeteiligung. Durch Austritt oder Entlassung wird die Gewinnbeteiligung aufgehoben.

---

[1]) Krasper: Der Arbeitsfriede durch Arbeiterkapitalisten, S. 53, Berlin 1921. Eigene Angaben der Firma vom November 1920.

5. Bei späterer Wiedereinstellung wird die Zeit, welche der Betreffende früher bei uns tätig war, für die Berechnung der Gewinnbeteiligung nicht berücksichtigt. (Ausnahmen s. unter 6.)

6. Erfolgt die Lösung des Arbeitsverhältnisses infolge Krankheit oder Mangel an Arbeit oder militärischer Dienstleistungen, so wird bei späterer Wiedereinstellung für die Berechnung der Gewinnbeteiligung die Dienstzeit vor der Unterbrechung trotzdem in Anrechnung gebracht. In diesen Fällen findet eine Gewinnbeteiligung statt, auch wenn der Wiedereintritt erst im Laufe des der Berechnung zugrunde liegenden Geschäftsjahres erfolgt ist. Denjenigen, welche während des Krieges bei einer anderen Firma beschäftigt waren, wird dagegen auch bei einer späteren Wiedereinstellung die frühere Dienstzeit bei uns nicht angerechnet.

7. Wer das volle Geschäftsjahr bei uns tätig war, dessen Jahresverdienst wird als Maßstab seines Anteils am Gewinn in Ansatz gebracht. Er ist gewinnberechtigt für das abgelaufene Geschäftsjahr, auch wenn er vor Verteilung des Gewinnes abgetreten ist.

8. Für jedes weitere Jahr, welches er vorher bei uns beschäftigt war, werden dem letzten Jahresverdienst 5 v. H. hinzugerechnet, bis zur Höchstgrenze von 100 v. H., welche bei einer ununterbrochenen Beschäftigungsdauer von 21 Jahren erreicht wird.

9. Die Berechnung des Anteils am Gewinn für die gewinnberechtigten Angestellten und Arbeiter erfolgt auf Grundlage und im Verhältnis nach der für jeden einzelnen ermittelten Ansatzsumme.

10. Die Dienstzeit bei Angestellten oder Arbeitern bei unserer Firma wird mit rückwirkender Kraft seit Bestehen unseres Betriebes gerechnet.

Wer z. B. auf eine ununterbrochene Tätigkeit von 21 Jahren zurückblickt, dessen Ansatzsumme für die Berechnung seines Gewinnanteils ist der letzte Jahresverdienst zuzüglich 100 v. H.“

Nach Angaben der Verwaltung hat jedoch diese Gewinnbeteiligung auf das Verhalten der Arbeiterschaft der Betriebsleitung gegenüber gar keinen oder doch nur einen außerordentlich geringen Einfluß gehabt. Die Arbeiter waren bei Einführung der Gewinnbeteiligung der Ansicht, daß die Verwaltung es doch so einrichten würde, daß für die Arbeiterschaft nicht viel von den Gewinnen übrigbleiben würde, und stellten deshalb ihre Lohnforderungen in dem gleichen Ausmaße wie in Betrieben ohne Gewinnbeteiligung. Es konnte ferner auch nicht festgestellt werden, daß bei den Arbeitern, von wenigen Ausnahmen abgesehen, durch die Gewinnbeteiligung ein größeres Interesse an dem Betriebe wachgerufen wurde. Wenn trotzdem ein größerer Teil der Belegschaft Interesse für das Werk bezeigte, da es sich um alte Arbeiter handelte, so konnte jedenfalls nicht festgestellt werden, daß dieses Interesse durch die Gewinnbeteiligung verstärkt worden wäre. Die im Frühjahr 1920 zum ersten Male erfolgte Ausschüttung von Gewinnanteilen in einer Gesamthöhe von 224 000 M., welche für einzelne Arbeiter bis zu 35 v. H. ihres Jahresverdienstes betrug, beseitigte naturgemäß die ursprünglich so pessimistische Ansicht der Arbeiter über die Gewinnbeteiligung. Trotzdem wurde nach Angabe der Verwaltung auch nach diesen erheblichen Ausschüttungen von der Arbeiterschaft darauf gesehen, daß die für die ganze Textilindustrie tarifmäßig vereinbarten Löhne auf das genaueste eingehalten wurden. Bezüglich der Angestellten bemerkte die Verwaltung, daß die Gewinnbeteiligung von ihnen bedeutend höher eingeschätzt wurde, als von den Arbeitern.

Das mangelnde Verständnis der Arbeiter und die Forderungen der Beibehaltung der Tariflöhne sowie die Tatsache, daß die satzungsgemäß festgelegte Gewinnbeteiligung sich als ein starkes Hindernis für die Durchführung einer notwendigen Kapitalerhöhung erwies, veranlaßte die Gesellschaft mit dem Jahre 1921 unter Zustimmung der Arbeitnehmer die Gewinnbeteiligung einzustellen und an ihrer Stelle eine Kapitalbeteiligung einzuführen[1]). Ausschlaggebend für diese Abschaffung war ferner der Umstand, daß nach Ansicht der Verwaltung eine Gewinnbeteiligung in der Höhe, wie sie vorgesehen war, nicht von einem einzelnen Betriebe allein gewährt werden könnte. Dies zeigte sich dadurch, daß in anderen Betrieben in der Branche in der gleichen Gegend Schwierigkeiten entstanden, da die Belegschaft dieser Unternehmen ebenfalls eine Beteiligung am Gewinn verlangte, die ihnen jedoch von den Betriebsleitern nicht gewährt wurde.

C. Nahrungsmittelgewerbe.

1. Elsässische Konservenfabrik und Importgesellschaft, Straßburg i. Els.[2]).

Die Gesellschaft führte die Gewinnbeteiligung der Arbeiter und Angestellten mit dem 1. Januar 1899 ein. Die Angestellten, Arbeiter, Arbeiterinnen und Saisonarbeiterinnen erhielten zusammen einen Gewinnanteil von 10 v. H. des Reingewinns nach Abzug von 5 v. H. Kapitalzinsen. Die Beteiligung wurde in einer Arbeitsordnung festgelegt und erfolgte nach Maßgabe der Löhne bzw. Gehälter. Ein Drittel der Anteile wurde zurückbehalten und in einen Pensionsfonds geführt. Die übrigen zwei Drittel wurden den nur vorübergehend beschäftigten Saisonarbeitern bar ausgezahlt, während die übrigen ihre Anteile auf einem Sparkassenbuch zur freien Verfügung gutgeschrieben erhielten. An Gewinnanteilen wurden von 1899 bis 1901 ausbezahlt:

am	1.	Januar	1899	an	Arbeiter	und	Angestellte	2968,— M.
„	1.	„	1900	„	„	„	„	3363,— „
„	1.	„	1901	„	„	„	„	7509,— „

Nach Abzug des zur Schaffung des Pensionsfonds zurückbehaltenen Drittels betrugen die Anteile der Arbeiter im letzten Jahre 3,6 v. H. der festen Löhne.

Über die Erfahrungen glaubte die Firma sich anläßlich der Böhmertschen Untersuchung von 1901 wegen der kurzen Zeit noch nicht äußern zu können.

---

[1]) Abschnitt Kapitalbeteiligung.

[2]) Arbeiterfreund, S. 419, 1901. Böhmert, a. a. O., S. 76, 1902.

Der Gewinnbeteiligungsversuch der Gesellschaft wurde in der Literatur nach 1902 nicht mehr erwähnt. Nachdem auf Anfrage von der Verwaltung keine Antwort zu erlangen war, ist das Schicksal der Gewinnbeteiligung der nunmehr französisch gewordenen Firma ungewiß.

2. F. S. Eckhardt, Produktenhandlung, Wurzen i. Sa.[1]).

Das Unternehmen führte am 1. Juli 1895, um das Geschäftsinteresse zu beleben, eine Gewinnbeteiligung der Angestellten ein. Von dem durch die Inventur festgestellten Reingewinn wurden 10 v. H. derart verteilt, daß die vier älteren Angestellten doppelt soviel erhielten als die drei jüngeren. Die Anteile wurden den Beteiligten nach Wunsch entweder bar ausgezahlt oder mit 4 v. H. verzinst.

Über die Erfahrungen berichtete der Inhaber des Unternehmens anläßlich der Böhmertschen Untersuchung von 1901, daß das Interesse der Angestellten durch die Gewinnbeteiligung mehr geweckt wurde, die älteren Angestellten die jüngeren zu nützlicher Arbeit anhielten und die Kräfte der Arbeiter mehr als bisher ausnützten.

Der Beteiligungsversuch der Firma wurde späterhin nicht mehr erwähnt. Nachdem auch die neueste Literatur die Gewinnbeteiligung der Firma nicht mehr aufführt, darf der Versuch wohl als eingestellt betrachtet werden.

D. Bank- und Versicherungsgewerbe.

1. Feuerversicherungs-Gesellschaft „Rhein und Mosel", Straßburg i. Els.[2]).

Die Gesellschaft führte die Gewinnbeteiligung ihrer Angestellten im Jahre 1884 ein. Als Beteiligungssystem wurde nach dem Vorbild der Pariser Gesellschaft „Assurances générales" gewählt und von dem jährlich erzielten Reingewinn satzungsgemäß 6 v. H. als Gewinnanteile einer Versorgungskasse der Angestellten überwiesen. An dieser Versorgungskasse ist jeder Angestellte beteiligt und wird der auf ihn innerhalb des Gesamtgewinnanteils von 6 v. H. entfallende Einzelanteil nach Maßgabe des Verhältnisses seines Gehaltes zur Gesamtsumme der Jahresgehälter berechnet und gutgeschrieben. Die Gewinnanteile bzw. die Guthaben der Angestellten bei der Versorgungskasse wurden nicht in bar ausgezahlt, sondern mit 4 v. H. verzinst für den Eintritt des Versorgungsfalles zurückbehalten und angesammelt. Bei Eintritt des Versorgungsfalles (Arbeitsunfähigkeit, Vollendung des 25. Dienst- oder 65. Lebensjahres oder Tod des Angestellten) erfolgte die Auszahlung des gesamten Guthabens. Bei Ausscheiden eines

[1]) Arbeiterfreund, S. 422, 1901. Böhmert, a. a. O., S. 86, 1902.

[2]) Katscher, a. a. O., S. 108, 1899. Arbeiterfreund, S. 423, 1901. Böhmert, S. 93, 1902.

Angestellten vor dem Versorgungsfall verfielen seine Ansprüche an die Kasse zugunsten der übrigen Angestellten.

Die Gewinnanteile beliefen sich im Durchschnitt auf 16 v. H. des Jahresgehalts der Angestellten. Das Vermögen der Versorgungskasse betrug 1884 bei der Gründung 3641 M. und stieg bis 1889 auf 59 920 M. 1901 erreichte die Gesamtsumme der in der Versorgungskasse angesammelten Gewinnanteile von 41 Angestellten 200 402 M. An Gewinnanteilen wurden bis zu diesem Zeitpunkt 64 604 M. ausbezahlt.

Über die Erfahrungen mit diesem Gewinnbeteiligungssystem äußerte sich die Verwaltung anläßlich der Böhmertschen Untersuchung im Jahre 1901 wie folgt:

„Nachdem die Einrichtung nunmehr 17 Jahre besteht, sieht die Gesellschaft den von ihr angestrebten Zweck fast erreicht. Treten Versorgungsansprüche an sie heran, so hat sie es nicht nötig, von Fall zu Fall eine Entscheidung zu treffen und Mittel bereitzustellen, sondern kann die Ansprüche aus der Versorgungskasse nach den ein für allemal festgesetzten und in dem Regulativ niedergelegten Regeln befriedigen. Die Gesellschaft glaubt, daß das lebhafte Interesse der Angestellten, welches dieselben für die Höhe des erzielten Reingewinns bekunden und welches namentlich in dem Bedauern zutage tritt, mit dem die Nachricht von größeren Brandschäden der Gesellschaft aufgenommen wird, wenigstens zum Teil in der Gewinnbeteiligung der Angestellten begründet ist. Ferner wird dadurch eine größere Anhänglichkeit der Angestellten an den Dienst der Gesellschaft bewirkt. Die Angestellten lassen ihr Livret, welches ihnen die Ansprüche für eintretende Versorgungsfälle sowie für den Fall der Vollendung ihres 25. Dienst- bzw. 65. Lebensjahres sichert, nicht gern und sicher nicht ohne schwerwiegende Gründe im Stich.“

Der Gewinnbeteiligungsversuch der Gesellschaft ist in der späteren Literatur nicht mehr erwähnt. Persönliche Anfragen bei der Verwaltung des nunmehr französisch gewordenen Unternehmens blieben unbeantwortet, so daß das Schicksal dieser Gewinnbeteiligung ungewiß ist.

2. Hannoversche Landesbank, Hannover[1]).

Die Gesellschaft gewährte nach einem Bericht von Böhmert in seiner Untersuchung vom Jahre 1901 ihren Angestellten satzungsgemäß eine Gewinnbeteiligung in Höhe von 5 v. H. des Reingewinns. Dieser Betrag konnte durch den Aufsichtsrat erhöht werden. Der Reingewinn wurde nach Abzug der Abschreibungen, Rückstellung von 5 v. H. in den Reservefonds und von 4 v. H. Dividende für die Aktionäre festgestellt.

Das Jahr der Einführung wird von Böhmert in seiner Untersuchung als nicht bekannt verzeichnet. Im übrigen ist dieser Gewinnbeteiligungsversuch in der späteren Literatur nicht mehr erwähnt und das Bestehen einer Beteiligung von seiten der Verwaltung verneint worden.

[1]) Arbeiterfreund, S. 426, 1901.

E. Baugewerbe.

1. Hofbauamt Schwerin[1]).

Einen Versuch der Gewinnbeteiligung im Baugewerbe führte Hofbaurat Demmler ein, indem er im Jahre 1840 die Bauarbeiten anläßlich der Erbauung verschiedener staatlicher Gebäude nicht den Unternehmern, sondern den Arbeitern selbst überwies. Die einzelnen Arbeiten wurden an Gruppen von 6 bis 8 Leuten zu gegenseitig vereinbarten Akkordsätzen vergeben. Hatten die Gruppen die ihnen in Akkord gegebenen Arbeiten fertig, so wurden diese in ihrer Gegenwart vom Baukondukteur ausgemessen. Die Tage, an welchen die Gruppen die Arbeiten begonnen und vollendet hatten, waren in die Rechnungsjournale eingetragen worden. Hieraus ergab sich, welchen Wochenlohn die Arbeiter als erste Zahlung auf ihre Ansprüche empfangen hatten. Nach Abzug dieses Wochenlohnes ergab sich dann der Überverdienst jeder einzelnen Arbeitergruppe, welcher von den Arbeitern unter sich nach ihren eigenen Abmachungen und Berechnungen verteilt wurde. Auf diese Weise gelangten bei dem Schweriner Marstallbau 2600 Taler und beim Zeughausbau 2200 Taler zur direkten Auszahlung an die Arbeiter.

Über die Erfahrungen bemerkte Demmler 1877, daß sie als besonders günstig zu bezeichnen seien. Er brauche sich nicht vorher mit dem Bauunternehmer oder dem Meister über Veränderungen, Verteuerungen oder Verminderung der vereinbarten Akkordsummen zu unterhalten, da bei seinem System eine entsprechende Änderung zwanglos durchgeführt werden könne.

Dieser Gewinnbeteiligungsversuch wird späterhin in der Literatur nicht mehr erwähnt, so daß seine Einstellung als sicher angenommen werden muß.

2. Werkstätten für Zimmer-, Tischler- und Brunnenarbeiten, Albert Nieß, Braunschweig[2]).

Der Inhaber des Unternehmens schloß am 1. Januar 1872 einen Gesellschaftsvertrag mit einem Drittel seines Personals (einer Auslese seiner besten Arbeiter), wonach diesen von jeden 100 M. Reingewinn 20 M. als Gewinnanteil von dem nach Abzug von 5 v. H. Kapitalzins verbleibenden Reingewinn erhalten sollten. Gegenleistung der Arbeiter sollte sein: „Angestrengter Fleiß, Sparsamkeit bei Verwendung des Materials, anständiges Betragen unter sich und dem ausschlaggebenden Publikum gegenüber . . . und gute Ausführung jeder aufgetragenen Arbeit mit Ausschluß jeder Arbeitsausführung auf eigene Rechnung (des sogenannten Pfuschens).“ Die Anteilsberechtigten erhielten ferner einen entsprechenden Lohn, welcher sich

[1]) Int. Bibl. a. a. O., Bd. II, S. 230, 1878. Katscher, a. a. O., S. 106, 1899.
[2]) Int. Bibl., Bd. II, S. 237, 1878. Katscher, a. a. O., S. 106, 1899.

auf der mittleren Höhe der ortsüblich bezahlten Löhne halten sollte. Werkführer und Techniker erhielten an Stelle jeder Löhnung 10 v. H. des Reingewinns. Schäden, welche durch Anteilsberechtigte herbeigeführt worden waren, wurden nach eingeholtem Beschluß der übrigen Anteilsberechtigten von dem Gewinnanteil des Betreffenden abgezogen. Freiwillig ausscheidende Arbeitnehmer verloren ihr Anrecht auf den Gewinnanteil bzw. ihre Ansprüche an dem Gesellschaftsvertrage.

Die Erfahrungen, welche Nieß mit diesem Gewinnbeteiligungssystem gemacht hatte, waren äußerst ungünstig, so daß er die Beteiligung nach dreijährigem Bestehen im Jahre 1875 abschaffte. Seiner Erklärung nach waren die Arbeitnehmer träge, achtlos, verschwenderisch, unzufrieden und stets zum Streiken bereit. Bemerkenswert ist, daß der Beweggrund der Einführung der Gewinnbeteiligung nach Angaben von Nieß die Hoffnung war, die täglich zunehmende Störrigkeit und Widerwilligkeit der Arbeitnehmer, für welche er keinen erklärbaren Grund fand, zu besiegen.

F. Holzverarbeitungsgewerbe.

1. Adolf Kroeber, München[1]).

Das Unternehmen, eine Holzhandlung, beteiligte bis zum Jahre 1875 sein Personal an dem Gewinn seiner Dampfsägen in Galizien und in der Pfalz. Eine feste Norm für die Höhe der Gewinnanteile wurde mit Rücksicht auf die schwankenden Verhältnisse in der Holzindustrie nicht festgelegt, jedoch wurde grundsätzlich folgendes vorgesehen: beim Jahresschluß sollte erhalten:

1. ein gewöhnlicher Arbeiter wenigstens 1 Wochenlohn,
2. ein älterer Arbeiter 2 Wochenlöhne,
3. ein Aufseher, Vorarbeiter usw. 1 Monatsgehalt,
4. ein Sägeverwalter, Lagerverwalter usw. mindestens $^1/_4$ Jahresgehalt.

Der auf diese Weise zur Auszahlung gelangende Gewinnanteil betrug grundsäztlich 20 bis 30 v. H. des Reingewinns. Die gewöhnlichen Arbeiter erhielten hierbei wenigstens 2 v. H. ihres Lohnes, die höchsten Angestellten bis zu 25 v. H. ihres Gehaltes und darüber. Die Höhe der Anteile war sehr schwankend.

Die Gewinnbeteiligung wurde 1875 infolge von namhaften Betriebsverlusten eingestellt, nachdem der Geschäftsinhaber im letzten Jahre die Verteilung von Gewinnanteilen noch durch Zuschüsse aus einem anderen Teile seines Geschäftes ermöglicht hatte.

2. Dampfsägewerk Eberius, Bernstein i. Dessau[2]).

Das Unternehmen führte am 1. Januar 1921 die Gewinnbeteiligung der Arbeiter und Angestellten ein, um die nach dem Kriege stark gesunkene

[1]) Int. Bibl. a. a. O., Bd. II, S. 228, 1878. Gilman-Katscher, a. a. O., S. 288, 1891. Katscher, a. a. O., S. 111, 1899.

[2]) Industrie- und Handelszeitung Nr. 12 vom 15. Januar 1921. Eigene Angaben der Firma vom Januar 1922.

Arbeitslust und das Interesse an den Maschinen sowie an dem ganzen Geschäft zu heben. Als Grundlage der Gewinnbeteiligung wurde mit Gültigkeit für das Jahr 1921 zwischen der Firma und der Belegschaft das folgende Abkommen getroffen:

„Die Firma gewährt ihren Angestellten und Arbeitern die Gewinnbeteiligung unter nachstehenden Grundsätzen:

1. Von dem buchmäßigen Gewinn werden, unter Berücksichtigung der Leistungen der beiden Inhaber nach Tarif K. 5. mit 100 v. H. Zuschlag eine $4^1/_2$ prozentige Verzinsung des vollen Anlage- bzw. Geschäftskapitals in Abzug gebracht. Der alsdann verbleibende Gewinn kommt zur Hälfte an die Angestellten und Arbeiter zur Verteilung. Von der sich ergebenden Summe entfallen ein Teil auf die Angestellten und vier Teile auf die Arbeiter.

2. Die Verteilung des auf die Angestellten entfallenden Gewinnanteils behält sich die Firma selbst vor.

3. Die Verteilung des Gewinnanteils auf die Arbeiter soll in folgender Weise erfolgen:

Jeder Arbeiter, welcher ein volles Jahr bei der Firma beschäftigt ist, wird mit 10 v. H. seines Stundenlohnes als Anteil — die Anteile nach oben auf volle Teile abgerundet — beteiligt. Die Vorarbeiter Tuchel und Rehfeld sowie sämtliche Maschinenarbeiter erhalten einen Zuschlag von 5 v. H. zum 10 v. H. Stundenlohnanteil — die Anteile ebenfalls auf volle Teile nach oben abgerundet. Letztere verpflichten sich dafür aber, ihre Maschinen vor Beginn der Arbeitszeit abzuschmieren. Ferner hat jeder Maschinenarbeiter die Verpflichtung, seine ihm anvertraute Maschine so zu behandeln und so zu erhalten, daß nachweisbar verschuldete Störungen oder Defekte vermieden werden. Bei Störungen, welche durch Gleichgültigkeit oder Nachlässigkeit des betreffenden Maschinenarbeiters entstanden sind und ihm durch die Inhaber der Firma im Verein mit den Vertrauensleuten der Belegschaft das eigene Verschulden durch grobe Fahrlässigkeit einwandfrei nachgewiesen werden kann, können Abzüge am Gewinn des Betreffenden bis zu 10 v. H. der Reparaturkosten oder sonstigen Verluste gemacht werden.

Arbeiter, welche während des laufenden Geschäftsjahres ausscheiden, erhalten eine besondere Bescheinigung, welche ab 15. Januar des folgenden Jahres an unserer Kasse zwecks Abhebung des Gewinnanteils vorzulegen ist. Die Berechnung des Anteils erfolgt in der vorstehend festgelegten Weise derart, daß der Gewinn prozentual auf die beschäftigt gewesenen vollen Monate berechnet wird. Der Monat, in welchem das Ausscheiden erfolgt, rechnet nicht mit, wenn die Entlassung resp. die Arbeitseinstellung bis zum 15. d. Mts. erfolgt, andernfalls wird der Monat voll gerechnet.

Bei neu hinzutretenden Arbeitern wird der Eintrittsmonat nur dann gerechnet, wenn die Arbeit in der ersten Monatshälfte, also bis zum 15., angenommen worden ist.

4. Die Geschäftsbilanz sowie der durchgearbeitete Verteilungsplan werden den Vertrauensleuten der Belegschaft bald nach Fertigstellung der Gewinn- und Verlustrechnung, spätestens am 15. Februar des folgenden Jahres, zur Prüfung und Unterzeichnung vorgelegt.

Zum Weihnachtsfest werden Abschlagszahlungen, die der näheren Vereinbarung zwischen den Geschäftsinhabern und den Vertrauensleuten der Belegschaft bedürfen, geleistet. Diese Zahlungen dürfen keinesfalls den nach Ansicht der Firma zu erwartenden Gewinnanteil übersteigen; es ist hier den Vorschlägen der Geschäftsinhaber stattzugeben.

5. Den bestehenden Gesetzen gemäß müssen 10 v. H. des auf jeden einzelnen entfallenden Betrages als Steuern einbehalten werden.

Durch diese freizügige Abmachung will die Firma versuchen, die Arbeitsfreudigkeit, die Arbeitslust als auch Produktion und Leistungen zu heben. Wenn jeder Arbeiter, besonders aber die Maschinenarbeiter erkennen wollen, daß mit der erhöhten Leistung der dem einzelnen anvertrauten Maschine auch sein Einkommen steigt, so muß diese Gewinnbeteiligung beiderseits zufriedenstellend wirken.

Sollte wider Erwarten der versprochene Erfolg nicht eintreten, so behält sich die Firma vor, dieses Abkommen nach Ablauf nicht wieder zu erneuern.

Alten, den 1. Januar 1921."

Im Laufe des Jahres 1921, in welchem diese Gewinnbeteiligung bestand, erhielten die Arbeitnehmer je nach ihrem Alter etwa 110 bis 448 M. Gewinnanteil.

Die Erfahrungen, welche die Firma im Laufe des Jahres 1921 machte, veranlaßten die Verwaltung, von dem ihr vereinbarungsgemäß zustehenden Rechte Gebrauch zu machen und das Gewinnbeteiligungsabkommen nicht zu erneuern. Der Beweggrund der Abschaffung war besonders die Teilnahme der Belegschaft an einem wilden Streik, trotzdem die Verwaltung in längeren Verhandlungen den Arbeitnehmern klarzumachen versuchte, daß die Beteiligung an diesem Streik ein direkter Hohn auf die verlangte Sozialisierung von Betrieben sei, wenn es sich um Werke handele, an denen die Arbeiter am Gewinn des Unternehmens beteiligt seien. Nach Abbruch der erfolglosen Verhandlungen wurde der gesamten Belegschaft des Werkes gekündigt und gleichzeitig die Gewinnbeteiligung fallengelassen. Auch bei den späterhin wieder erfolgenden Einstellungen von Arbeitskräften wurde die früher gehandhabte Gewinnbeteiligung nicht wieder aufgenommen.

G. Papiergewerbe.

1. Georg Adler, Kartonnagenfabrik, Buchholz[1]).

Das Unternehmen beteiligte die Arbeiter und Angestellten seit dem Jahre 1867 am Gewinn. Die Gewinnanteile, welche männlichen Arbeitern nach einjähriger, weiblichen nach dreijähriger Dienstzeit erstmalig zufielen, richteten sich nach der Höhe des Jahreseinkommens und des Dienstalters. Die Gesamtsumme der Anteile wurde nicht festgelegt, sondern jährlich entsprechend der Größe des Erträgnisses bestimmt. Von den Gewinnanteilen wurde ein Drittel bar ausgezahlt, während zwei Drittel zugunsten des Anteilsberechtigten in die städtische Sparkasse eingelegt und die Verfügungsberechtigung hierüber erst nach Ablauf einer längeren Zeit oder bei Ausscheiden aus dem Dienste gewährt wurde.

Bis 1902 wurden jährlich an Gewinnanteilen durchschnittlich 1800 M. insgesamt, und seit Bestehen der Gewinnbeteiligung im ganzen

---

[1]) Int. Bibl. a. a. O., Bd. II, S. 205. Katscher, a. a. O., S. 108, 1899. Arbeiterfreund, S. 288, 1901. Böhmert, a. a. O., S. 53, 1902.

ungefähr 60 000 M. ausgezahlt. Hiervon befanden sich etwa 40 000 M. in ungefähr 200 Sparbüchern auf der städtischen Sparkasse.

Die Erfahrungen auf Grund dieses Gewinnbeteiligungssystems waren nach Berichten der Firma als günstig zu bezeichnen. Als Ergebnis wurde besonders die Förderung des Sparsinnes und die Anhänglichkeit an das Geschäft hervorgehoben.

Die Gewinnbeteiligung dieses Unternehmens wird in der Literatur zuletzt innerhalb der Böhmertschen Untersuchung von 1901 aufgeführt und von da ab nicht mehr als bestehend erwähnt, so daß der Versuch als eingestellt gelten muß.

2. Thodesche Papierfabrik, Akt.-Ges., Heinsberg b. Dresden[1]).

Die Gesellschaft führte 1864 die Gewinnbeteiligung zunächst für einen Teil ihrer höheren Angestellten in der Überzeugung ein, daß „eine entsprechende Beteiligung derjenigen Personen an dem Reingewinn des Unternehmens, welche einen individuellen Einfluß auf die Resultate durch eine persönliche, die bloße Pflichterfüllung übersteigende Tätigkeit ausüben, von entschiedenem Vorteil für die Prosperität des Etablissements ist". Später wurde das Anteilsystem auch auf die einzelnen Arbeitergruppen ausgedehnt, welche nicht direkt auf die Gewinnerzielung Einfluß nehmen konnten, wie die in der Fabrik beschäftigten Handwerker, Tischler, Böttcher, Schmiede, Schlosser, Zimmerleute und Maurer. Die Gewinnanteile betrugen bis 1864 5 v. H., seit 1865 15 v. H. des Reingewinns.

Die Erfahrungen mit diesem Gewinnbeteiligungsversuch waren keine günstigen. Durch die Erweiterung des Kreises der Anteilsberechtigten wurden Neid und Streit hervorgerufen. Auch begannen die Arbeiter in Jahren mit geringerem oder schlechtem Ergebnis zu murren und drängten immer energischer auf eine sofortige Auszahlung der Gewinnanteile, trotzdem ihnen für die Belassung der Beträge im Geschäft eine sechsprozentige Verzinsung gewährt wurde. Die Gewinnanteile wurden dann zwangsweise zur Hälfte einbehalten und nur zur Hälfte sofort bar ausgezahlt, während der Rest zu einem späteren Zeitpunkt verteilt wurde. Nach einem Bericht von Katscher vom Jahre 1899 wurde die Gewinnbeteiligung mit Rücksicht auf die schlechten Erfahrungen abgeschafft.

3. J. Scheerer, Strohstoff- u. Pappenfabrik, Göritzhain b. Cossen[2]).

Das Unternehmen gewährte seinen Arbeitern und Angestellten seit 1870 eine Beteiligung am Reingewinn, indem den Arbeitnehmern

---

[1]) Int. Bibl. a. a. O., Bd. II, S. 201. Katscher, a. a. O., S. 109, 1899. Arbeiterfreund, S. 401, 1901. Gilman-Katscher, a. a. O., S. 260. Arbeiterfreund, S. 144, 1908.

[2]) Arbeiterfreund, S. 414, 1910. Böhmert, a. a. O., S. 78, 1902.

aus den Gewinnen der Firma eine Dienstprämie nach Maßgabe der Dienstzeit und eine Fabrikationsprämie gewährt wurde, von denen letztere monatlich festgestellt und in einer Fabriksparkasse mit zwanzigprozentiger Verzinsung angelegt wurde. Die Dienstaltersprämie war verhältnismäßig geringfügiger. Sie betrug nach fünfjähriger Dienstzeit 50 M. und stieg bei 25jähriger Dienstzeit bis auf 1000 M. einschließlich Zinsen und Zinseszinsen. 1900 empfingen 32 Anteilsberechtigte Fabrikationsprämien in Höhe von insgesamt 1440 M. und an Zinsen 120 M. Die zwanzigprozentige Verzinsung in der Fabriksparkasse lief für die Fabrikationsprämien jeweils bis zum 30. November jedes Jahres. An diesem Tage wurden die Einlagen samt den Zinsen an die Berechtigten ausgezahlt.

Über die Wirkung dieser Gewinnbeteiligung auf die Arbeitnehmer wurde in dem Bericht der Verwaltung für die Böhmertsche Untersuchung von 1901 nichts erwähnt.

In der späteren Literatur ist dieser Gewinnbeteiligungsversuch nicht mehr erwähnt, so daß angenommen werden muß, daß er inzwischen eingestellt worden ist. Auf Anfragen des Verfassers im Jahre 1919 konnte Näheres hierüber nicht in Erfahrung gebracht werden.

4. I. Zuber & Co., Papierfabrik, Rixheim i. Elsaß[1]).

Die Gesellschaft führte die Gewinnbeteiligung ihrer Arbeitnehmer im Jahre 1890 ein. Nach § 51 der Statuten wurden zunächst 5 v. H. des Gewinnes für den Reservefonds, 4 v. H. als Kapitalzins und von dem hiervon verbleibenden Erträgnis 20 v. H. dem Personal als Gewinnanteil ausgezahlt. Der vierte Teil dieser Gewinnanteile gelangte in eine Unterstützungs- und Versorgungskasse, während drei Viertel bar ausbezahlt wurden.

Der Gewinnbeteiligungsversuch ist in der Literatur nur einmal im Jahre 1899 erwähnt und späterhin weder von Böhmert 1902 noch von anderer Seite aufgeführt worden, so daß mit seiner Einstellung vor dem Jahre 1901 gerechnet werden muß.

5. Max Krause, Papierausstattungsfabrik, Papier-Großhandlung, Berlin[2]).

Das Unternehmen führte die Gewinnbeteiligung für die Angestellten im Jahre 1890, für die Arbeiter im Jahre 1896 ein. Nach Angabe des Inhabers war der Beweggrund hierfür die Heranbildung und Erhaltung eines treuen Stammes von Arbeitern und Angestellten. Auf Grund der Satzungen der Firma, welche beim Eintritt in das Unternehmen von jedem Arbeitnehmer als bindend anerkannt werden mußten, erfolgte die Gewinnbeteiligung wie folgt:

---

[1]) Arbeiterfreund, S. 299, 1899.

[2]) Arbeiterfreund, S. 286/87, 1901. Böhmert, a. a. O., S. 51, 1902. Eigene Angaben der Firma vom Oktober 1919, Januar und Februar 1922.

„Gewinn-Beteiligung.

Die Firma Max Krause ist bei günstigem Abschluß bereit, allen bei ihr Beschäftigten eine von ihr selbst zu bestimmende Summe als Gewinnanteil auszuzahlen. Die Höhe dieser Summe, welche auch nach der Bewilligung keiner Kontrolle unterliegt, richtet sich nach dem Gewinnertrage des Geschäfts des letzten Jahres.

Gewinnanteil erhält jeder bei der Firma Beschäftigte, wenn er das ganze Geschäftsjahr, d. h. vom 2. Januar bis 31. Dezember im Geschäft tätig war und zur Zeit der Auszahlung des Gewinnanteils noch tätig ist.

Wer die Firma Max Krause vor der Auszahlung des Gewinnanteils verläßt, gleichviel, ob freiwillig oder nicht, verliert seinen Anspruch auf den Gewinnanteil.

Wer ohne sein Verschulden (Arbeitsmangel, Krankheit u. dergl.) im Laufe des Jahres an der vollen Mitarbeit behindert war, erhält für die Zeit der Behinderung keinen Gewinnanteil, wenn die Gesamtzeit der Behinderung länger als ein Monat ist.

Wer von der Firma Max Krause entlassen und dann wieder eingestellt wird, hat seinen Anspruch an dem Gewinnergebnis verloren, wenn zwischen Entlassung und Wiedereintritt ein Zeitraum von mehr als 4 Wochen liegt.

Wer die Arbeit selbst aufgibt und mit Genehmigung der Fabrikleitung innerhalb 6 Tagen wieder aufnimmt, gilt nicht als ausgeschieden. Liegen zwischen Entlassung und Wiedereintritt mehr als 6 Arbeitstage oder hat der Betreffende inzwischen schon auf einer anderen Stelle gearbeitet, so gilt er als entlassen und seine Dienstzeit rechnet erst wieder vom neuen Eintritt an."

An Gewinnanteilen wurden ausgeschüttet:

a) bei den Angestellten:	1895 . . .	3145,— M.
	1896 . . .	2890,— „
	1897 . . .	3195,— „
	1898 . . .	3425,— „
	1899 . . .	3635,— „
	1900 . . .	3960,— „
b) bei den Arbeitern:	1897 . . .	3475,— „
	1898 . . .	3678,— „
	1899 . . .	1991,— „
	1900 . . .	4630,— „

Ferner wurden in den Jahren 1906 bis 1917 an Arbeiter und Angestellte ausgeschüttet:

Jahr	an die Arbeiterschaft	an die Angestellten
1906	1 voller Wochenlohn	1/4 Monatsgehalt
1907	1 „ „	1/4 „
1908	1/2 Wochenlohn	1/8 „
1909	1 voller Wochenlohn	1/4 „
1910	1 „ „	1/4 „
1911	1 „ „	1/4 „
1912	1 „ „	1/4 „
1913	1 „ „	1/4 „
1914	—	—
1915	1 voller Wochenlohn	1/4 Monatsgehalt
1916	2 Wochenlöhne	1/2 „
1917	„	3/4 „

Die Gewinnanteile wurden in bar ausgezahlt. Ihre Verwendung blieb dem freien Ermessen der Anteilsberechtigten überlassen, jedoch wurden sie stets aufgefordert, die ausgeschütteten Beträge in die Fabriksparkasse einzuzahlen, welche die Einlagen mit 5 v. H. verzinste. Diese Aufforderung wurde in der Regel für 50 v. H. der Gewinnanteile befolgt. Die Fabriksparkasse hatte 1901 für 118 Arbeiter eine Gesamteinlage von 11 787,33 M., während seitens der Angestelltenschaft 48 050 M. eingezahlt worden waren.

Die Erfahrungen des Unternehmens mit der Gewinnbeteiligung waren zunächst bis gegen Ende des Krieges gut, und wurden die günstigen Arbeitsverhältnisse als Erfolg der Gewinnbeteiligung gebucht. Das Unternehmen, welches schon 16 Jahre vor dem Erlaß des Hilfsdienstgesetzes und des Betriebsrätegesetzes gleich der Freeseschen Fabrik einen Fabrikausschuß zur engeren Fühlungnahme mit den Arbeitnehmern und Mitbestimmung bei den sozialen Einrichtungen gebildet hatte, stand mit der Belegschaft in einem ausgezeichneten Einvernehmen, das während des 50jährigen Bestehens niemals auch nur die leiseste Erschütterung erlitten hatte. Das Gefühl, daß jeder bei der Firma Arbeitende sich in einem Haus befand, in dem ein weit über das allgemein übliche Maß hinausgehendes soziales Verständnis herrschte, war in jedem der etwa 600 Köpfe betragenden Belegschaft lebendig. Im Sommer 1918 änderte sich jedoch die Lage sehr erheblich. Die während des Krieges veränderte Zusammensetzung der Belegschaft war mit dem bisherigen Zustand nicht mehr zufrieden, und nach dem Ausbruch der Revolution erlitt der Betrieb eine Reihe heftigster Erschütterungen, so daß die Verwaltung sich zur Einstellung ihres Beteiligungssystemes veranlaßt sah. Die Verwaltung betont jedoch, daß trotz dieser schweren Erschütterungen durch ungeeignete Elemente bei den aus früherer Zeit stammenden, noch unter der Wirkung gediegener sozialer Traditionen stehenden älteren Arbeitnehmern zum Teil das Interesse an der Erhaltung und dem Gedeihen der Firma auch weiterhin aufrechterhalten blieb.

6. O. Th. Winckler, Schreibwarenhandlung, Leipzig[1]).

Die Firma führte die Gewinnbeteiligung ihres Personals zunächst provisorisch mit dem 1. Juni 1891 und dann endgültig im Jahre 1894 ein. Nach den Satzungen wurde die Beteiligung wie folgt durchgeführt:

„§ 1. Das Personal wird bis auf Widerruf, der nach Ablauf jedes Geschäftsjahres der Firma zusteht, mit einem bestimmt festgesetzten Prozentsatz am Reingewinn beteiligt.

---

[1]) Katscher, a. a. O., S. 114, 1899. Arbeiterfreund, S. 419, 1901. Böhmert, a. a. O., S. 380, 1902. Debes, a. a. O., S. 211, 1920. Eigene Angaben der Firma vom September 1919.

§ 2. Die Höhe des Prozentsatzes wird nur dem „Vertrauensausschuß" (s. § 4) mitgeteilt. Dieser hat darüber strengste Verschwiegenheit zu bewahren.

§ 3. An dieser „Gewinnbeteiligung" hat jeder Angestellte, der in dem in Frage kommenden Geschäftsjahr mindestens 11 Monate tätig war und durch Unterschrift dieses Planes sein Einverständnis bezeugt, ein Anrecht.

§ 4. Das Personal wählt für das laufende Geschäftsjahr Anfang Juni einen aus drei Herren bestehenden „Vertrauensausschuß", dem der von einem Bücherrevisor geprüfte und somit als richtig anzuerkennende Jahresabschluß vorgelegt wird, der alle etwaigen Streitigkeiten unter dem Personal nach Möglichkeit zu schlichten und etwaige Wünsche des Personals der Geschäftsleitung vorzutragen hat.

§ 5. Die Verteilung der auf das Personal entfallenden Summe erfolgt nach fünf Klassen, und zwar erhalten

a) die Reisenden im ersten Jahre ihrer Tätigkeit im Hause drei Anteile, im zweiten und dritten Jahre vier Anteile, im vierten Jahre fünf Anteile usw.,
b) die männlichen Angestellten des Kontors und Lagers (mit Ausnahme der Hilfsarbeiter, Packer usw.) im ersten Jahre einen Anteil, im zweiten und dritten Jahre zwei Anteile, im vierten Jahre drei Anteile usw.,
c) die weiblichen Angestellten des Kontors und Lagers im ersten Jahre $^1/_2$ Anteil, im zweiten und dritten Jahre einen Anteil, im vierten Jahre zwei Anteile usw.,
d) die Lehrlinge im ersten und zweiten Jahre keinen, im dritten Jahre einen Anteil,
e) die Hilfsarbeiter, Packer usw. im ersten und zweiten Jahre $^1/_2$ Anteil, im dritten Jahre einen Anteil usw.

Verheiratete Angestellte erhalten $^1/_2$ Gewinnanteil mehr als Unverheiratete (ein verheirateter Reisender z. B. im vierten Jahre $5^1/_2$ statt fünf Anteile).

§ 6. Die Feststellung der Höhe des einzelnen Anteiles geschieht in der Weise, daß die Summe sämtlicher Anteile in den auf das Personal entfallenden Teil des Reingewinnes dividiert wird.

§ 7. Das bisher übliche Steigern der festen Gehalte wird durch diese „Gewinnbeteiligung" nicht berührt.

§ 8. Eine Einmischung in die Geschäftsleitung seitens der Anteilsberechtigten ist unzulässig."

Die Anteile betrugen nach Böhmert, welcher im Gegensatz zu Katscher und Debes als Jahr der Einführung 1900 angibt, durchschnittlich $4^1/_2$ v. H. des Jahresgehaltes bzw. Lohnes (im Jahre 1900/01 10 231 M. bei den Angestellten und 2310,66 M. bei den Arbeitern). Die Beträge wurden auf einer Sparkasse eingezahlt, jedoch verblieb den Anteilsberechtigten die freie Verfügung über ihr Guthaben.

Über die Erfahrungen äußerte sich die Firma anläßlich der Böhmertschen Untersuchung im Jahre 1901 dahin, daß fortlaufend ein günstiger Eindruck der getroffenen Einrichtungen zu bemerken und das Interesse der Arbeitnehmer entschieden erhöht sei. Späterhin verschlechterten sich jedoch die Erfahrungen mit der Gewinnbeteiligung derart, daß der Inhaber des Unternehmens beschloß, die Beteiligung aufzugeben. Über die Gründe der schon vor dem Kriege erfolgten Einstellung der Gewinnbeteiligung bemerkte der Inhaber 1919, daß ihn bei der Einführung soziale Gefühle und die Hoffnung erfüllt hätten, daß durch die Beteiligung am Gewinne die Freude an der Arbeit und im ganzen Betriebe gesteigert würde. Leider zeigte sich jedoch im Laufe der Jahre immer mehr, daß diese Absichten nicht erfüllt wurden. Die guten Elemente der Angestellten, die zum Teil 25 und 30 Jahre im Dienst der Firma standen, hatten von sich aus schon Interesse am Geschäft und Anhänglichkeit an das Haus, wogegen die anderen auch durch die Gewinnbeteiligung nicht dazu zu erziehen waren.

H. Tabakindustrie.

1. C. Keilpflug & Co., Zigarrenfabriken, Berlin[1]).

Das Unternehmen führte die Gewinnbeteiligung der Zigarrenarbeiter, Wickelmacher, Presser, Sortierer, Kistenmacher und Packmacher am 1. April 1876 ein, indem es ihnen eine Beteiligung an dem Reingewinn des Kleinhandelsgeschäftes in Höhe der Hälfte des Ertrages zusicherte. Die Anteile sollten im Januar jedes Jahres zu gleichen Teilen an die genannten Arbeiter ausgezahlt werden. Zur Vertretung der Arbeiter wurden zwei Delegierte bestellt, der jeweilige Werkführer (Meister) der Fabrik und ein von sämtlichen anteilsberechtigten Arbeitern und Arbeiterinnen für die Dauer eines Jahres gewählter Arbeitnehmer, denen für die Geschäftsführung eine beratende Stimme eingeräumt wurde. Die Beteiligung jedes Arbeiters erfolgte erst nach vollendetem 24. Lebensjahre bei mindestens einjähriger Dienstzeit, doch konnten bei besonders zufriedenstellenden Arbeitern Ausnahmen gemacht werden.

Der Gewinnbeteiligungsversuch der Firma mußte schon nach einem Jahre eingestellt werden, da die Angestellten dem Beteiligungsplane nicht günstig gesinnt waren und auch von sozialdemokratischer Seite heftige Angriffe wegen dieses Gewinnbeteiligungsversuches erfolgten.

2. Mockel & Kollmar, Zigarrenfabrik, Rülzheim, Baden[2]).

Die Firma führte die Gewinnbeteiligung bei ihrer Begründung im Jahre 1872 ein und gewährte den Arbeitern einen Anteil am Reingewinn in Höhe von 5 v. H. des Lohnes. Die Auszahlung der Anteile erfolgte am Ende jedes Jahres, jedoch konnten Arbeiter, welche wegen grober Pflichtverletzung ohne Kündigung entlassen wurden, ihrer Anteilsberechtigung verlustig gehen.

---

[1]) Int. Bibl. a. a. O., Bd. II, S. 259. Arbeiterfreund, S. 433, 1876. Gilman-Katscher, a. a. O., S. 279, 1891. Katscher, a. a. O., S. 111, 1899.

[2]) Int. Bibl. a. a. O., Bd. II, S. 260, 1878. Gilman-Katscher, a. a. O., S. 279, 1891. Katscher, a. a. O., S. 112, 1899.

Die Erfahrungen, welche mit den Arbeitern dieses Unternehmens gemacht wurden, waren derart schlecht, daß die Beteiligung schon 1874 wieder eingestellt wurde. Im Februar 1875 schrieb einer der Inhaber hierüber, daß der Ausdruck des Wohlwollens durch die Gewährung der Bonifikationen von seiten der Arbeiter durchaus nicht gewürdigt wurde, sondern die Zuwendungen nach den zutage getretenen Erscheinungen nur dazu angetan waren, den Arbeitern den Kopf zu verdrehen und ein Gefühl hervorzurufen, demzufolge sie sich förmlich als Herren der Fabrik betrachteten. 1877 berichtete der gleiche Inhaber nochmals bezüglich der Gründe für die Einstellung seiner Gewinnbeteiligung, daß das Beteiligungssystem infolge des erhöhten Selbstgefühles der Arbeiter mehr Insubordinationsvergehen hervorgerufen hatte, als durch die Furcht vor Verlust der 5 v. H. verhütet wurden. Anderseits weigerten sich verschiedentlich die wegen gröbster Pflichtverletzung fristlos entlassenen Arbeiter, die Fabrik zu verlassen, bevor die „ihnen schuldigen" 5 v. H. bezahlt seien. Auch wurde der Verdacht ausgesprochen, daß diese Entlassungen überhaupt nur zum Zwecke der Ersparung der fünfprozentigen Gewinnbeteiligung erfolgt seien. Diese Tatsachen bewiesen schließlich, daß die Arbeiterschaft der dortigen Gegend sittlich noch nicht reif genug für die Gewinnbeteiligung war, so daß diese eingestellt werden mußte.

J. Bergbau und Hüttenwerke.

1. Fiskalische Hüttenwerke, Freiberg i. Sa.[1]).

Die Gewinnbeteiligung dieses Unternehmens, die in der Literatur nur von Böhmert anläßlich seiner Untersuchung vom Jahre 1901 erwähnt wurde, bestand darin, daß den Beamten neben ihren festen Gehältern Tantiemen gewährt wurden, deren Betrag vom Königlichen Finanzministerium jährlich festgesetzt wurde und deren Gesamtsumme 40 000,— M. nicht übersteigen durfte. Im Jahre 1900 betrugen die insgesamt an die Beamten ausgeschütteten Tantiemen 5 v. H. des Reingewinns. Für die Arbeiter wurde ebenfalls neben dem festen Lohn eine bestimmte Quote des „Gedingegewinns" gewährt, die 1900 durchschnittlich 70,— M. oder 8 bis 9 v. H. des festen Lohnes betrug. Die Gewinnanteile wurden für Beamte und Arbeiter zur freien Verwendung in bar ausgezahlt.

Die Erfahrungen mit diesem System der Entlohnung der Arbeiter und Beamten unter Beteiligung an dem wirtschaftlichen Erfolge ihrer Arbeit wurden von Böhmert als durchaus günstig bezeichnet, insbesondere hinsichtlich des Fleißes und der Sorgfalt der Arbeiter.

---

[1]) Arbeiterfreund, S. 302, 1901. Böhmert, a. a. O., S. 66, 1902. Eigene Angaben der Firma vom Oktober 1919.

In der späteren Literatur ist dieser Gewinnbeteiligungsversuch nicht mehr erwähnt. Auf Anfragen des Verfassers antwortete die Verwaltung des Sächsischen Oberhüttenamtes gegen Ende 1919, daß eine Gewinnbeteiligung bei den staatlichen Hüttenwerken nicht bestehe, so daß mit der Einstellung des Versuches vor 1919 gerechnet werden muß.

2. Steinkohlenwerk Zaukerode i. Sa.[1]).

Das Unternehmen führte die Gewinnbeteiligung im Jahre 1855 ein und gewährte den Betriebsbeamten 0,3 bis 0,03 v. H. vom Betriebsreinertrag, den kaufmännischen Beamten 0,06 bis 0,03 v. H. vom Roherlös. Den Förderaufsehern, Maschinenwärtern und Kesselheizern wurden je nach der Menge der Förderungen Prämien gewährt. Die Anteile wurden in bar ausgezahlt und der freien Verwendung der Anteilsberechtigten überlassen.

Der Gewinnbeteiligungsversuch dieses Unternehmens ist nur von Böhmert anläßlich seiner Untersuchungen im Jahre 1901 aufgeführt und späterhin nicht mehr erwähnt. Auf Anfrage teilte die Verwaltung gegen Ende 1919 mit, daß eine Gewinnbeteiligung bei den staatlichen Steinkohlenwerken nicht bestehe, so daß mit der Einstellung dieses Versuches vor 1919 gerechnet werden muß.

K. Verkehrswesen.

1. Hessische Ludwigsbahn-Gesellschaft[2]).

Die Gesellschaft führte die Gewinnbeteiligung im Jahre 1876 ein und behielt sie bis zu der am 1. Februar 1897 eintretenden Verstaatlichung. § 37 der Statuten der Gesellschaft vom 24. Juli 1865 bestimmte:

„Der reine Ertrag des Unternehmens nach Abzug der Betriebskosten und der auf Verzinsung und Amortisation der Prioritätsanleihen zu verwendenden Beträge soll nach Absetzung einer Tantieme von 3 v. H. für die Mitglieder des Verwaltungsrats und die Beamten der Gesellschaft, zur Zahlung einer Dividende für die Aktionäre und zur Bildung eines Reservefonds verwendet werden.

Von der Tantieme von 3 v. H. wird

a) die Hälfte ($1^1/_2$ v. H.) unter die Mitglieder des Verwaltungsrats,

b) die andere Hälfte ($1^1/_2$ v. H.) unter die vom Verwaltungsrat zu bestimmenden Beamten der Gesellschaft verteilt.

Die Modalitäten der Verteilung werden vom Verwaltungsrat durch besonderes Reglement festgesetzt."

---

[1]) Arbeiterfreund, S. 303, 1901. Böhmert, a. a. O., S. 67, 1902. Eigene Angaben der Firma vom November 1919.

[2]) Arbeiterfreund, S. 14, 1874. Int. Bibl. a. a. O., Bd. II, S. 284, 1878. Katscher, a. a. O., S. 107, 1899. Pischel: Archiv f. Eisenbahnwesen, S. 722, 1921. Industrie- und Handelsztg. vom 18. Nov. 1921.

Die in der Betriebsordnung vom 2. Juni 1866 festgelegten Hauptgrundsätze für die Anteilberechtigung und die Verteilung der an die Beamten entfallenden Prozente des Gewinnanteiles waren:

1. Anteilsberechtigt sind nur festangestellte, selbständig fungierende Beamte, welche in dem betreffenden Jahr mit einem für sich abgeschlossenen, wenn auch beschränkten, nicht bloß mechanischen Geschäftskreis betraut waren:

2. Anteilsberechtigt ist nur, wer tatsächlich gearbeitet hat. Kranke sind von der Verteilung daher ausgeschlossen.

3. Beamte, die, wie Lokomotivführer und Lokomotivheizer, für gewisse Dienstleistungen Prämien beziehen, sind nicht anteilsberechtigt.

4. Die Größe des Anteils bemißt sich nach dem im betreffenden Jahre bezogenen Gehalt ohne Berücksichtigung der erhaltenen Emolumente (Stationszulagen usw.). Bei einzelnen Beamten, die besonders verantwortliche Stellungen einnehmen und nächst den Oberbeamten selbständig fungieren, wie Sekretären, Betriebskontrolleuren, wird das Gehalt um $^1/_4$ höher angenommen. Diese fiktiven Gehaltszuschläge wurden später bis auf 100 v. H. erhöht.

5. Von den $1^1/_2$ v. H. des Reingewinns der Gesellschaft entfallen:

a) 25 v. H. auf die Oberbeamten,

b) 50 v. H. auf das sonstige Personal, welches anteilberechtigt ist nach Maßgabe des Gehalts nebst Zuschlag,

c) 25 v. H. als Gratifikationen (kein Rechtsanspruch) an das übrige Personal.

Späterhin wurden die zu b) genannten 50 v. H. auf 55 v. H. erhöht und die Ausfälle zu c) aus anderen Mitteln gedeckt.

Der Kreis der gewinnanteilsberechtigten Beamten war auf eine fest bestimmte Anzahl begrenzt, so daß jüngere Beamte nur durch Abgang von Vordermännern die Anteilsberechtigung erwerben konnten. An Gewinnanteilen wurden in den Jahren 1865 bis 1895 ausgeschüttet:

Geschäftsjahr	Reingewinn Gulden	Gewinnanteil Gulden	Zahl der festangestellten Beamten	Der durchschnittlich auf einen Beamten fallende Anteil Gulden
1865	1 396 303	20 944	643	32,6
1866	1 303 530	19 552	677	28,9
1867	1 623 276	24 382	728	33,5
1868	1 798 695	26 979	833	32,3
1869	1 872 256	28 083	909	30,9
1870	2 104 586	31 473	1064	29,6
1871	2 703 029	39 851	1074	37,1
1872	3 532 309	52 894	1345	39,3
1873	2 732 093	40 981	1787	22,9
1874	2 013 098	30 196	2051	14,7
1875	4 205 057	61 405	2013	30,5
1876	4 186 126	61 368	1968	31,2
1877	4 639 616	69 594	1985	35,1
1878	3 947 437	54 217	1955	27,7
1879	2 544 596	56 712	1996	28,4
1880	2 682 267	58 510	2009	29,1
1881	2 267 263	54 278	1928	28,2
1882	2 678 383	65 230	2055	31,7
1883	3 440 815	77 507	2112	36,7

Geschäftsjahr	Reingewinn Gulden	Gewinnanteil Gulden	Zahl der festangestellten Beamten	Der durchschnittlich auf einen Beamten fallende Anteil Gulden
1884	4 094 715	93 159	2201	42,3
1885	5 210 365	75 349	2177	34,6
1886	5 435 993	78 100	2235	35,0
1887	5 771 274	83 089	2263	36,7
1888	6 307 563	90 226	2293	39,4
1889	6 515 790	93 363	2354	39,7
1890	6 729 315	96 335	2394	40,2
1891	6 928 013	99 199	2446	40,2
1892	6 492 826	92 778	2514	36,9
1893	7 128 520	100 405	2522	40,6
1894	7 295 812	104 810	2537	41,3
1895	7 580 075	110 083	2609	42,2

Über die Erfolge mit diesem Gewinnbeteiligungsversuch ist aus der Literatur nichts ersichtlich. Die Gewinnbeteiligung wurde mit der Verstaatlichung des Unternehmens am 1. Februar 1897 eingestellt.

2. Berlin-Anhaltische Eisenbahngesellschaft[1]).

Die Gesellschaft führte die Gewinnbeteiligung ihrer Beamten und Angestellten im Jahre 1870 ein und gewährte ihnen insgesamt von dem 5 v. H. übersteigenden Teile des Reingewinns bei mindestens sechsprozentiger Dividende 3 v. H. Anteilsberechtigt waren die Beamten und ferner diejenigen Arbeiter, die mindestens die Hälfte des Rechnungsjahrs im Dienste der Gesellschaft gestanden hatten. In den vier Jahren des Bestehens der Gewinnbeteiligung wurden verteilt:

1870	bei	16,0	v.H.	Dividende	108 945 M.	an	1380 Pers.	= 78,9 M.	Gewinnanteil
1871	„	18,5	„	„	118 575 „	„	1400 „	= 84,7 „	„
1872	„	17,0	„	„	107 580 „	„	1472 „	= 73,1 „	„
1873	„	16,0	„	„	101 891 „	„	2027 „	= 50,3 „	„

Die Beträge blieben zur freien Verfügung der Berechtigten. Im Verhältnis zu der Lohn- und Gehaltssumme betrugen die Anteile durchschnittlich 16 bis $18^1/_2$ v. H.

Infolge Erhöhung des Lohnbudgets sanken die Einnahmen der Gesellschaft im Jahre 1874 derart, daß die Gewinnbeteiligungsanteile verschwindend gering wurden und die Beteiligung abgeschafft wurde.

---

[1]) Int. Bibl. a. a. O., Bd. II, S. 281, 1878. Arbeiterfreund, S. 11, 1874. Gilman-Katscher, S. 286, 1891. Katscher, a. a. O., S. 107, 1899. Pischel, a. a. O.. S. 723, 1921.

L. Verschiedene Gewerbezweige.

1. Hildesheimer Aktienbrauerei[1]).

Das Unternehmen führte die Gewinnbeteiligung im Mai 1901 anläßlich eines Wunsches der Arbeiter auf Erhöhung ihrer Bezüge ein und gewährte an Stelle der verlangten Lohnerhöhung eine Beteiligung an dem über 8 v. H. Dividende hinaus erzielten Reingewinn in dem gleichen Ausmaße, in dem der Aufsichtsrat satzungsgemäß beteiligt war. War ein Überschuß in Höhe der Vergütung des Aufsichtsrates nicht mehr vorhanden, so erhielten die Arbeiter den noch vorhandenen Überschuß, jedoch durfte eine weitere Reservestellung oder ein Vortrag auf neue Rechnung nicht gemacht werden, bevor nicht die Arbeiter den Unterschiedsbetrag nachgezahlt erhielten. Die Verteilung der Summe erfolgte gleichmäßig an alle Arbeiter des Unternehmens, welche in dem betreffenden Geschäftsjahr gearbeitet hatten, und zwar nach Maßgabe der Dauer der Beschäftigung in diesem Jahr. Die Verteilung der Gewinnanteile auf die einzelnen Arbeiter wurde von einer fünfgliedrigen Kommission durchgeführt, zu welcher der Aufsichtsrat und die Direktion je einen Delegierten und die Arbeiterschaft drei Delegierte entsandte. Die Beschlüsse der Kommission waren für die Arbeiter verbindlich. Arbeiter, welche während des Geschäftsjahres wegen etwaiger Vergehen strafrechtlich verurteilt und deshalb entlassen worden waren, gingen ihres Anspruchs auf den Gewinnanteil verlustig. Die Bestimmungen über die Gewinnbeteiligung, welche in einem mit der Arbeiterschaft geschlossenen Abkommen niedergelegt wurden, galten jeweils für ein Geschäftsjahr und verlängerten sich stets um ein weiteres Jahr, wenn nicht spätestens bis zum 31. März seitens der Direktion oder der Vertreter der Arbeiterschaft eine Kündigung erfolgte.

Späterhin wurde in einer neuerlichen Vereinbarung mit den Arbeitern das Gewinnbeteiligungsabkommen vom 22. Mai 1901 wie folgt abgeändert: Die Arbeiter erhielten aus dem Reingewinn eines jeden Jahres,

in welchem die Aktionäre	5	v. H.	Dividende	erhielten,	35	v. H.,
bei	$5^{1}/_{2}$	,, ,,	,,	,,	45	,, ,,
,,	6	,, ,,	,,	,,	55	,, ,,
,,	$6^{1}/_{2}$	,, ,,	,,	,,	65	,, ,,
,,	7	,, ,,	,,	,,	75	,, ,,
,,	$7^{1}/_{2}$	,, ,,	,,	,,	85	,, ,,
,,	8	,, ,,	,,	,,	95	,, ,,
über	8	,, ,,	,,	,,	100	,, ,,

[1]) Debes, a. a. O., S. 219. Eigene Angaben der Firma vom Oktober 1920.

desjenigen Betrages, welchen der Aufsichtsrat als Vergütung für seine Tätigkeit zu beanspruchen hatte. Hierdurch sollte den Arbeitern auch eine Gewinnbeteiligung in den Jahren geringerer Dividendenausschüttung gewährleistet werden. Bezüglich der Aufstellung besonderer Reservefonds wurde beschlossen, diese Summen zur Berechnung des Anteiles der Arbeiter dem Dividendenbetrage der Aktionäre hinzuzurechnen und die Gewinnanteile nach obiger Skala so zu bemessen, als ob die Rückstellungen als Dividende verteilt worden wäre. Für die Anteilsberechtigung wurde ferner eine mindestens zwölfmonatliche Beschäftigung verlangt. Für die Entscheidung der die Gewinnanteile beschließenden Kommission wurde vereinbart, daß innerhalb der Gruppen Brauer, Böttcher, Heizer, Hilfsarbeiter und Kutscher kein Arbeiter gegenüber anderen Arbeitern derselben Gruppe bevorzugt oder benachteiligt werden dürfte. In der neuen Vereinbarung wurde außerdem beschlossen, den Arbeitern, welche die ihnen zufallenden Beträge der Brauerei gegen vierwöchentliche Kündigung zur Verzinsung gaben, als Zinsfuß für ihre Einlagen mindestens 5 v. H., jedoch stets den gleichen Betrag zu gewähren, welchen die Aktionäre als Dividende erhielten. Auf die zur Rückzahlung gekündigten Beträge wurde ein Zinsfuß von 5 v. H. für diejenige Zeit vergütet, für welche eine Dividende noch nicht beschlossen worden war. Im Falle einer Beendigung des Arbeitsverhältnisses war das Unternehmen berechtigt, das zinstragend angelegte Kapital des Arbeiters nebst 5 v. H. Zinsen für den abgelaufenen Teil des Geschäftsjahres zurückzuzahlen.

Über die Erfahrungen dieser Gewinnbeteiligung berichtete die Verwaltung, daß der Gewinn des Unternehmens und infolgedessen auch die Höhe der Gewinnbeteiligung stark wechselte, so daß insbesondere im Geschäftsjahr 1905/06 die Gewinnanteile geringer ausfielen als in den ersten Jahren. Die Folge davon war, daß die Arbeiter anläßlich des Abschlusses eines neuen Tarifvertrages das Verlangen stellten, die Gewinnbeteiligung gänzlich fallen zu lassen mit der Begründung, daß sie von dem Gewinn des Geschäftes nicht abhängig sein wollten, zumal sie ihre Arbeit doch voll und ganz leisten müßten und ihnen deshalb auch der gleiche Lohn gebührte. Die Verwaltung versuchte hierauf, zunächst einen Teil der Gewinnbeteiligung bestehen zu lassen, da dies jedoch nicht gelang, wurde die Gewinnbeteiligung mit dem Jahre 1906 vollkommen eingestellt.

2. Fabriques de produits chimiques, vorm. Karl Kestner, Thann i. Els.[1]).

Das Unternehmen gewährte seinen Arbeitern und Angestellten seit 1853 regelmäßige Prämien, welche anläßlich der Umwandlung

[1]) Int. Bibl. a. a. O., Bd. II, S. 134, 1878. Frommer, S. 114, 1887. Arbeiterfreund, S. 299, 1901. Katscher, a. a. O., S. 112. Böhmert, a. a. O., S. 62.

der Firma in eine Aktien-Gesellschaft im Jahre 1872 in eine Gewinnbeteiligung umgewandelt wurde. Von dem nach Abzug von 10 v. H. für den Reservefonds und 5 v. H. Kapitalzinsen verbleibenden Reingewinn entfiel $^1/_{10}$ auf die Beteiligung der Arbeitnehmer und zwar nach Maßgabe des Jahresverdienstes und der Anstellungsdauer. Die Anteilsberechtigung wurde nach einjähriger Dienstzeit erreicht und erhöhte sich nach fünf Dienstjahren. Die Anteile mußten zunächst drei Jahre mit einer Verzinsung von 5 v. H. in der Verwaltung der Firma bleiben, und ihre Auszahlung erfolgte, falls nicht ein Todesfall oder ein sonstiges dringendes Bedürfnis vorlag, erst nach Ablauf dieses Zeitraums. In den Jahren 1872 bis 1882 betrug der durchschnittliche Einzelanteil 34,25 M. oder 5 bis 10 v. H. des Lohnes. In den besten Geschäftsjahren erreichte der kleinste Gewinnanteil 24,— M., der größte 320,— M. Bis zum Jahre 1900 wurden an Gewinnanteilen insgesamt 523 600,— M. ausbezahlt, und zwar für die Beamten 146 000,— M. und für die Arbeiter 377 600,— M.

Nach einem Bericht der Verwaltung vom Jahre 1883 waren keine besonderen Erfahrungen und Vorteile der Gewinnbeteiligung festzustellen. Mit Ausnahme der Werkmeister und Vorarbeiter wurde ein Verständnis für die Gewinnbeteiligung bei den gewöhnlichen Arbeitern nicht bemerkt, so daß diese gegebenenfalls jederzeit auf die Gewinnbeteiligung zugunsten einer kleineren Lohnerhöhung verzichtet haben würden. 1897 berichtete die Verwaltung erneut, daß als einziger Vorteil der Gewinnbeteiligung eine größere Stabilität des Personals zu bemerken sei.

Die Gewinnbeteiligung dieser elsässischen Firma wird in der Gewinnbeteiligungsliteratur nach 1902 nicht mehr erwähnt, so daß ihr Schicksal ungewiß ist.

3. Aktiengesellschaft für Glasindustrie, vorm. Friedrich Siemens, Dresden[1]).

Das Unternehmen beteiligte einen Teil seiner Angestellten nach einem Bericht von Böhmert von 1901 seit längerer Zeit nach Maßgabe der Dienstzeit am Gewinn, während die Werkmeister und Arbeiter Produktionsprämien erhielten.

Die Beteiligung nur eines Teiles der Angestellten am Reingewinn und die Tatsache, daß dieser Versuch in der Gewinnbeteiligungsliteratur allein in der Böhmertschen Untersuchung aufgeführt worden ist, lassen es zweifelhaft erscheinen, ob hier von einer Einführung der Gewinnbeteiligung gesprochen werden kann. Auf Anfrage teilte die Verwaltung im September 1921 mit, daß eine Gewinnbeteiligung der Arbeitnehmer bei der Gesellschaft nicht bestehe.

---

[1]) Arbeiterfreund, S. 295, 1901. Böhmert, S. 59, 1902. Eigene Angaben der Firma vom September 1921.

4. Ernemann-Werke A.-G., Photo-Kino-Werke, Dresden[1]).

Die Gesellschaft führte die Gewinnbeteiligung für ihre Beamten im Jahre 1911 und für Angestellte und Arbeiter in hervorgehobener Stellung (Vorarbeiter, Einsteller usw.) im Jahre 1912 ein. Im Jahre 1912 wurden in einem bestimmten Prozentverhältnis zum Reingewinn an Gewinnanteilen ausgeschüttet:

an 22 kaufmännische Beamte rund	11 500,— M.
„ 22 technische Beamte, Meister, Untermeister, Kontrolleure usw. rund	20 000,— „
„ 29 Arbeiter und Vorarbeiter rund	3 400,— „
„ Beamte und Arbeiter der Zweigniederlassung Görlitz rund	6 600,— „

Die Höhe der Gewinnanteile schwankte in der Folgezeit durchschnittlich zwischen 8 bis 20 v. H. des Jahresverdienstes. Die Gewinnbeteiligung erstreckte sich jeweils auf ein Jahr und mußte von der Generalversammlung genehmigt werden.

Bezüglich der Erfahrungen des Unternehmens ist eine Ansprache bemerkenswert, welche die Direktion an die im Jahre 1912 am Gewinn beteiligten Angestellten richtete. In dieser Erklärung wurde zum Ausdruck gebracht, daß die Verwaltung mit dem Erfolg der Gewinnbeteiligung in dem ersten Jahre zwar im Durchschnitt zufrieden sei, daß jedoch mit Rücksicht auf die überwiegend schlechten Erfahrungen der meisten Gewinnbeteiligungsfirmen vorbehalten bleiben müsse, denjenigen Arbeitnehmern, welche für die Bestrebungen nicht das erwartete Interesse oder Verständnis zeigten, den eventuell zugedachten Gewinnanteil zurückzustellen oder sie von der Gewinnbeteiligung ganz auszuschließen. Die Verwaltung betonte bei dieser Gelegenheit ausdrücklich, daß der Gewinnanteil weder ein Teil des Lohnes, noch des Gehaltes, noch an eine Mehrleistung von Arbeit geknüpft sei, sondern lediglich von der intensiven Wahrnehmung der geschäftlichen Interessen der Firma abhänge. Über die späteren Erfahrungen berichtete die Verwaltung im November 1921, daß bei den höheren Angestellten das Interesse an den geschäftlichen Vorgängen durch die persönliche Anteilnahme am Gewinn wesentlich gefördert wurde. Bei den niederen Angestellten dagegen war nur vorübergehend die Belebung des Interesses über das durchschnittliche Maß hinaus zu beobachten. Nach kurzer Zeit nahmen sie die Gewinnbeteiligung als eine selbstverständliche Zuwendung hin, für die sie sich zu irgendwelcher Gegenleistung in irgendeiner Form kaum verpflichtet fühlten. Mit den Umwälzungen der Revolution wurde auch die Gewinnbeteiligung des Unternehmens beseitigt, indem die Arbeiter darauf hinwiesen, daß sie keine „Almosen" empfangen wollten.

---

[1]) Arbeiterfreund, S. 297, 1913. Eigene Angaben der Firma vom November 1921.

5. Norddeutsche Werft Tiedemann, Glückstadt[1]).

Das Unternehmen schloß im November 1919 „zur Vorbereitung der Sozialisierung“ einen Vertrag mit den Arbeitnehmern, nach welchem jeder Arbeiter und Angestellte mit der Summe seines verdienten Lohnes prozentual an dem Gewinn des Unternehmens teilnehmen sollte. Die Vereinbarung lautete:

„Vertrag zwischen der Arbeiter- und Angestelltenschaft der Norddeutschen Werft Hans Tiedemann, Glückstadt, und dem Inhaber derselben, Herrn Hans Tiedemann, über die Teilnahme der Arbeiter und Angestellten an dem Betriebsergebnis der Werft.

Um der Strömung der Zeit Rechnung zu tragen, ist zwischen der Arbeiter- und Angestelltenschaft und dem Unternehmer vorstehender Werft heute folgender Vertrag geschlossen, welcher die Vorbereitung für die Sozialisierung sein soll.

Punkt 1. Der Inhaber der Norddeutschen Werft, Hans Tiedemann, verpflichtet sich, die Arbeiter und Angestellten an den Betriebsergebnissen der Norddeutschen Werft teilnehmen zu lassen, und zwar in einer in einem späteren Punkt festgelegten Form.

Punkt 2. Die Arbeiter und Angestellten dagegen verpflichten sich, sich aller Lohnkämpfe zu enthalten, wogegen es ihnen als Mitbeteiligten der Werft freisteht, bei jeder Lohnforderung durch ihre eigenen Sachverständigen prüfen zu lassen, ob der Betrieb auf Grund seiner Ergebnisse in der Lage ist, einen höheren Lohn zu zahlen.

Punkt 3. Die Feststellung der Leistungsfähigkeit der Werft in bezug auf die Regelung der Löhne soll, falls eine Einigung zwischen Arbeitnehmern und Arbeitgeber nicht stattfinden kann, vom Schiedsspruch eines Schiedsrichterkollegiums abhängig gemacht werden. Arbeitnehmer sowie Arbeitgeber verpflichten sich, einen diesbezüglichen Schiedsspruch ohne weiteres anzuerkennen.

Punkt 4. Das Schiedsgericht setzt sich aus zwei Schiedsrichtern von seiten der Arbeitnehmer und zwei Schiedsrichtern des Arbeitgebers, welche sich untereinander einen fünften Obmann zu wählen haben, zusammen.

Punkt 5. Die Beteiligung der Arbeiter und Angestellten geschieht in folgender Form:

Das gesamte Betriebskapital, welches die Werft im Laufe eines Kalenderjahres benötigt hat, wird zugrunde gelegt. Das Anlagekapital der Werft wird in jedem Jahre in solcher Höhe, welche bereits die Abrechnung der erforderlichen Abschreibungen zugelassen hat, zur Verzinsung in Anrechnung gebracht. Zu dem gesamten Betriebs- und Anlagekapital wird der Arbeitsverdienst eines jeden Arbeiters und Angestellten, welchen er im Laufe eines Kalenderjahres verdient hat, zugerechnet. Die sich am Ende ergebende Summe gilt alsdann als gesamtes, zu berechnendes, am Gewinn teilnehmendes Kapitalvermögen. Der Arbeiter und Angestellte nimmt mit seinem Kapital (also seinem verdienten Lohn) prozentual am Gewinn teil.

(Z. B.: Das Betriebskapital der Werft beträgt 1 000 000,— M., ein Arbeiter verdient 5000,— M., das sind 5 v. T., gleich bei einem Reingewinn von 250000,— M. 1250,— M.

---

[1]) Selter, a. a. O., S. 54. Deutsche Allgemeine Zeitung Nr. 578 vom 24. November 1919. Berliner Börsenzeitung vom 21. November 1919. Eigene Angaben der Firma vom Januar und Mai 1920.

Demnach hat ein Arbeiter oder Angestellter, der 5000,— M. verdient hat, eine Gewinnbeteiligung in Höhe von 1250,— M.

Punkt 6. Die Verrechnung des Gewinns geschieht in der Weise, daß das gesamte für den Betrieb zur Verrechnung kommende und aus den Betriebsergebnissen abzusetzende Kapital sich zusammensetzt aus

a) Reserven,
b) Abschreibungen,
c) Zinsen des im Betrieb steckenden Kapitals,
d) Verzinsung des Kapitals des Unternehmers,
e) laufende Materialrechnungen usw.,
f) Zinsen für Gebäude und Grundstücke,
g) etwaige Pachten,
h) alle sonstigen Beträge, die von dem Schiedsrichterkollegium als abzugsberechtigt anerkannt werden, wie Löhne, Gehälter usw.

Punkt 7. Der dann verbleibende Gewinn wird prozentual nach dem Einlagekapital des Unternehmers und dem durch die Arbeitsleistung der Arbeiter und Angestellten von selbst bedingten Kapital verteilt.

Punkt 8. Unabhängig von diesem bleibt dem Unternehmer und seinen von ihm Beauftragten die absolut selbständige Geschäftsführung überlassen, während die Arbeiter- und Angestelltenschaft das Recht hat, aus ihrer Mitte zwei Kontrollorgane zu wählen, welche wiederum das Recht haben, sämtliche Bilanzen usw. zu prüfen.

Punkt 9. Am Gewinn beteiligt sein sollen lediglich die Arbeiter und Angestellten, welche mindestens $^1/_2$ Jahr im Betrieb ohne Unterbrechung tätig gewesen sind. Ist ein Arbeiter oder Angestellter bei Ablauf eines Kalenderjahres mindestens 4, nicht aber 6 Monate auf der Werft, so wird sein in dieser Zeit verdienter Lohnsatz bei seinem im kommenden Jahr zur Verteilung gelangenden Beteiligungssatz zugerechnet.

Punkt 10. Scheidet ein Arbeiter vor der Zeit, in welcher der Gewinn zur Auszahlung gelangt, aus und ist im Laufe des Kalenderjahres länger als 6 Monate auf der Werft tätig gewesen, so steht ihm das Recht zu, bei der nächsten Verrechnung bzw. Auszahlung der Gewinnbeteiligung Anspruch auf seinen Gewinnanteil zu legen, und zwar muß die betreffende Summe bis spätestens 6 Monate nach der Auszahlung abgehoben sein. Nicht abgehobene Beträge verfallen dem im nächsten Jahr zur Verteilung gelangenden Gewinn.

Punkt 11. Bei vorzeitig ausscheidenden Arbeitern sollen alle diejenigen, welche aus eigenem Verschulden entlassen werden, von der Gewinnbeteiligung ausgeschieden sein.

Punkt 12. Dieser Vertrag schließt folgenden gegenseitigen Tarifvertrag in sich: . . . . (Es folgen die Bestimmungen des Tarifvertrags.)

Punkt 13. Dieser Vertrag ist lediglich in Gedanken daran geschaffen, daß ein absolutes Einvernehmen zwischen Arbeitgeber und Arbeitnehmern herrschen soll, und erklärt sich die Arbeiter- und Angestelltenschaft durch ihre Unterschrift bereit, im Interesse des Werkes und ihrer selbst willen dafür Sorge zu tragen, durch Vermeidung von Lohnkämpfen und Einsetzung ihrer Arbeitskraft ein gutes Gedeihen des Werkes selbst in dieser wirtschaftlich schweren Zeit zu gewährleisten. Als Grundstock für diese Rechnung des Kapitals- und des Gewinnes, welche von heute ab läuft, dienen die von zwei Sachverständigen der Handelskammer Altona aufgestellten Bilanzen und Bücher.

Punkt 14. Für alle sich aus diesem Vertrage ergebenden Streitigkeiten ist allein das vorerwähnte Schiedsgericht zuständig, dessen Urteil sich beide Parteien zu unterwerfen haben. Ordentliche Gerichte sind ausgeschlossen.

Glückstadt, den 13. November 1919.

Der Arbeitgeber. Der Arbeiterausschuß.
gez. Hans Tiedemann. gez. Unterschriften.

Die Arbeiter- und Angestelltenschaft.
gez. Die Arbeiter und Angestellten."

Die Erfahrungen, welche das Unternehmen mit diesem besonders großzügigen und weitgehenden Gewinnbeteiligungsversuch gemacht hatte, waren nicht günstig, so daß der Gewinnbeteiligungsvertrag nur ein Jahr bestanden hat. Die Ursachen dieses ungünstigen Ergebnisses wurden von der Verwaltung nicht mitgeteilt.

6. C. A. Schmitz, Goldwaren-Großhandlung, Elberfeld[1]).

Das Unternehmen führte die Gewinnbeteiligung im Jahre 1894 nach Maßgabe der folgenden Bestimmungen ein:

„Am Gewinne beteiligt werden sämtliche Angestellte, die seit mindestens 2 Jahren dem Geschäfte angehören. Die Höhe des einzelnen Anteils richtet sich nach Dienstalter, Pünktlichkeit, Fleiß, Eifer, Aufmerksamkeit, Ordnung und besonderen Leistungen der Anteilsempfänger. Einblick in die Geschäftsbücher ist nicht gestattet. Die Anteile werden angesammelt, mit 5 v. H. verzinst und nur beim Austritt des Gewinnbeteiligten aus dem Geschäft, bei Geschäftsauflösung oder nach 20 jähriger Dienstzeit, in Notfällen aber auch früher ausbezahlt. Minderjährige erhalten ihr Guthaben nicht bar, sondern in einem Sparkassenbuch ausbezahlt, das bis zum vollendeten 21. Lebensjahr gesperrt ist."

Der Inhaber des Unternehmens behielt sich eine jederzeitige Änderung dieses Systems ausdrücklich vor sowie gleichzeitig auch die Aufhebung der Gewinnbeteiligung nach Zahlung der Guthaben.

An Gewinnanteilen wurden ausgezahlt:

1893/1894	insgesamt	M.	2020,—
1894/1895	„	„	2178,—
1895/1896	„	„	2840,—
1896/1897	„	„	2160,—
1897/1898	„	„	1950,—
1898/1899	„	„	2070,—
1899/1900	„	„	2150,—

Hierbei ist die geringe Anzahl der Arbeitnehmer des Unternehmens (1900: 14 Angestellte) zu berücksichtigen. Im Geschäftsjahr 1899/1900 betrug der niedrigste Gewinnanteil 40,— M., der höchste 570,— M. und der mittlere etwa 195,— M.

Über die Erfahrungen äußerte sich der Inhaber anläßlich der Böhmertschen Untersuchung von 1901 günstig über die Erfolge der Gewinnbeteiligung, auf Grund deren trotz dem abgegebenen Anteil der übrigbleibende Reingewinn gestiegen sei. Hervorgehoben wurde ferner,

[1]) Arbeiterfreund, S. 417, 1901. Böhmert, a. a. O., S. 81, 1902. Eigene Angaben der Firma vom Oktober 1919 und Mai 1920.

daß die Angestellten sich ihre Stellen zu erhalten suchten und durchweg 12 bis 20 Jahre lang in dem Unternehmen tätig waren.

Nach Angaben des Inhabers vom Oktober 1919 wurde die Gewinnbeteiligung von ihm in diesem Jahre aufgehoben, da die veränderten Zeitverhältnisse ihm die Aufhebung nahelegten. Die Angestellten gaben sich mit der Aufhebung zufrieden. Nähere Gründe für diese Einstellung wurden nicht mitgeteilt.

7. Königlich Sächsisches Statistisches Büro[1]).

In dem Königlich Sächsischen Statistischen Büro, welchem Viktor Böhmert vorstand, wurde auf dessen Anregung im Jahre 1882 anläßlich einer Berufs- und Gewerbestatistik der Versuch einer Gewinnbeteiligung in einem nicht gewerblichen Staatsbetriebe angestellt. Die Kosten dieser Statistik waren im Etat mit 113 000,— M. bewilligt worden. Durch die mit Rücksicht auf die Anteilsberechtigung intensivere Arbeit der 40 Beamten wurden von diesen Kosten 24 000,— M. erspart. Auf Antrag Viktor Böhmerts bewilligte hiervon die Sächsische Regierung 10 800,—M. als Gewinnanteil für die beteiligten Beamten, welche jeder 270,— M. erhielten.

8. bis 11[2]).

Die nachfolgenden Firmen sind von Böhmert 1901 nur mit Nennung der Firma und dem Bemerken erwähnt, daß sie die Gewinnbeteiligung eingeführt und wieder aufgegeben hatten. Sonstige Mitteilungen sind über diese Unternehmen in der Gewinnbeteiligungsliteratur nicht vorhanden:

8. Edmund Schmidt, Altenburg.
9. Glashütte Hampel, Schildhorst.
10. Thüringische Glasinstrumentenfabrik, Alt, Eberhard & Jäger, Ilmenau.
11. Arndt & Troost, Fabrik technischer Papiere, Frankfurt a. M.

M. Fischereigewerbe.

1. Erste Deutsche Nordseefischerei-Gesellschaft, Hamburg.
2. Fischerei-Gesellschaft auf Aktien, Büsum a. d. Nordsee.
3. Fischerei-Gesellschaft auf Aktien, Cappeln a. d. Nordsee[3]).

Die Gewinnbeteiligung der in der Seefischerei beschäftigten Arbeitnehmer bestand seit Jahrhunderten und wurde unter anderem schon im Jahre 1671 in dem in Rouen erschienenen Werke „Jugement D'Oleron, Les us et coutumes de la mer, par Clairac" erwähnt. Ihre allgemeine Einführung war dadurch begründet, daß beim Fischfang auf hoher See der ganze Ertrag in besonderem Maße von der persönlichen Anstrengung und Tätigkeit jedes einzelnen abhängig war.

[1]) Die Gegenwart, VI/1899.
[2]) Arbeiterfreund, S. 401, 1901.
[3]) Int. Bibl. a. a. O., Bd. II, S. 75—79, 1878.

In der Gewinnbeteiligungsuntersuchung von Böhmert vom Jahre 1878 wurden die obigen drei deutschen Fischereiunternehmungen als Gewinnbeteiligungsbetriebe beschrieben, welche den Fischern außer einem festen Lohn einen Anteil am Ertrage des Fischfanges garantierten. Die Erfahrungen dieser Betriebe wurden durchweg als günstig bezeichnet. Trotzdem wurde keiner dieser Gewinnbeteiligungsversuche in der späteren Literatur einschließlich der Böhmertschen Untersuchung vom Jahre 1901 mehr erwähnt, so daß mit ihrer Einstellung gerechnet werden muß.

N. Landwirtschaft.

1. J. H. von Thünen, Gut Tellow in Mecklbg.-Schwerin[1]).

Der Gutsbesitzer und bekannte Nationalökonom J. H. von Thünen führte die Gewinnbeteiligung seiner Arbeitnehmer im Jahre 1847 auf seiner Domäne Tellow ein. Anteilsberechtigt waren die regelmäßig beschäftigten Arbeiter, die auf dem Gute wohnten, ferner aber auch der Lehrer, Pastor, Weber und Schmied, da auch diese Personen mehr oder minder mit dem Ertrag der Ernte zu tun hatten. Im Falle der Erzielung eines bestimmten Mindestbetrages, welcher bis 1873 jährlich 16500,— M. und seitdem 18000,— M. betrug, erhielt jeder Beteiligte einen Anspruch auf $^1/_2$ v. H. des diesen Betrag übersteigenden Überschusses. Wurde der Mindestbetrag in einem Jahre nicht erreicht, so wurde von dem Überschuß der nächsten Jahre der Fehlbetrag vorweg abgezogen. Die Gewinnanteile wurden den Berechtigten gutgeschrieben und mit 4 v. H. verzinst. Die Auszahlung der Zinsen erfolgte alljährlich zu Weihnachten, während das Kapital der angesammelten Gewinnanteile erst mit Erreichung des 16. Lebensjahres oder im Todesfalle an die Erben ausgefolgt wurde. Die Gewinnanteile betrugen in den Jahren 1847 bis 1896:

Jahr	Mark	Jahr	Mark	Jahr	Mark	Jahr	Mark
1847—48	31,80	1860—61	92,28	1873—74	39,54	1886—87	75,36
1848—49	29,16	1861—62	33,48	1874—75	89,64	1887—88	98,14
1849—50	56,62	1862—63	151,56	1875—76	16,08	1888—89	66,86
1850—51	63,84	1863—64	155,52	1876—77	—	1889—90	106,59
1851—52	42,48	1864—65	97,08	1877—78	19,50	1890—91	55,51
1852—53	34,32	1865—66	5,70	1878—79	13,—	1891—92	50,—
1853—54	70,74	1866—67	30,—	1879—80	50,—	1892—93	96,20
1854—55	137,22	1867—68	84,86	1880—81	88,—	1893—94	67,12
1855—56	82,92	1868—69	79,68	1881—82	78,—	1894—95	31,12
1856—57	103,08	1869—70	73,98	1882—83	125,44	1895—96	20,—
1857—58	86,16	1870—71	81,42	1883—84	61,27		
1858—59	86,64	1871—72	89,58	1884—85	80,—		
1859—60	87,48	1872—73	80,58	1885—86	84,94		

[1]) Arbeiterfreund, S. 457, 1868, S. 401, 1901. Int. Bibl., Bd. II, S. 1, 1878. Frommer, S. 70, 1887. Katscher, S. 101, 1899. Böhmert, a. a. O., S. 9, 1902. Debes, S. 202, 1921.

In diesen 49 Jahren der Gewinnbeteiligung wurde im Durchschnitt 68,46 M. an Gewinnanteilen ausgeschüttet.

Über die Erfahrungen äußerte sich der Enkel A. von Thünens, welcher späterhin die Gewinnbeteiligung nach dem Tode seines Großvaters fortgeführt hatte, anläßlich der Untersuchung von Böhmert im Jahre 1901, dahin, daß sie bis zum Schluß die allergünstigsten gewesen seien. Die Interessen des Arbeitgebers und der Arbeitnehmer waren die gleichen, und letztere arbeiteten gern und willig. Trotz der starken Auswanderung der ländlichen Bevölkerung aus Mecklenburg blieben in Tellow stets die gleichen Familien ansässig. Die Gewinnbeteiligung weckte ferner den Sparsinn der Leute, die oft außerdem noch ihre Ersparnisse zur Verzinsung brachten. Der Gewinnbeteiligung wurde die Erhaltung eines Stammes williger und fleißiger Arbeiter verdankt, weil sie wußten, daß ihr Arbeitgeber es gut mit ihnen meinte und die Beteiligung ihnen im Alter ein ihren Verhältnissen nach ansehnliches Vermögen einbrachte.

Im Jahre 1896 wurde die Gewinnbeteiligung anläßlich des Verkaufs des Gutes abgeschafft, da der neue Besitzer trotz der günstigen Erfahrungen auf ihre Fortführung verzichtete.

2. J. Neumann, Posegnick, Ostpr.[1]).

Auf dem Gute Posegnick in Ostpreußen wurde die Gewinnbeteiligung im Jahre 1854 eingeführt, indem von dem Gutsertrage nach Abzug von 4 v. H. Kapitalzinsen und 5 v. H. für die Betriebs- und Ameliorationskosten des Jahres 8 v. H. des verbleibenden Überschusses in gleichen Teilen an die Arbeiter ausgeschüttet wurden. Verheiratete, deren Frauen mitarbeiteten, erhielten 2 Anteile, desgleichen die Inspektoren. Die Säeleute bekamen $1^1/_2$ oder $^5/_4$ Anteile, während den Hirten außer ihren Anteilen besondere Prämien gewährt wurden. $^2/_3$ der Gewinnanteile wurden in bar ausgezahlt und der Rest einer Sparkasse überwiesen, welche die Beträge mit $4^1/_6$ v. H. verzinste.

Die Höhe des Gewinnanteils unterlag großen Schwankungen, da der Gutsertrag von der Ernte und den Getreidepreisen abhängig war. Über die Erfahrungen erklärte trotzdem der Gutsbesitzer Neumann nach 30jähriger Ausübung der Gewinnbeteiligung, daß er noch immer „kein besseres Mittel kenne, die Arbeiter zur Entfaltung von Fleiß und Eifer zu veranlassen". Die Gewinnbeteiligung seines Systems zwinge ferner die Leute, sich für das Sparen zu interessieren. Mit der Zunahme der Intelligenz der Bauern sei eine stets befriedigendere Wirkung der Gewinnbeteiligung zu erwarten.

---

[1]) Int. Bibl. a. a. O., Bd. II, S. 7, 1878. Frommer, S. 67, 1887. Katscher, a. a. O., S. 102, 1899.

Der vorerwähnte Gewinnbeteiligungsversuch ist in der späteren Literatur nach 1899 nicht mehr erwähnt und auch von Böhmert in seiner Untersuchung vom Jahre 1901 nicht verzeichnet, so daß das Schicksal dieses Versuches ungewiß ist und mit seiner Einstellung gerechnet werden muß.

3. J. Jahnke, Gut Bredow b. Berlin[1]).

Die Gewinnbeteiligung wurde auf diesem Gut im Jahre 1872 eingeführt und während 5 Jahre ausgeübt. Da der Besitzer sehr unter der Unzulänglichkeit der Arbeitskräfte zu leiden hatte, ging er 1872 mit verheirateten Arbeitern eine Art Gesellschaftsvertrag ein, nach welchem er den Arbeitern alles zur Arbeit Notwendige stellte und den Reinertrag nach Abzug von jährlich 900,— M. als Unternehmerlohn zu gleichen Teilen zwischen sich und den fünf Arbeitern teilte. Die den Arbeitern im voraus gegebenen Lohnvorschüsse wurden von ihren Anteilen in Abzug gebracht. An Gewinnanteilen erzielte jeder der 5 Arbeiter:

1872/1873	1 055,95 M.
1873/1874	976,85 „
1874/1875	1 098,76 „

Der Jahresdurchschnitt betrug also 1044,— M. oder unter Einrechnung des Wertes der freien Wohnung und Heizung 1179,— M. gegenüber einem Durchschnittsverdienst der übrigen Landarbeiter in Höhe von 664,— M.

Die Erfahrungen dieses Gewinnbeteiligungsversuches sollen sehr günstig gewesen sein, da in den drei Jahren der Wert des Gutes außerordentlich gehoben wurde und ein großes Stück neuen Bodens durchgearbeitet worden war. Die Leute vermieden es möglichst, fremde Kräfte heranzuziehen, sondern zogen es vor, die Arbeit allein zu erledigen. Als nach Ablauf der erwähnten drei Jahre zwei der fünf Familien aus anderen Gründen fortzogen, übernahmen die drei verbleibenden deren Rechte und Pflichten und zogen nunmehr fremde Arbeitskräfte hinzu, welche sie selbst anstellten und überwachten. Als günstige Folge dieser Gewinnbeteiligung wurde eine Ersparnis am Material und Schonung der Werkzeuge sowie das Fehlen jeglicher Streitigkeiten über Lohn und Arbeit zwischen Arbeitgeber und Arbeitnehmern erwähnt. 1877 erneuerte der Besitzer den Vertrag nicht mehr infolge der von seinen Gutsnachbarn seinem Gewinnbeteiligungssystem gegenüber entgegengebrachten Feindseligkeit und Mißtrauen.

[1]) Int. Bibl. a. a. O., Bd. II, S. 20, 1878. Frommer, S. 64, 1887. Gilman-Katscher, S. 238, 1891. Katscher, S. 103, 1899.

4. u. 5. 2 Güter in Brunn b. Fehrbellin[1]).

In Brunn bei Fehrbellin wurde nach dem eben behandelten Jahnkeschen Vorbild ein gleiches Gewinnbeteiligungssystem eingerichtet, das etwa 1876 in Kraft trat. Nach einem Bericht von Böhmert vom Jahre 1878 sind hier zwei von den wohl nicht sorgfältig gewählten Arbeitern ausgeschieden, jedoch haben sich ohne Schwierigkeit zwei andere gefunden, welche in den Vertrag eingetreten sind.

In dem gleichen Ort wurde 1876 das gleiche Gewinnbeteiligungssystem von einem Gutsbesitzer namens Bohm mit vier Arbeiterfamilien eingeführt, welche wöchentlich 12,— M. Lohnvorschuß erhielten, während Bohm 48,— M. in Anspruch nahm. Die Lohnvorschüsse wurden wie bei Jahnke von den Gewinnanteilen in Abzug gebracht.

Über die Erfahrungen beider Gewinnbeteiligungsversuche ist in der Gewinnbeteiligungsliteratur, in welcher sie nur von Böhmert 1878 und Katscher 1899 erwähnt wurden (Katscher wiederholte ausschließlich die Angaben Böhmerts) nichts mehr berichtet, so daß ihr Schicksal ungewiß ist und mit ihrer Einstellung gerechnet werden muß.

6. Gut Ebhardt, Komorowen b. Bialla, Ostpr.[2]).

Die Gewinnbeteiligung wurde auf diesem Gute im Jahre 1879, nach Böhmert jedoch im Jahre 1899[3]) eingeführt, indem die 35 beschäftigten Familien und 35 Hofgänger am Ertrage des Gutes bzw. der Brennerei interessiert wurden. Der Beweggrund der Einführung war die Absicht, „die Arbeiter für eine bessere Wirtschaftsführung zu interessieren und den Wegzug zu verhindern". Allen Arbeitern und Angestellten mit Ausnahme des Brennereiführers wurden zusammen 5 v. H. des Reingewinnes gewährt, und zwar erhielten Verheiratete den doppelten Betrag der Ledigen. Die Gewinnanteile wurden zur freien Verwendung in bar ausgezahlt und betrugen zusammen 1899 1800,— M., 1900 1400,— M. Die Einzelanteile beliefen sich 1899 für einen verheirateten Arbeiter auf 40,— M., 1900 auf 30,— M., während ledige Arbeiter 20,— M. bzw. 15,— M. erhielten.

Die Erfahrungen des Besitzers waren nach dem Bericht anläßlich der Böhmertschen Untersuchung vom Jahre 1901 günstig. Später verschlechterten sie sich jedoch, so daß die Gewinnbeteiligung nach fünfjähriger (?) Dauer 1904 aufgehoben wurde. Auf Anfrage des Verfassers antwortete Ebhardt im August 1919, daß der Gewinnbeteiligungsversuch nicht befriedigen konnte. Er war mehr ein willkürlicher Akt des Arbeitgebers, um die Arbeiter an die Scholle zu fesseln und ihr

---

[1]) Int. Bibl. a. a. O., Bd. II, S. 38, 1878; Katscher a. a. O. S. 105, 1899.

[2]) „Arbeiterfreund" S. 181, 407, 1901; Böhmert S. 80, 1902; Eigene Angaben des Besitzers vom August 1919.

[3]) Im Gegensatz hierzu spricht Ebhardt in seinem Bericht von 1919 von einer vor 40 Jahren eingeführten Gewinnbeteiligung.

Kulturniveau zu heben, als daß er aus der Initiative der Arbeitnehmer hervorging. Die Arbeiter waren auch noch zu wenig vorgebildet, um die Prüfung der Bücher oder eine Einflußnahme auf den Gang der Wirtschaft ausüben zu können. Die Arbeiter waren schließlich mehr damit zufrieden, daß die Gutsverwaltung an ihrer Stelle die gesamten Kosten der sozialen Versicherungen übernahm, als daß sie die ungewisse Chance des Anteils am Reingewinn trugen.

7. Rittergut von Blücher, Jürgensdorf i. Mecklenburg-Schwerin[1]).

Der Besitzer dieses Gutes, von Blücher, führte die Gewinnbeteiligung im Jahre 1874 ein, um das Interesse der Arbeiter und ständigen Gutsleute noch mehr als bisher mit den Interessen des Gutsherrn zu verknüpfen und um den Leuten die Möglichkeit zu geben, Ersparnisse für ihre Kinder bzw. für ihr hohes Alter zu sichern. Der Gewinnanteil sämtlicher Arbeiter, Angestellten und aller Beschäftigten war gleich und betrug zusammen in den Jahren 1874 bis 1891 6 bis 8 v. H., seit 1892 9 bis 10 v. H. des Gutsertrages, von dem eine $3^1/_2$prozentige Verzinsung des für das Gut bezahlten Kaufpreises vorweg in Abzug gebracht wurde. Die Gewinnanteile wurden in ein Sparbuch eingetragen und von dem Gutsherrn mit $3^1/_2$, späterhin 4 v. H. verzinst. Die freie Verfügung über dieses Guthaben erlangten die Anteilsberechtigten grundsätzlich erst nach 10 Jahren, falls nicht ein besonderer Notstand vorlag. Das gesamte Vermögen des Gutsherrn haftete den Arbeitern für ihre Spareinlagen. Eine Einmischung der Anteilsberechtigten in die Berechnung der Anteile und die Verwaltung der Spareinlagen war nicht gestattet. Bei groben Vergehen des Anteilsberechtigten während der 10jährigen Sperre wurde das Guthaben gestrichen und der Kirche überwiesen. Die Gewinnanteile der Beamten betrugen nach Böhmert etwa 200,— bis 300,— M. pro Kopf, während die Arbeiter nach 10jähriger Dienstzeit über ein Sparguthaben einschl. Zinsen von 900,— bis 1000,— M. verfügten. Die Gewinnanteile der Arbeiter schwankten zwischen 20,— M. und 158,— M. und betrugen durchschnittlich 80,— M. im Jahr oder etwa 15 v. H. des durchschnittlichen Arbeitsverdienstes.

Die Erfahrungen waren nach dem Bericht des Gutsherrn anläßlich der Böhmertschen Untersuchung von 1901 günstige, da sich ein gutes Verhältnis zwischen Arbeitgeber und Arbeitnehmern herausgebildet hatte. Späterhin verschlechterten sich die Erfahrungen, so daß die Gewinnbeteiligung nach Beendigung des Krieges wegen der andauernden Lohnforderungen der Arbeiter fallen gelassen wurde.

---

[1]) Arbeiterfreund, S. 101, 1902. Böhmert, S. 92, 1902. Debes, S. 204, 1920. Eigene Angaben des Besitzers vom September 1919.

8. Gut Wulfshagen b. Gettorf[1]).

Die Gewinnbeteiligung wurde auf diesem Gute im Jahre 1900 für etwa 46 Arbeiter eingeführt. Als Grund der Maßnahme gab der Besitzer Graf Reventlow die Absicht an, „den Charakter der Arbeiter zu heben (Mitarbeit statt lediglicher Lohnarbeit), den Lohn durch eine biegsame Erhöhung zu verbessern, das Interesse an Vieh, Inventar usw. zu heben und zur Grundlage für die Organisation der Arbeiter". Von dem Reinertrag des Gutes wurden 8 v. H. als Gesamtgewinnanteil unter sämtliche Arbeiter mit Ausnahme der Empfänger von Alters- und Invalidenrenten verteilt, von denen 6 v. H. in bar ausbezahlt wurden und 2 v. H. dem von den Gutsarbeitern selbständig verwalteten und von der Gutsverwaltung begründeten „Wulfshagener Unterstützungsverein" zugewiesen wurden. Die Durchführung des Gewinnbeteiligungssystems erfolgte unter Mitwirkung der Arbeiter, da der Reingewinn unter Beteiligung des Vorstandes des genannten Vereines berechnet und geprüft wurde. Nach § 5 des Gewinnbeteiligungsvertrages war die Beteiligung nicht als widerrufliche Vergünstigung, sondern als rechtliche Verpflichtung festgesetzt, die nur unter Einhaltung einer einjährigen Kündigungsfrist zum 2. Mai jedes Jahres gekündigt werden konnte. An Gewinnanteilen gelangte in dem ersten Jahr der Beteiligung, welches einen ungünstigen Ertrag brachte, 992,— M. zur Austeilung. — Die Erfahrungen mit diesem Beteiligungsversuch wurden als günstig bezeichnet.

Das Gewinnbeteiligungssystem ist nach Angaben der Gutsverwaltung vom Oktober 1921 vor längerer Zeit wieder abgeschafft worden. Gründe für die Abschaffung wurden nicht bekanntgegeben.

9. Gut Cöthen bei Breslau[2]).

Die Gewinnbeteiligung, welche der Besitzer dieses Gutes, von Albert, schon im Jahre 1824 eingeführt hatte, stellt den ältesten in der Literatur aufgeführten deutschen Gewinnbeteiligungsversuch dar. Die beschäftigten Arbeiter dieses Gutes wurden nur durch Natural-Anteildeputate entlohnt. Der Versuch soll seinerzeit außerordentliches Aufsehen erregt haben. In der späteren Literatur ist die Gewinnbeteiligung dieses Gutes nicht mehr erwähnt und auch schon von Böhmert in seiner ersten Untersuchung von 1878 nicht mehr verzeichnet.

---

[1]) Böhmert, a. a. O., S. 89, 1902. Eigene Angaben des Besitzers vom Oktober 1921.

[2]) Webers Handbuch der ökonomischen Literatur, Bd. VI, S. 296. Bd. VII, S. 339ff., 516, 1823/1824. Arbeiterfreund, S. 399, 1901.

10. Gut Pfalzhill, Trier[1]).

Der Besitzer dieses Gutes, I. F. Limburger, Bittburg, führte die Gewinnbeteiligung nach einem Bericht von Böhmert in seiner Untersuchung von 1878 auf seinem Gute im Jahre 1875 ein, indem er es an eine Familie verpachtete. Die Ausgaben wurden vom Besitzer und Pächter zur Hälfte getragen, die Arbeiten von dem Pächter, seiner Familie und Tagelöhnern verrichtet, während der Ertrag gleichmäßig zwischen Besitzer und Pächter geteilt wurde. An Verlusten nahmen sie ebenfalls zur Hälfte teil.

Der Versuch, von dem es zweifelhaft sein dürfte, ob Böhmert ihn zu recht noch als Gewinnbeteiligung ansieht, ist in der späteren Literatur nicht mehr erwähnt.

11. Landgut Altenhof, Trier[2]).

Der Besitzer dieses Gutes, E. Sewais, Luxemburg, führte im Jahre 1848 den gleichen Gewinnbeteiligungs-Pachtvertrag wie auf dem Gut Pfalzhill ein. Der Versuch wurde 1878 von Böhmert noch als bestehend erwähnt, späterhin jedoch in der Literatur nicht mehr verzeichnet. Auch hier dürfte Böhmert den Begriff Gewinnbeteiligung zu weit gezogen haben.

II. Kapitalbeteiligung.

Die Kapitalbeteiligung der Arbeitnehmer, von der englischen Literatur treffend „copartnership" genannt, bedeutet eine Geschäftsteilhaberschaft des Arbeitnehmers an einem Unternehmen, in dessen Diensten er steht. Aus dem Gedanken heraus, den Arbeitnehmer aus der Stellung eines fremden Lohnarbeiters in die eines Mitunternehmers zu bringen, der für eigene Rechnung arbeitet, ist die Gewährung von Geschäftsanteilen an Arbeitnehmer entstanden.

Die Kapitalbeteiligung, die im Auslande (insbesondere England und Amerika) fast größere Verbreitung gefunden hat als die Gewinnbeteiligung, ist in Deutschland in verhältnismäßig bedeutend geringerem Umfange angewandt worden. Die zwei Hauptsysteme unterscheiden sich dadurch, daß die Kapitalbeteiligung entweder dem einzelnen oder der Gesamtheit der Arbeitnehmer gestattet wird. Die erste Form, die man mit „individueller Kapitalbeteiligung" bezeichnen kann, gibt jedem Arbeitnehmer persönlich die Möglichkeit, Geschäftsanteile,

---

1) Int. Bibl., Bd. II, S. 41, 1878.
2) Int. Bibl., Bd. II, S. 43, 1878.

meistens Aktien des Unternehmens, zu erwerben. Da dieser Erwerb jedoch nur auf Grund der Zugehörigkeit des Arbeitnehmers zu dem Unternehmen erfolgt, wird in vielen Fällen diese Zugehörigkeit als Voraussetzung für ein längeres Eigentum an den Geschäftsanteilen festgesetzt bzw. ein Verkauf der Anteile aus spekulativen Gründen erschwert oder verhindert. Außer dieser Individualbeteiligung ist besonders in neuester Zeit eine „Gesamtkapitalbeteiligung" auf genossenschaftlicher Grundlage zur Anwendung gelangt und eine nur aus Arbeitnehmern des Unternehmens bestehende Genossenschaft oder Körperschaft durch die Überlassung von Aktien, welche sie für die Arbeitnehmer treuhänderisch hält, an dem Kapital des Unternehmens beteiligt worden.

1. Kapitalbeteiligungsbetriebe, in denen die Beteiligung noch besteht.

1. Wiedaer Hütte, Eisengußwaren, Aktien-Gesellschaft, Wieda i. Harz[1]).

Die Gesellschaft stellt eine Arbeitergenossenschaft in Form der Aktiengesellschaft dar, deren Aktien sich zum Teil im Besitz von Arbeitern befinden, welche in der Hütte beschäftigt sind oder waren. Bei der Gründung im Jahre 1871 war ursprünglich vorgesehen, daß jeder Arbeiter mindestens eine Aktie des Unternehmens besitzen müßte. Dies konnte jedoch infolge Kapitalsmangels der Arbeiter nicht verwirklicht werden. 1901 befanden sich von 750 Aktien 133 in Händen der Hüttenarbeiter, während im Jahre 1921 nach Angaben der Verwaltung von der 160 Köpfe starken Belegschaft 60 Arbeiter je 1 bis 4 Anteile zu 150,— M. besaßen. Bei angemessenem Reingewinn wird sämtlichen Arbeitern ferner eine Gratifikation (im Jahre 1921 300,— M.) gewährt.

Über die Erfahrungen dieser Kapitalbeteiligung wird seitens der Verwaltung nichts mitgeteilt.

2. Hüttenwerk Tanne i. Harz[2]).

Die Gesellschaft bildet gleichfalls eine Aktiengesellschaft, deren Aktien mit dem Jahre der Gründung (1871) größtenteils in den Besitz von ortsansässigen Hüttenarbeitern übergingen. Die Arbeiteraktionäre wählen aus ihrer Mitte 7 Aufsichtsratsmitglieder, welche ihrerseits Vorstand und Geschäftsführung wählen. Darüber hinaus ist eine Einmischung der Arbeiteraktionäre in die Geschäftsführung nicht statthaft.

[1]) Arbeiterfreund, S. 304, 1901. Böhmert, a. a. O., S. 68, 1902. Eigene Angaben der Firma vom September 1921.

[2]) Arbeiterfreund, S. 219, 1872, S. 304, 1901. Böhmert, a. a. O., S. 68, 1902.

Das Unternehmen entwickelte sich nach vielen Schwierigkeiten günstig und beschäftigte gegen Ende des 19. Jahrhunderts 156 Arbeiter. Späterhin wurden auch Nichtaktionäre als Arbeiter aufgenommen, während andererseits auch Aktien in die Hände von Nichtarbeitern übergingen. Im Jahre 1901 befanden sich von 580 Aktien 239, also nahezu die Majorität, in den Händen von Hüttenarbeitern.

3. Max Roesler, Feinsteingutfabrik, Rodach i. Coburg[1]).

Das Unternehmen führte außer seiner Gewinnbeteiligung, welche im Teil I beschrieben worden ist, auch die Kapitalbeteiligung für Angestellte ein, welche sich eines besonderen Vertrauens würdig zeigten. Im Jahre 1901 hatten 4 Angestellte Einlagen von 4 bis 6000 Mark. Der Höchstbetrag der Einlagen war auf 10000 M. festgesetzt. Die Einleger erhielten die gleiche Dividende wie der Besitzer der Firma für seine Kapitaleinlage, jedoch nahmen sie an einem evtl. Verlust nicht teil. Im Jahre 1910 wurde das Unternehmen in eine Aktien-Gesellschaft umgewandelt, deren Aktien zu $^3/_5$ im Eigentum des Besitzers Max Roesler blieben. In einer Ansprache, welche er im Februar 1910 an seine Arbeiter und Angestellten hielt, stellte er ihnen den Erwerb von Aktien aus seinem Besitze in Aussicht. Die Aktien konnten von den Arbeitnehmern zum Nennwert erworben werden, jedoch durften sie nicht an Außenstehende weiter veräußert werden. Bis zum Jahre 1914 befanden sich 102 Aktien zu je nominell 1000,— M. in Händen von 17 Angestellten und 59 Aktien in den Händen von 44 Arbeitern der Fabrik. Die Dividende betrug in den drei Jahren 1911 bis 1913 8, 10 und 10 v. H.

Über die Erfahrungen mit dieser Kapitalbeteiligung berichtete Roesler 1914 in einer Gewinnbeteiligungsschrift, daß von den Arbeiteraktionären die meisten gelernte Facharbeiter sind, denen es nicht so sehr auf den Erwerb eines eigenen Heimes als auf eine gewinnbringende gute Anlage für ihre Spargroschen ankommt. Bei den Angestelltenaktionären machte sich der Einfluß der Kapitalbeteiligung noch günstiger geltend als bei der Gewinnbeteiligung. Die Anteilnehmer fühlten sich verpflichtet, für den guten Ertrag des Unternehmens besorgt zu sein, und ließen sich keine Nachlässigkeit zuschulden kommen, da sie sich als Mitbesitzer des Unternehmens fühlten. Andererseits hat sich irgendwelcher schlechte Einfluß auf die im Betriebe notwendige Unterordnung und Folgsamkeit niemals gezeigt. Die Hebung des Selbstbewußtseins einerseits, die Stärkung des Verantwortlichkeitsgefühls und gesunden Eigennutzes hielten sich gegenseitig die Wage.

[1]) Arbeiterfreund, S. 192, 1901, S. 75, 1908, S. 52, 1909, S. 57 und 189, 1910, S. 66, 1912, S. 36 und 407, 1914. Roesler, Arbeiterbeteiligung, S. 39, Dresden 1914.

4. Rheinische Möbelstoff-Weberei, vorm. Dahl & Hunsche, Aktiengesellschaft, Unterbarmen[1]).

Die Gesellschaft führte die Kapitalbeteiligung ihrer Arbeitnehmer im Jahre 1921 an Stelle der gescheiterten Gewinnbeteiligung ein (vgl. Erster Teil). Für die Beteiligung sind die folgenden Bestimmungen maßgebend:

1. Für 1920 erhalten die Arbeiter und Angestellten denselben Gewinnanteil, wie er auf das bisherige Aktienkapital von 1 400 000,— M. entfällt, nachdem 4 v. H. Vordividende wie bisher abgezogen sind. An dem Reingewinn, welcher auf das erhöhte Aktienkapital entfällt, sind die Angestellten und Arbeiter nicht beteiligt.

2. Die Gesamtbelegschaft ist berechtigt, 280 Stück neue Aktien zum Kurse von 130 v. H., d. h. zu 1300,— M. pro Stück zu beziehen. Der Anspruch auf neue Aktien soll abgestuft werden in derselben Weise, wie die Gewinnbeteiligung, so daß z. B. ein Arbeiter mit größerer Lohnsumme und langer Beschäftigungsdauer einen größeren Anteil zu beanspruchen hat, wie z. B. ein Mädchen mit geringerer Lohnsumme und kürzerer Beschäftigungsdauer. Für die Feststellung des Bezugsrechts soll der Lohn des Jahres 1920 maßgebend sein. Nähere Einzelheiten sollen noch vereinbart werden.

3. Wer keine Aktie erwerben will, soll als Entschädigung für eine Aktie 1000,— M. in bar erhalten. Hat einer nach dem oben erwähnten Beteiligungsplan ein Anrecht auf mehr als eine Aktie, oder nicht auf eine ganze Aktie, so erhält er entweder entsprechend mehr oder weniger als 1000,— M. ausgezahlt.

4. Wer seine Aktie beziehen will, ohne sie bezahlen zu können, hat die Möglichkeit, das Geld durch unsere Vermittlung zu 5 v. H. oder höchstens 6 v. H. zu leihen.

5. Die verteilten Aktien werden für einige Jahre gesperrt, d. h. sie dürfen erst nach Ablauf der Sperrfrist verkauft werden. Das Stimmrecht dieser Aktien wird von der Bank ausgeübt, welche die 280 Aktien zur Verfügung stellt.

5. Erste Stapelfaser-Fabrik für Volksbekleidung, Aktien-Gesellschaft, Eisenach[2]).

In dem Gesellschaftsvertrag der Gesellschaft, welche auch gleichzeitig die Gewinnbeteiligung eingeführt hat (vgl. Erster Teil), wurde die Kapitalbeteiligung der Arbeitnehmer wie folgt festgelegt:

„§ 5. Nach Vollzahlung der Stammaktien wird die Generalversammlung über eine Erhöhung des Stammkapitals zum Zwecke der Beteiligung der Arbeiter und Angestellten der Gesellschaft an dieser Beschluß fassen. Diese Erhöhung

---

[1]) Eigene Angaben der Firma vom November 1920.

[2]) Mahnrufe von Eduard Stöhr und Dr. Wichmann. Goldschmidt: Gewinnbeteiligung der Arbeitnehmer, S. 20, Berlin 1922.

soll durch Ausgabe von Namensaktien zu 200,— M. das Stück erfolgen. Für diese Aktien gilt die Beschränkung des § 222 Abs. 4 HGB. Auf deren Überlassung zum Nennwerte haben die Arbeiter und Angestellten der Gesellschaft das erste Anrecht, vorausgesetzt, daß dies dann gesetzlich ohne weiteres zulässig ist, oder die Gesellschaft es beschließt. Diese im Besitz von Arbeitern und Angestellten befindlichen Aktien werden als Arbeiteraktien bezeichnet.

Wird nach erwiesener Rentabilität des Unternehmens eine weitere Erhöhung des Grundkapitals von der Generalversammlung beschlossen, so sollen unter der in vorstehendem Absatz erwähnten Voraussetzung die neu auszugebenden Aktien, aber höchstens bis zu einem Drittel des Stammkapitals, dem Staat zum Bezug zum Tageskurs der alten Aktien, aber nicht unter dem Nennwerte angeboten werden.

§ 6. In bezug auf Stimmrecht und Gewinnbeteiligung stehen die Arbeiteraktien den Stammaktien im Verhältnis der Beträge gleich. (§ 26.)

§ 9. Die Einziehung von Aktien, insbesondere durch Ankauf ist zulässig. Die Art und Höhe bestimmt die Generalversammlung.

§ 13. Der von der ordentlichen Generalversammlung zu wählende Aufsichtsrat besteht nach Bestimmung der Generalversammlung aus fünf bis zehn Mitgliedern.

Bei der Wahl stimmen Stammaktionäre und Arbeiteraktionäre getrennt, und zwar wählt jede Aktienart so viel Mitglieder, als nach dem Prozentverhältnis jeder Art der ausgegebenen Aktien zum Grundkapital auf sie entfallen."

Zur Verwirklichung dieser Kapitalbeteiligung befürwortete die Verwaltung die Aktienübertragung mit Genehmigung des Aufsichtsrats und der Generalversammlung für den Fall zu gestatten, daß der Arbeiter aus wirtschaftlichen Gründen zur Preisgabe seines Aktienbesitzes gezwungen sein sollte. Bei einer derartigen Rückgabe soll der Arbeiter eine angemessene Entschädigung aus dem in dem Reservefonds geflossenen Agio der Kapitalserhöhung im Verhältnis vom Aktienkapital zum Reservefonds erhalten. Um eine Spekulation mit den Arbeiteraktien auszuschließen, wurde befürwortet, die bestehenden Formvorschriften für Namensaktien wesentlich auszubauen. Nach Befriedigung der Wünsche der Arbeitnehmer des Betriebes sollten die Aktien auch von Arbeitern fremder Unternehmungen erstanden werden können, damit die Arbeiter die Gefühle und Ansichten des ihnen sonst so verhaßten Kapitalisten kennen und verstehen lernen.

Über die weitere Verfolgung dieser Kapitalbeteiligungspläne und ihrer Erfolge wurde seitens der Verwaltung nichts berichtet.

6. „Rhenania", Verein chemischer Fabriken, Aktien-Ges., Aachen[1]).

Die Gesellschaft beteiligte anläßlich einer Kapitalserhöhung im Jahre 1921 ihre Angestellten, indem sie ihnen nominell $1^2/_3$ Millionen M. der neu auszugebenden Aktien zu einem den Ausgabekurs für die

[1]) Vorwärts vom 8. Juni 1921. Eigene Angaben der Firma vom September 1921.

alten Aktionäre (107 v. H.) übersteigenden Ausgabekurs zur Verfügung stellte. Die Aktien wurden einer einjährigen Sperrverpflichtung unterworfen.

Inwieweit die Angestellten von dieser Berechtigung Gebrauch gemacht haben, ist nicht bekannt und wird von der Verwaltung nicht erwähnt.

7. Fabrikationsgesellschaft für Volksbekleidung m. b. H., Breslau[1]).

Die Gesellschaft führte die Kapitalbeteiligung ihrer Arbeiter und Angestellten nach Maßgabe der folgenden Bestimmungen ein:

„§ 1. Das Gesellschafter-Sparsystem wurde von den Gründern und Geschäftsführern, den Herren Max Wenzel und Fritz Siegesmund, geschaffen und zum erstenmal verwirklicht.

Es soll den sozialen Zweck erfüllen, allen unbemittelten, mindestens 20 Jahre alten Arbeitern und Angestellten durch kleine Spareinlagen die Gesellschafterrechte und damit auch die Mitbeteiligung am Reingewinn der Firma „Fabrikationsgesellschaft für Volksbekleidung m. b. H., Breslau“, zu erwerben.

§ 2. Hat der Inhaber dieses Gesellschafter-Sparbuches die Sparsumme von
1000,— M.
in Worten: „Eintausend Mark“ erreicht, so erhält er dafür einen Anteilschein von der Gesellschaft über die gleiche Summe und wird damit durch Beschluß der nächststattfindenden Gesellschafterversammlung vollberechtigter Gesellschafter.

§ 3. Alle vollberechtigten Gesellschafter haben Sitz und Stimmrecht in allen Gesellschafterversammlungen und sind gleichzeitig am Reingewinn der Gesellschaft prozentual ihres Gesellschafterkapitals beteiligt.

§ 4. Das Gesellschaftseinlagekapital darf jederzeit mit Einverständnis der Geschäftsleitung bis zur Höhe von 20 000,— M. erhöht werden und kann auch das Gesellschafter-Sparsystem bis zur Erreichung dieser Summe benutzt werden.

§ 5. Das Spareinlagekapital wird außer der Gewinnberechtigung zu dem jeweiligen Bankzinsfuß verzinst. Eine Weiterveräußerung der Anteilscheine der Gesellschaft an dritte Personen ist nur mit Genehmigung der Geschäftsleitung gestattet.

§ 6. Tritt ein unvorhergesehener Fall ein und der Sparbuchinhaber benötigt die Sparsumme, so wird ihm diese sofort von der Geschäftsleitung zur Verfügung gestellt.

§ 7. Durch Verletzung der Gesellschafts- und Geschäftsgeheimnisse, sowie bei Handlungen, welche die Gesellschaft schädigen, ist die Geschäftsleitung berechtigt, dem Gesellschafter die Gesellschafterrechte zu entziehen und das eingezahlte Stammkapital sofort, spätestens aber innerhalb eines Jahres, zurückzuzahlen.

§ 8. Vorstehende Einrichtung wird von der Gesellschaft getroffen und tritt sofort in Kraft.

Breslau, den 1. August 1920.

Der Vorsitzende des Aufsichtsrats. gez. Unterschrift.

Die Geschäftsleitung. gez. Unterschrift.“

---

[1]) Eigene Angaben der Firma vom Oktober 1920 und 1921.

Außer diesen Bestimmungen, welche den kapitalschwachen Arbeitnehmern die Beteiligung an der Gesellschaft gestatten sollen, sind grundsätzlich sämtliche Arbeiter und Angestellte einschließlich der Heimarbeiter laut Gesellschaftsvertrag berechtigt, Gesellschaftsanteile zu erwerben, um ihnen außer ihrem Lohn auch den Nutzen ihrer Produktionstätigkeit zu gewähren.

Über die Erfahrungen berichtete die Verwaltung im Oktober 1920, daß äußerst günstige Erfolge in bezug auf die Produktionsfähigkeit zu verzeichnen seien. Jeder Arbeitnehmer zeige das größte Interesse an der Gesellschaft, die zugleich seine Gesellschaft sei, so daß die Fabrikation an Qualität und Quantität von Monat zu Monat gehoben wurde. Im weiteren Verlauf waren jedoch anscheinend die Erfolge nicht durchweg weiterhin günstig, da nach einem erneuten Bericht der Verwaltung vom Oktober 1921 die Wirkungen zwar in verschiedener Beziehung gute waren, jedoch derartige Pläne nicht ohne Rückschläge verwirklicht werden könnten. Verschiedentlich soll das Entgegenkommen der Firma seitens der Arbeiter mit Undank und Unzufriedenheit erwidert worden sein.

8. Lederwerke Wiemann, Akt.-Ges., Hamburg[1]).

Die Gesellschaft führte die Kapitalbeteiligung der Arbeitnehmer im Jahre 1919 ein, indem einer Genossenschaft der Angestellten und Arbeiter anläßlich einer Kapitalserhöhung 300 Aktien zum Ausgabekurs käuflich überlassen wurden. Die hierauf entfallende Dividende wird der Genossenschaft vergütet und von dieser nach bestimmten Grundsätzen an die Genossen verteilt. Genosse kann jeder Arbeiter und Angestellte des Betriebes ohne Entrichtung eines besonderen Eintrittsgeldes werden, soweit er das 20. Lebensjahr erreicht hat. Da der Anschaffungswert der Aktien seitens der Genossenschaft nicht ohne weiteres aufgebracht werden konnte, stellte ihr die Gesellschaft das erforderliche Kapital zinsfrei zur Verfügung. Durch Berechnung einer kleinen Amortisationsquote bei Ausschüttung der Dividende an die Genossen sollen die Aktien allmählich gänzlich in den Besitz der Genossenschaft übergehen. Die Anteilsberechtigung an der Dividende wird staffelförmig aufgebaut und richtet sich nach dem Dienstalter der Beschäftigung im Betriebe, sowie nach dem Familienstand. Die Verwaltung des Dividendenfonds unterliegt der Genossenschaft. Der Vorstand der Aktiengesellschaft nimmt an ihr grundsätzlich mit beratender Stimme teil, jedoch ist der Verkauf der Aktien an die Genehmigung der Gesellschaft gebunden.

Für die Verteilung der Dividende und die Verwaltung der übernommenen Aktien sind die nachfolgenden Bestimmungen des Genossenschaftsstatuts maßgebend:

---

[1]) Eigene Angaben der Firma vom Oktober 1920 und 1921.

„§ 27. Aktien der Lederwerke Wiemann A.-G., welche die Genossenschaft erwirbt, sind in der Bilanz höchstens mit dem Preis zu bewerten, zu dem die Genossenschaft sie übernommen hat.

§ 28. 1 v. H. des Reingewinns wird an einen Reservefonds abgeführt, bis der jeweilige Reservefonds den Betrag von 10 000,— M. erreicht.

Von dem Restbetrag erhält jeder Genosse auf sein Geschäftsguthaben 5 v. H. Zinsen.

Der hiernach noch verbleibende Rest wird unter die Genossen nach Beteiligungsziffer verteilt. Die Beteiligungsziffer richtet sich nach der Anzahl der Jahre, während deren der Genosse als Arbeiter oder Angestellter bei den Lederwerken Wiemann A.-G. ununterbrochen tätig ist. Eine durch Kriegsheeresdienst unterbrochene Tätigkeit gilt dabei als nicht unterbrochen. Ein Genosse mit einer Arbeitszeit von 1 bis 10 Jahren hat eine Beteiligungsziffer,
von über 10 Jahren zwei Beteiligungsziffern.

Die Dauer der Arbeitszeit wird auf den 31. Dezember jedes Jahres abgestellt. Bruchteile von Jahren gelten, soweit sie $^1/_2$ Jahr übersteigen als Volljahre, soweit sie $^1/_4$ Jahr übersteigen, gewähren sie $^1/_2$ Beteiligungsziffer, soweit sie unter einem Vierteljahr bleiben, bleiben sie unberücksichtigt. Meinungsverschiedenheiten über die Beteiligungsziffer entscheidet der Aufsichtsrat nach Anhören des Vorstandes der Lederwerke Wiemann A.-G. Gegen die Entscheidung ist Berufung an die nächste Generalversammlung der Genossenschaft zulässig. Der Vorstand hat eine Liste der Beteiligungsziffern spätestens eine Woche vor der über die Gewinnverteilung beschlußfassenden Generalversammlung offenzulegen.

§ 29. Wenn eine Genosse, der zuletzt zwei Beteiligungsziffern hatte, unter Hinterlassung einer Witwe oder eines oder mehrerer Kinder unter 16 Jahren stirbt, so geht das Mitgliedschaftsrecht auf diese als seine gesetzlichen Erben in der Weise über, daß diese gemeinsam in die Rechte ihres Erblassers treten. Im Falle der Wiederverheiratung der Witwe steht von dem Schluß des laufenden Geschäftsjahres ab das Mitgliedschaftsrecht nur noch den genannten Kindern zu. Sind Kinder nicht vorhanden, so erlischt mit dem Ablauf dieses Geschäftsjahres das Mitgliedschaftsrecht.

Das im vorausgehenden Absatz über das Erlöschen Bestimmte gilt entsprechend, wenn das Kind oder die Kinder das 16. Lebensjahr erreichen.

Die Mitgliedschaft erlischt in den Fällen des Absatz 1 und 2 spätestens mit dem Ablauf des dritten auf das Todesjahr des Genossen folgenden Jahres.“

Über die Erfahrungen wurden seitens der Verwaltung keine Angaben gemacht.

9. Rheinisch-Westfälisches Elektrizitätswerk, A.-G. [1]).

Das Unternehmen, welches zum Stinneskonzern gehört, schlug anläßlich einer Kapitalserhöhung im März 1922 die Ausgabe von nominell 25 Millionen M. Namensaktien vor, welche den Arbeitnehmern des Werkes angeboten werden sollten. Die Aktien sollten gleichmäßig mit den Stammaktien bis zu 5 v. H. Dividende erhalten, darüber hinaus jedoch nur zwei Zehntel des Gewinnanteils, der für die Stammaktien über 5 v. H. hinaus entfällt.

---

[1]) Handelszeitung des Berliner Tageblatts Nr. 130 vom 17. März 1922, und Nr. 197 vom 27. April 1922.

In der Generalversammlung vom 27. April 1922 wurde daraufhin beschlossen, von den 245 Millionen M. neu auszugebender Namensaktien 25 Millionen einer „Rheinisch-Westfälischen Treuhand-Gesellschaft“ zu überlassen, welche sie den Arbeitern und Angestellten zum Übernahmekurs von 108 v. H. anbieten soll. Ob diese Treuhand-Gesellschaft in ähnlicher Form wie bei der Friedrich Krupp A.-G. beabsichtigt ist, geht aus der Veröffentlichung nicht hervor.

10. Sinner-Aktien-Gesellschaft, Karlsruhe[1]).

Die Gesellschaft beteiligte ihre Arbeitnehmer an dem Kapital anläßlich der letzten Kapitalserhöhung im Dezember 1921 und gewährte den Arbeitern und Angestellten, welche mindestens 10 Jahre im Betriebe tätig waren, ein bestimmtes Bezugsrecht zum Ausgabekurs von 120 v. H. Die Aktien wurden einer dreijährigen Sperre unterworfen, nach deren Ablauf sie den Berechtigten zur freien Verfügung bleiben, auch wenn sie aus der Firma ausscheiden.

Die Verwaltung äußerte in ihrem Geschäftsbericht, daß sie sich von dieser Neuerung im Interesse aller Beteiligten Gutes verspräche. Das Bezugsrecht wurde von den Arbeitern und Angestellten ausnahmslos ausgeübt.

11. Polyphonwerke Aktien-Gesellschaft Wahren b. Leipzig[2]).

Die Gesellschaft führte die Kapitalbeteiligung der Beamten und Angestellten im April 1922 anläßlich einer Kapitalserhöhung ein und gewährte ihnen auf nominell 400 000 M. junger Aktien ein Bezugsrecht.

Über die näheren Ausgabebedingungen wurden seitens der Verwaltung keine Angaben gemacht.

12. Reudener Ziegelwerke vorm. Dehnert, Akt.-Ges., Reuden b. Zeitz[3]).

Anläßlich einer Kapitalserhöhung der Gesellschaft im April 1922 wurde von einem Teil der jungen Aktien in Höhe von nominell 500 000 M. den älteren Beamten und Angestellten des Unternehmens ein kleinerer Posten zum Kurse von 200 v. H. zur Verfügung gestellt.

13. Friedr. Krupp Aktien-Gesellschaft, Essen[4]).

Durch Beschluß der Generalversammlung der Firma vom 19. Dezember 1921 wurde den Werksangehörigen die Möglichkeit eröffnet, sich

[1]) Handelszeitung des Berliner Tageblatts Nr. 136 vom 21. März 1922. Eigene Angaben der Firma vom April 1922.

[2]) Frankfurter Zeitung Nr. 278 vom 13. April 1922. Eigene Angaben der Firma vom April 1922.

[3]) Frankfurter Zeitung Nr. 278 vom 13. April 1922. Eigene Angaben der Firma vom April 1922.

[4]) Goldschmidt, a. a. O., S. 22 bis 31, 1922. Wirtschaftsdienst, Nr. 2, 1922. B. Z. am Mittag, Nr. 79 vom 20. März 1922. Berliner Tageblatt vom 23. April 1922. Eigene Angaben der Firma vom Januar 1922.

im Rahmen des geltenden Aktienrechts am Grundkapital und damit am Gewinn der Firma zu beteiligen. Zur Vermittlung dieser Beteiligung ist ein besonderer Verein, die „Kruppsche Treuhand", gegründet. Nach den Beschlüssen der Firma und den vom Verein mit ihr getroffenen Abreden wird sich die Beteiligung folgendermaßen gestalten:

Die Firma gibt neue Aktien aus (Vorzugsaktien Gruppe D), die eine möglichst gute und sichere Kapitalsanlage sein sollen und daher mit besonderen Vorrechten ausgestattet sind. Diese Aktien erhalten aus dem Jahresgewinn der Firma einen Gewinnanteil von 6 v. H. vorweg, ehe auf die übrigen Aktien ein Gewinn ausgeschüttet werden darf. Sollte in einem Jahre der Gewinn zur Zahlung dieser Dividende nicht ausreichen, so wird der ausfallende Betrag in dem nächsten Gewinnjahre nachgezahlt, und die übrigen Aktionäre erhalten erst dann etwas, wenn auch diese Nachzahlung an die Vorzugsaktionäre erfolgt ist. Gestattet der Gewinn der Firma die Verteilung einer höheren Dividende als 6 v. H. für alle Aktien, so sind dabei die Vorzugsaktien den anderen Aktien gleichberechtigt; wird z. B. an letztere 8 v. H. Gewinn verteilt, so bekommen auch die Vorzugsaktien zu ihren 6 v. H. noch weitere 2 v. H. Jedoch ist hier eine Grenze nach oben angesetzt: mehr als 10 v. H. jährlich werden an die Vorzugsaktien Gruppe D nicht ausgeschüttet. Diese Beschränkung ist als ein gewisser Ausgleich gegen die sonstige Bevorzugung in der Gewinnverteilung anzusehen.

Bei Auflösung oder Liquidation der Gesellschaft werden die Vorzugsaktien mit 110 v. H. vorweg zurückgezahlt. In allen anderen Beziehungen, insbesondere für das Stimmrecht in der Generalversammlung, stehen sie jedoch den Aktien der Gruppe C der Gesellschaft gleich. Der Ausgabekurs beträgt 106 v. H. Die Vorzugsaktionäre haben das Recht, einen Vertreter als vollberechtigtes Mitglied in den Aufsichtsrat der Gesellschaft zu entsenden.

Die Aktien werden von der Firma nicht unmittelbar an die einzelnen Werksangehörigen ausgegeben, sondern an den Verein „Kruppsche Treuhand". Wer Aktien haben will, muß Mitglied des Vereins werden; dazu ist jeder berechtigt, der fünf Jahre lang Kruppscher Werksangehöriger ist. Die Anmeldung zur Mitgliedschaft erfolgt bei den Zeichnungsstellen unter Verwendung besonderer Vordrucke zugleich mit der Zeichnung der Aktien. Im Zeichnungsschein wird dem Verein der Auftrag erteilt, für den Zeichner die gewünschte Anzahl Aktien zu erwerben. Mehr als 500 Stück können von einem Vereinsmitgliede nicht gezeichnet werden. Die Aktien werden auf den Namen des Vereins ausgestellt, und der Verein gibt dem Mitglied eine Bescheinigung darüber, daß er bestimmte Aktien, deren Nummern aufgeführt werden, für Rechnung des Mitglieds besitzt. Durch Vermittlung des Vereins wird auch die Dividende gezahlt.

Das Rechtsverhältnis wurde im einzelnen durch nachstehende Satzungen des Vereins „Kruppsche Treuhand“ geregelt:

„Satzung der Kruppschen Treuhand.

§ 1. Name und Sitz. Der Verein führt den Namen

Kruppsche Treuhand.

Er soll in das Vereinsregister eingetragen werden; mit der Eintragung erhält sein Name den Zusatz „Eingetragener Verein“.

§ 2. Zweck. Der Zweck des Vereins ist, im Auftrage und für Rechnung seiner Mitglieder Aktien der Friedr. Krupp Aktiengesellschaft in Essen zu erwerben und als gemeinschaftlicher Treuhänder seiner Mitglieder gemäß den Beschlüssen des Vereins unentgeltlich zu verwalten.

Ein wirtschaftlicher Geschäftsbetrieb findet nicht statt.

§ 3. Mitglieder. Mitglieder des Vereins können werden

1. Personen, die mindestens fünf Jahre in einem Dienst- oder Arbeitsverhältnis zu der Friedr. Krupp A.-G. in Essen stehen;

2. Personen, die mindestens fünf Jahre in einem Dienst- oder Arbeitsverhältnis zu einem mit der Friedr. Krupp A.-G. verbundenen Unternehmen stehen, sofern der Vereinsvorstand die Zulassung der Angehörigen des Unternehmens beschließt;

3. Witwen und minderjährige Kinder der zu 1. und 2. bezeichneten Personen, wenn sie diese beerbt haben; volljährige Kinder können vom Vorstand zugelassen werden.

Der Beschluß über die Zulassung von Angehörigen eines verbundenen Unternehmens (Nr. 2) bedarf der Zustimmung der Friedr. Krupp A.-G.; er kann mit der gleichen Zustimmung wieder aufgehoben werden.

Mitglied kann nur werden, wer gleichzeitig gemäß den vom Vorstand aufgestellten Bestimmungen zum Verein in ein Treuhandverhältnis für mindestens eine Aktie der Friedr. Krupp A.-G. tritt.

Auch die Friedr. Krupp A.-G. kann Mitglied werden; Aktien können jedoch für sie nicht erworben werden.

§ 4. Erwerb der Mitgliedschaft. Über die Aufnahme von Mitgliedern entscheidet der Vorstand.

Die Aufnahme ist — vorbehaltlich der Bestimmung des § 3 Nr. 3, Satz 2 — allen Personen zu gewähren, bei denen die Voraussetzungen des § 3 erfüllt sind und kein Grund vorliegt, der die Entziehung der Mitgliedschaft rechtfertigen würde.

Lehnt der Vorstand die Aufnahme ab, so entscheidet auf Anrufen des Antragstellers der Beschwerdeausschuß (§ 12).

§ 5. Beendigung der Mitgliedschaft. Die Mitgliedschaft endet

1. durch Tod des Mitgliedes;

2. durch Austritt; die Erklärung des Austritts ist jederzeit zulässig; sie hat schriftlich zu erfolgen;

3. durch Wegfall einer der in § 3 bezeichneten Voraussetzungen. Die Mitgliedschaft bleibt jedoch bestehen, wenn das Mitglied aus den Diensten der Friedr. Krupp A.-G. oder des verbundenen Unternehmens (§ 3 Nr. 2) durch Pensionierung ausscheidet oder wenn der Vorstand mit Zustimmung der Friedr. Krupp A.-G. es genehmigt;

4. bei Witwen (§ 3 Nr. 3) durch Wiederverheiratung;

5. durch Entziehung.

§ 6. Entziehung der Mitgliedschaft. Die Mitgliedschaft kann entzogen werden

1. bei Mitgliedern, die nicht in Diensten der Friedr. Krupp A.-G. oder eines verbundenen Unternehmens (§ 3 Nr. 2) stehen, wenn dazu ein nach dem Ermessen des Vorstandes wichtiger Grund vorliegt;

2. bei den übrigen Mitgliedern, wenn sie die Interessen des Vereins, der Friedr. Krupp A.-G. oder ihrer Aktionäre erheblich verletzen.

Bei der Entziehung hat der Verein das Treuhandverhältnis zu dem Mitglied abzulösen.

Über die Entziehung beschließt der Vorstand nach Anhörung des Mitglieds mit Zweidrittelmehrheit.

Gegen den Beschluß ist Beschwerde zulässig. Sie ist schriftlich innerhalb einer Woche nach der Bekanntgabe des Beschlusses bei dem Vorstande einzulegen; über die Beschwerde entscheidet der Beschwerdeausschuß (§ 12).

§ 7. Beiträge. Vereinsjahr. Die Mitglieder sind zur Leistung von Beiträgen nicht verpflichtet.

Das Vereinsjahr läuft vom 1. Juli bis 30. Juni.

§ 8. Vorstand. Der Vorstand besteht aus drei bis fünf Vereinsmitgliedern der in § 3 Nr. 1 bezeichneten Art.

Er wird von der Mitgliederversammlung gewählt. Die Wahl von Ersatzmitgliedern ist zulässig.

Die Amtszeit des Vorstandes dauert bis zum Ablauf des dritten auf seine Wahl folgenden Kalenderjahres. Die Amtszeit des ersten von den Gründern des Vereins bestellten Vorstandes endet mit dem Schluß der alsbald von ihm zu berufenden ersten Mitgliederversammlung.

Das Amt als Vorstandsmitglied endet, wenn die Voraussetzungen der Wählbarkeit wegfallen oder die Mitgliederversammlung die Abberufung beschließt.

§ 9. Geschäftsführung und Vertretung. Der Vorstand wählt seinen Vorsitzenden und dessen Stellvertreter.

Der Vorsitzende und sein Stellvertreter sind je in Gemeinschaft mit einem weiteren Vorstandsmitglied zur Vertretung des Vereins berechtigt.

Der Vorstand regelt unter Zustimmung der Friedr. Krupp A.-G. das Treuhandverhältnis des Vereins zu seinen Mitgliedern hinsichtlich der Aktien der Friedr. Krupp A.-G. Die Regelung muß allen Mitgliedern gegenüber gleichmäßig sein. Einem einzelnen Mitglied gegenüber darf ein Treuhandverhältnis nicht für mehr als 500 Aktien eingegangen werden.

Der Vorstand nimmt die Rechte und Pflichten des Vereins aus den Treuhandverträgen mit seinen Mitgliedern wahr. Er verwaltet die auf den Namen des Vereins stehenden Aktien und vertritt sie in der Generalversammlung. Bei Ausübung des Stimmrechts aus den Aktien ist er an die Beschlüsse der Mitgliederversammlung gebunden; soweit nach § 11 Abs. 4 dieser Satzung erforderlich, hat er die Vertretung bestimmter Aktien einem seiner Mitglieder zu übertragen.

Der Vorstand erhält für seine Amtsführung keine Vergütung.

§ 10. Berufung der Mitgliederversammlung. Mitgliederversammlungen finden nach Bedürfnis, mindestens einmal jährlich vor der ordentlichen Generalversammlung der Friedr. Krupp A.-G. statt; Mitglieder, die den zehnten Teil der Stimmen vertreten, können unter schriftlicher Angabe des Zweckes und der Gründe jederzeit eine Berufung der Mitgliederversammlung verlangen.

Die Mitgliederversammlung wird vom Vorstand berufen. Die Berufung erfolgt durch die Kruppschen Mitteilungen mit einer Frist von wenigstens fünf Tagen, den Tag der Ausgabe eingerechnet.

§ 11. Beschlußfassung der Mitgliederversammlung. Der Vorsitzende des Vorstands oder sein Stellvertreter, bei ihrer Abwesenheit das dem Lebensalter nach älteste Mitglied des Vorstandes, führt in der Mitgliederversammlung den Vorsitz.

Jedes Mitglied hat so viel Stimmen, als der Verein für das Mitglied Aktien der Friedr. Krupp A.-G. besitzt, mindestens aber eine Stimme.

Ein Mitglied kann sich durch ein anderes Mitglied auf Grund schriftlicher Vollmacht vertreten lassen; der Vorstand kann einen anderen Nachweis der Bevollmächtigung zulassen.

Die Versammlung faßt ihre Beschlüsse, soweit nicht in dieser Satzung ein anderes bestimmt ist, mit einfacher Mehrheit der abgegebenen Stimmen; im Falle der Stimmengleichheit entscheidet die Stimme des Vorsitzenden, bei Wahlen das Los. Mitglieder, die wenigstens ein Viertel der anwesenden Stimmen vertreten, sind berechtigt zu verlangen, daß

a) Wahlen nach den Grundsätzen der Verhältniswahl vorgenommen werden;
b) ein Mitglied des Vorstandes in der Generalversammlung der Friedr. Krupp A.-G. das Stimmrecht aus den Aktien, die der Verein als Treuhänder dieser Mitglieder besitzt, abweichend von dem Mehrheitsbeschluß der Mitgliederversammlung im Sinne der Minderheit ausübt.

Zur Abberufung von Vorstandsmitgliedern, die durch Verhältniswahl gewählt sind, bedarf es einer Mehrheit von mehr als drei Vierteln der abgegebenen Stimmen.

Über die Beschlüsse der Mitgliederversammlung wird eine Niederschrift aufgenommen; sie ist von dem Vorsitzenden und einem von ihm bezeichneten weiteren Vorstandsmitglied zu unterzeichnen.

Der Vorstand kann eine Geschäftsordnung für die Mitgliederversammlung erlassen.

§ 12. Vereinsausschüsse. Die Mitgliederversammlung wählt zur Entscheidung über die in § 4 Abs. 3 und § 6 Abs. 4 bezeichneten Beschwerden einen Ausschuß von fünf Mitgliedern und für jedes Mitglied einen Ersatzmann. (Beschwerdeausschuß.) Mitglieder des Vorstandes können dem Ausschuß nicht angehören. Die Vorschriften des § 8 Abs. 3 und 4 gelten entsprechend.

Der Vorstand kann Ortsausschüsse des Vereins errichten; er bestimmt das Nähere über ihre Zusammensetzung und Tätigkeit.

§ 13. Änderung der Satzung. Auflösung des Vereins. Zu einem Beschluß, der eine Änderung der Satzungen enthält, ist eine Mehrheit von drei Vierteln der abgegebenen Stimmen und die Zustimmung der Friedr. Krupp A.-G. erforderlich; das gleiche gilt für einen Beschluß auf Auflösung des Vereins.

Bei der Auflösung ist das etwa vorhandene Vermögen einer Wohlfahrtseinrichtung der Friedr. Krupp A.-G. zuzuweisen; über die Zuweisung beschließt der Vorstand.

§ 14. Schiedsgericht. Für Ansprüche, die auf Grund dieser Satzung oder des vom Verein mit den Mitgliedern eingegangenen Treuhandverhältnisses erhoben werden, und für Streitigkeiten über Auslegung und Anwendung dieser Satzung ist unter Ausschluß des Rechtswegs ein Schiedsgericht zuständig. Beide Streitteile bestellen aus den Mitgliedern des Vereins je einen Schiedsrichter; diese wählen einen Obmann; der Obmann braucht nicht Mitglied des Vereins zu sein. Sollten sich die Schiedsrichter über den Obmann nicht einigen können, so soll der Landgerichtspräsident in Essen um seine Benennung ersucht werden.

Errichtet am 15. Dezember 1921."

Zur Durchführung des treuhänderischen Erwerbes der Vorzugsaktien durch die Kruppsche Treuhand für die einzelnen Mitglieder wurde gleichzeitig durch den ersten Vorstand des Vereins „Kruppsche Treuhand" der nachfolgende „Treuhandvertrag" formuliert:

„Treuhandvertrag.

§ 1. Die Kruppsche Treuhand erwirbt im Auftrag und für Rechnung ihrer einzelnen Mitglieder als deren Treuhänder Vorzugsaktien der Friedr. Krupp A.-G. in Essen (Aktien Gruppe D) und verwaltet sie gemäß den nachstehenden Bestimmungen und den Vorschriften der Vereinssatzung.

Der Auftrag kann für eine beliebige Zahl von Aktien bis zur Höchstzahl von 500 Stück erteilt werden.

§ 2. Das auftragerteilende Mitglied ist verpflichtet, der Treuhand den Erwerbspreis der Aktien innerhalb einer Woche nach Annahme des Auftrags zu zahlen; soweit die Einzahlungen auf die Aktien an die Friedr. Krupp A.-G. erst später zu leisten sind, hat die Zahlung spätestens an diesen Einzahlungsterminen zu erfolgen.

Das Mitglied hat der Treuhand auch alle Aufwendungen zu erstatten, die sie auf die Aktien oder auf Grund des Besitzes derselben etwa zu machen hat.

§ 3. Die Treuhand erwirbt für Rechnung des Mitglieds die Aktien in eigenem Namen; sie wird als Aktionär in das Aktienbuch der Friedr. Krupp A.-G. eingetragen.

Sie erteilt dem Mitglied ein Besitzzeugnis über die Aktien unter Angabe ihrer Nummer.

§ 4. Die Treuhand führt an das Mitglied alle Zahlungen ab, die sie auf die Aktien als Gewinnanteil, Liquidationserlös oder aus einem sonstigen Rechtsgrunde erhält. Eine Übertragung der Aktien selbst an das Mitglied findet nicht statt.

§ 5. Die Treuhand verwaltet die Aktien, die sie auf Grund von Treuhandverträgen mit ihren Mitgliedern besitzt, und übt das Stimmrecht aus; sie verfährt dabei unter Ausschluß von Anweisungen durch ein einzelnes Mitglied gleichmäßig und einheitlich gemäß den Beschlüssen der Mitgliederversammlung und den Bestimmungen der Vereinssatzungen.

§ 6. Mehrere Mitberechtigte können die Rechte aus dem Treuhandverhältnis nur durch einen gemeinschaftlichen Vertreter ausüben. Die Treuhand kann Willenserklärungen an einen der mehreren Berechtigten mit der Wirkung richten, daß sie allen Mitberechtigten gegenüber gelten.

§ 7. Die Rechte und Pflichten aus diesem Vertrage gehen auf die Erben des Mitglieds über.

Das Mitglied kann seine Rechte aus diesem Vertrage an ein anderes Mitglied abtreten. Die Abtretung der für eine Aktie bestehenden Rechte an mehrere Personen oder die Teilung dieser Rechte unter mehrere Personen ist unzulässig.

Die Abtretung bedarf zu ihrer Wirksamkeit der Genehmigung der Treuhand; die Genehmigung darf nur versagt werden, wenn die Abtretung unzulässig ist. Zur Einholung der Genehmigung ist die Abtretung unter Vorlage des Besitzzeugnisses der Treuhand vom Veräußerer schriftlich anzumelden.

Ist eine Mitgliederversammlung der Treuhand einberufen, so darf eine Abtretung erst nach Beendigung der Versammlung genehmigt werden.

Zur Verpfändung der Rechte aus diesem Vertrage genügt statt der Genehmigung der Treuhand die Anzeige an sie durch das Mitglied; auf ein so gestelltes Pfandrecht finden die Vorschriften der §§ 1281, 1282 Abs. 1, Satz 3 und § 1283 Abs. 2 des BGB. keine Anwendung; die Treuhand kann stets dem Pfandgläubiger allein Zahlung leisten oder eine Kündigung aussprechen.

§ 8. Das Treuhandverhältnis endet

1. wenn die Aktien, für die es besteht, eingezogen werden;

2. wenn das Mitglied in Konkurs gerät oder unter Geschäftsaufsicht gestellt wird;

3. wenn die Treuhand kündigt. Die Kündigung ist zulässig, wenn das Mitglied

a) seiner Einzahlungspflicht nicht pünktlich nachkommt;

b) nicht mehr Mitglied der Treuhand ist. Ist die Mitgliedschaft durch Tod erloschen, so wird die Treuhand die Kündigung in der Regel insoweit nicht aussprechen, als innerhalb von zwei Monaten die Witwe oder minderjährige Kinder Mitglied der Treuhand geworden sind und erklärt haben, das Treuhandverhältnis fortsetzen zu wollen. Solange die Treuhand nicht kündigt, gelten die Bestimmungen dieses Vertrages unverändert fort;

c) In der Verfügung über die Rechte aus diesem Vertrage beschränkt wird (Pfändung, einstweilige Verfügung, Anordnung einer Nachlaßverwaltung usw.).

Innerhalb eines Monats nach Beendigung des Treuhandverhältnisses hat die Treuhand ihren Verpflichtungen an das Mitglied durch Zahlung des auf die Aktien eingetragenen Betrages nebst einem Zuschlag von 5 v. H., auf das Jahr gerechnet, für die Zeit seit Beginn des laufenden Geschäftsjahres abzulösen; ist der Gewinnanteil für das abgelaufene Geschäftsjahr noch nicht ausgeschüttet, so wird er nach Ausschüttung an das Mitglied nachträglich abgeführt. Die Zahlung erfolgt nur gegen Rückgabe des Besitzzeugnisses. Ist das Mitglied zur Rückgabe außerstande, so hat es auf seine Kosten die notariell beglaubigte Erklärung abzugeben, daß seine Rechte an den Verein erloschen sind.

Stirbt das Mitglied, so können innerhalb zweier Monate die Erben von der Treuhand die Ablösung des Treuhandverhältnisses gemäß den vorstehenden Bestimmungen verlangen; im übrigen ist eine Kündigung gegenüber der Treuhand ausgeschlossen. Wünscht jedoch das Mitglied das Treuhandverhältnis zu beenden, so wird die Treuhand durch Ablösung gemäß den vorstehenden Bestimmungen dem Wunsche nach Möglichkeit entsprechen; sie wird Vorsorge treffen, daß sie hierzu tunlichst jederzeit in der Lage ist.

§ 9. Für Streitigkeiten aus diesem Vertrage ist unter Ausschluß des Rechtsweges das in § 14 der Vereinssatzungen vorgesehene Schiedsgericht ausschließlich zuständig.“

Der vorliegende Plan der Gewinn- und Kapitalbeteiligung durch Erwerb von Vorzugsaktien fand jedoch bei der Belegschaft der Gesellschaft nicht den erwarteten Erfolg. Die Gruppenräte (Betriebsrat, Arbeiter-, Angestelltenrat) sprachen sich aus grundsätzlichen Rücksichten ebenso einmütig gegen die beabsichtigte Beteiligung aus, wie die Vertreter des Bundes der technisch-industriellen Beamten, während die Ablehnung durch die christlichen Gewerkschaften nicht den Gedanken der Kapitalbeteiligung selbst, sondern seine ohne vorheriger Fühlungnahme mit den Arbeitnehmern erfolgte Durchführung betraf.

Die Entschließungen lauteten im einzelnen:

Von seiten der Gruppenräte:

„Der Gedanke einer Aktienbeteiligung durch Arbeiter und Angestellte ist nicht neu. Schon vor Jahren, als nach dem Zusammenbruch der Gedanke an Boden gewann, daß die Weiterführung der Wirtschaft in Zukunft nicht mehr privatwirtschaftlich, sondern nur gemeinwirtschaftlich möglich sei, traten namhafte Vertreter der Industrie mit dem Problem einer Aktienbeteiligung an die Öffentlichkeit. Von allen sozialpolitisch geschulten Führern der Arbeiter und Angestellten ist die Sache damals als eine die Interessen der Arbeitnehmer schädigende gekennzeichnet worden. Auch wir können keinen anderen Standpunkt bei der Beurteilung des Vorhabens der Firma Friedr. Krupp A.-G. einnehmen. Ganz abgesehen davon, daß der Einfluß der Aktienbesitzer aus Arbeitnehmerkreisen auf den Gang des Unternehmens gleich Null ist, sehen wir in der Verwirklichung eine schwere Schädigung der gesamten Arbeitnehmerinteressen. Es kann keineswegs zu einer gesunden Entwicklung in der Wirtschaft führen, wenn aus den Reihen der Arbeitnehmer eine Anzahl Leute nun ebenfalls als Teilunternehmer anzusehen sind. Dadurch werden Interessengegensätze geschaffen, die zur schweren Schädigung der Gesamtheit der Arbeitnehmer führen müssen. Das Solidaritätsgefühl, welches wir für die arbeitenden Klassen unumgänglich notwendig halten, würde einen harten Stoß erleiden und somit den Platz, den die Hand- und Kopfarbeiter auf Grund ihrer Bedeutung im Wirtschaftsleben innehaben müßten, noch mehr gefährden. Wir müssen mithin gemäß unserem Pflichtgefühl und in Erwägung der schweren Schädigungen, die durch die Beteiligung an dem Unternehmen für die Arbeiterschaft entsteht, den von uns vertretenen Schichten der Arbeitnehmer von einer Beteiligung entschieden abraten."

Die Vertreter des Bundes der technisch-industriellen Beamten lehnten das Vorgehen der Firma gleichfalls entschieden ab. Bei objektiver Betrachtung verfolge die Firma nicht den Zweck, Arbeiter und Angestellten zu helfen, sondern ihre ureigensten Interessen. Die Firma habe stets verstanden, infolge ihrer Wohlfahrtseinrichtungen sich den Anschein eines sozialen Arbeitgebertums zu geben, und wolle durch die Herausgabe eines Teils von Aktien durch die Kruppsche Treuhand die notwendige Erhöhung des Aktienkapitals auf diesem Wege durchführen. Dadurch, daß die Aktien nicht in den Börsenverkehr gebracht werden sollen, glaube die Firma den bisherigen Charakter des Unternehmens als Familienbesitz trotz der äußeren Form der Aktiengesellschaft wahren zu können. Der Einfluß der Aktienbesitzer aus Arbeitnehmerkreisen auf den Gang des Unternehmens sei trotz der Vertreter im Aufsichtsrat gleich Null. Es wird zu keiner gesunden Entwicklung der Wirtschaft führen, wenn ein Teil der Werksangehörigen sich nun ebenfalls als „Mitbesitzer" fühle. Das so notwendige Zusammengehörigkeitsgefühl der Arbeiterschaft würde dadurch arg gefährdet werden. Die Wirkung der Gewinnbeteiligung der Werksangehörigen würde sein, daß die Arbeiterschaft ihr eigener Antreiber würde. Der Gedanke der Gewinnbeteiligung oder Kleinaktien ist nicht neu. Die Arbeiterschaft hat sich stets in entschiedener Weise dagegen ausgesprochen. An Stelle des heutigen modernen Kapitalismus will man den Massenkapitalismus setzen, um den auf Grund der geschichtlichen Entwicklung notwendigen Änderungen unseres Wirtschaftslebens, der kapitalistischen Wirtschaftsweise, eine künstlich längere Lebensdauer zu geben.

Gegenüber dieser radikalen Ablehnung der Kapitalbeteiligung, die gleich der Entschließung der Gruppenräte die Beteiligung auf Grund ihres individualistischen Prinzips dem Gedanken der Einheitsfront der Arbeitnehmer opferte, lauteten die Ausführungen der christlichen Gewerkschaften wie folgt:

„Die Arbeitnehmer der Kruppschen Gußstahlfabrik haben durch die Tagespresse und später durch die Kruppschen Mitteilungen von dem Vorhaben der Friedr. Krupp A.-G., einem Teil der Werksangehörigen den Bezug von Vorzugsaktien zu ermöglichen, Kenntnis bekommen. Zu ihrem großen Befremden sehen sich die Arbeitnehmer der Kruppschen Gußstahlfabrik durch diese Art der Veröffentlichung vor vollendete Tatsachen gestellt, indem es die Werkleitung völlig unterlassen hat, durch vorherige Rücksprache mit den Vertretern der Arbeitnehmerschaft eine vielleicht befriedigendere Regelung der Aktienbeteiligung zu versuchen. Die vorhandene Betriebsvertretung wäre der für die Erörterung der Angelegenheit geeignete Ort gewesen. Bei richtiger Inangriffnahme und zweckentsprechender Beteiligung der Arbeitnehmerorganisationen erscheint uns der neue Versuch, die Arbeitnehmer durch Aktien an der Wirtschaft zu beteiligen, als immerhin bedeutsam und daher reiflicher Prüfung wert. Der von der Friedr. Krupp A.-G. veröffentlichte Treuhandvertrag und die Satzungen der „Kruppschen Treuhand" sind jedoch in der vorliegenden Form unannehmbar und müßten in wesentlichen Punkten umgeändert werden. Insbesondere ist die Voraussetzung einer fünfjährigen Werkszugehörigkeit für die Mitgliedschaft bei der Treuhand abzuweisen. Ferner müßte die Vertretung der Arbeitnehmeraktien im Aufsichtsrat der Firma, in der Generalversammlung und in der Treuhand auch Nichtwerksangehörigen durch die Satzung ermöglicht werden. Weiter bergen die Treuhandsatzungen in ihren §§ 4, 5 und 6 erschwerende Bestimmungen, die je nach Zusammensetzung des Vorstandes dem Treuhandmitglied die freie und offene Vertretung der Mitgliederinteressen unmöglich machen können. Bevor die Ausgestaltung der Werksaktien und die Satzung der Treuhand nicht grundlegend im Sinne dieser vorläufigen Stellungnahme und durch Verhandlungen mit der Arbeitnehmervertretung geändert sind, vermag der Betriebsrat der Kruppschen Gußstahlfabrik den Werksangehörigen den Bezug der Vorzugsaktien nicht zu empfehlen."

Diese durchweg ablehnende Haltung der Arbeitnehmervertretungen der Gesellschaft scheint den Erfolg der Zeichnung der Arbeitnehmeraktien sehr ungünstig beeinflußt zu haben. Bis zum 15. Februar 1922 waren von 1845 Zeichnern zusammen nom. 28 Millionen M. gezeichnet, während in der Generalversammlung vom 23. April 1922 insgesamt 29,1 Millionen M. vertreten waren. Im Durchschnitt entfallen bei obigen Beträgen nom. 14 500,— M. auf jeden Zeichner, so daß kleinere Zeichnungen nur in geringem Maße erfolgt sein dürften.

2. Kapitalbeteiligungsbetriebe, in denen die Beteiligung abgeschafft wurde.

1. W. Borchert jr., Messingwerke, Berlin[1]).

Das Unternehmen, welches am Schlusse des Jahres 1867 neben einer Gewinnbeteiligung (vgl. Teil I, Abschn. 2) auch eine Kapitalbeteiligung der Angestellten und Arbeiter eingeführt hatte, zerlegte das Kapital der Firma im Werte von 900 000,— M. in 6000 Anteilscheine zu je

---

[1]) Materialangabe in Teil I, Abschn. 2.

150,— M., deren allmählicher käuflicher Erwerb durch die Arbeitnehmer geplant war. Dieser Plan der Zerlegung des Geschäftskapitals in Anteile und die damit verbundene Möglichkeit des völligen Überganges der Fabrik in die Hände der Arbeitnehmer mußte jedoch schon in den ersten Jahren seiner praktischen Verwirklichung aufgegeben werden, da der Besitzer des Unternehmens, W. Borchert, notwendigerweise auch weiterhin in der Führung des Unternehmens nicht beschränkt bleiben konnte. Die Kapitalbeteiligung wurde deshalb derart abgeändert, daß den Arbeitern und Angestellten gestattet wurde, Einlagen in Beträgen von mindestens 75,— M. zur Verfügung zu stellen, mit welchen sie an dem Ertrage des Unternehmens teilnahmen. Für die Sicherheit dieser Einlagen haftete Borchert mit seinem gesamten Vermögen. Am Schlusse des Jahres 1872 waren von etwa 130 Arbeitnehmern 57 mit 39 645,— M., oder durchschnittlich 700,— M., an dem Geschäftskapital des Unternehmens beteiligt.

Anläßlich der Umwandlung des Unternehmens in die Aktien-Gesellschaft „Neue Berliner Messingwerke (vorm. W. Borchert jr.)" im Jahre 1873 wurde auch diese Kapitalbeteiligung erneut abgeändert und nunmehr eine Kollektivbeteiligung der Arbeitnehmer dadurch geschaffen, daß von den Aktien 150 000,— M. nominell einer zugunsten der Arbeiter und Angestellten errichteten Stiftung überwiesen wurden, während daneben die bisherige Kapitalbeteiligung durch Einlagen der Arbeitnehmer als dauernde Einrichtung beibehalten werden sollte. Die Stiftung gewährte den Arbeitern und Angestellten mit einem Jahreseinkommen von weniger als 3000,— M. verschiedene Vergünstigungen, wie Sparprämien, Alterszulagen, Pensionen usw. aus den Erträgnissen der Dividende der der Stiftung gehörigen Aktien. Die Stiftung übernahm ferner auch die Garantieleistung der Kapitaleinlagen der stiftungsberechtigten Arbeitnehmer. Das Kuratorium der Stiftung bestand aus 7 Personen, von denen zwei den stiftungsberechtigten Arbeitnehmern und einer dem Kreise der Angestellten entnommen wurden. Der erste Abschluß der neuen Aktien-Gesellschaft wies im Jahre 1874 30 Kapitalbeteiligte mit einem Gesamtanteil von 22 500,— M. aus.

Im August des Jahres 1878 ging die Aktien-Gesellschaft wieder in den Besitz des früheren Inhabers W. Borchert über, wobei zwar die Stiftung für die Arbeiter und Angestellten aufrechterhalten blieb, jedoch die Kapitaleinlagen abgeschafft wurden. Die Abschaffung begründete Borchert in einem Schreiben an die Redaktion des „Arbeiterfreundes" vom 25. Januar 1882 damit, „daß eine durch die Zeitumstände herbeigeführte kühlere Betrachtung der tatsächlichen Resultate seiner mit der Partnershipbeteiligung versuchten Fürsorge für das Wohl seiner Arbeiter das Resultat hatte, daß er auf diese nicht wieder zurückkam und diese Einrichtung für ihn definitiv beseitigt blieb".

2. Aktien-Gesellschaft Weberei Hasel, Hasel i. Baden[1]).

Die Gesellschaft hatte gleichzeitig mit der Einführung einer Gewinnbeteiligung (vgl. Teil I, Gewinnbeteiligung) im Jahre 1872 bei der Begründung der Gesellschaft 20 v. H. des Aktienkapitals von 100 000 süddeutschen Gulden für die Arbeiter des Unternehmens reserviert. Die Arbeiter konnten satzungsgemäß auch Vertreter in den Aufsichtsrat entsenden. Schon nach zwei Jahren mußte jedoch das Kapital auf 70 000 Gulden herabgesetzt werden, da die Aktien nicht voll untergebracht werden konnten. Ob die nicht abgenommenen 30 000 Gulden Aktien im wesentlichen von den für die Arbeiter reservierten herstammten, ist aus der Literatur zwar nicht ersichtlich, darf jedoch wohl angenommen werden. Im Jahre 1877 wurden Kapital- und Gewinnbeteiligung eingestellt, da das Unternehmen sich infolge völliger Erträgnislosigkeit während des gesamten Zeitraumes auflöste. Die Schuld dieses Mißerfolges soll auf seiten der Gründer des Unternehmens liegen, denen jegliche Sachkenntnis mangelte.

3. K. F. Moeller, Eisengießerei[2]).

Das Unternehmen gestattete seit dem Jahre 1874 denjenigen Angestellten, welche sich zu dreimonatlicher Kündigung verpflichteten, ihre Ersparnisse von 100,— M. aufwärts in das Geschäft einzulegen. Die Einlagen, welche mit $4^1/_2$ v. H. verzinst wurden, waren als Kapitaleinlagen zu betrachten, da sie am Gewinn und Verlust teilnahmen. Ein Verlust wurde allerdings nicht unmittelbar von dem Kapitalanteil in Abzug gebracht, sondern die über die feste Verzinsung hinaus gewährten Gewinnanteile in den nächsten gewinnbringenden Jahren solange nicht ausgeschüttet, bis der auf den Anteilsberechtigten entfallende Verlust gedeckt war. Von dieser Vergünstigung der Kapitalbeteiligung wurde bis zum Jahre 1878 nur von vier Angestellten Gebrauch gemacht, was nach Angaben der Inhaber des Unternehmens durch die ungünstige Geschäftslage begründet war.

Der Kapitalbeteiligungsversuch dieser Firma ist in der späteren Literatur nach Katscher, insbesondere aber in der Böhmertschen Untersuchung von 1901 nicht mehr erwähnt, so daß mit seiner Einstellung gerechnet werden muß.

---

[1]) Katscher, a. a. O., S. 100, 1899. Gilman-Katscher, a. a. O., S. 262, 1891.
[2]) Katscher, a. a. O., S. 91, 1899.

III. Umsatzbeteiligung.

Die Beteiligung der Arbeitnehmer am Umsatz eines Unternehmens hat, wie schon früher erwähnt, eigentlich mit der Gewinnbeteiligung nur gemeinsam, daß die Literatur die verschiedentlich bekanntgewordenen praktischen Beteiligungsfälle ausnahmslos fälschlich als „Gewinnbeteiligung" bezeichnet hat, während es gerade das Merkmal dieser Beteiligungsform ist, daß sie unabhängig von der Erzielung eines Gewinns oder Verlustes nur als Anteil am erreichten Umsatz gewährt wird. Die Umsatzbeteiligung stellt sich also in der Regel in industriellen Betrieben als Produktionsprämie, in Handelsbetrieben als Verkaufsprovision dar, soweit die Verteilung an Arbeitnehmer erfolgt, welche auf die Erzielung des Umsatzes unmittelbar Einfluß ausüben. Die Umsatzbeteiligung ist deshalb auch im wesentlichen stets auf diesen Kreis von Arbeitnehmern beschränkt geblieben.

Die nachfolgende Untersuchung betrachtet mehrere praktische Fälle, bei denen die Umsatzanteile neben der gewöhnlichen Entlohnung gewährt werden, da in der Erfüllung dieser Voraussetzung eine Parallele zu der Gewinnbeteiligung gezogen werden kann. Außer diesen nachstehend aufgeführten Beteiligungsfällen kann mit Sicherheit das Vorhandensein einer außerordentlich großen Anzahl von Unternehmungen mit Umsatzbeteiligung angenommen werden, die entweder der Öffentlichkeit nicht bekanntgeworden sind oder besonders die Umsatzbeteiligung nur neben einem infolge der Beteiligung entsprechend verringerten festen Lohn oder nur an wenige, mit dem Verkauf befaßte Arbeitnehmer gewähren. So ist die Umsatzbeteiligung z. B. in mehreren Gewerbezweigen Gewohnheitsrecht geworden, wie das Trinkgeld der Kellner oder die prozentuale Beteiligung der Friseurgehilfen an dem Verkaufserlös der durch ihre Vermittlung verkauften Gegenstände. In allen diesen Fällen ist jedoch die Umsatzbeteiligung mit einer entsprechenden Verringerung der garantierten Bezüge verbunden und kann deshalb schon aus diesem Grunde nicht als der Gewinnbeteiligung verwandt anerkannt werden. Aus diesen Gründen können die nachstehend beschriebenen Unternehmungen nur als einige bemerkenswerte Beispiele betrachtet werden, während auf eine statistische Zusammenfassung und Vergleichung mit den Gewinn- und Kapitalbeteiligungsbetrieben infolge der Unmöglichkeit einer umfassenden Untersuchung verzichtet werden muß.

1. Umsatzbeteiligungsbetriebe, in denen die Beteiligung noch besteht.

1. Franz Weeren, Eisengießerei, Berlin-Neukölln[1]).

Der Inhaber des Unternehmens hat gleich nach Begründung der Firma, im Herbst 1887, seine Arbeitnehmer am Umsatz beteiligt. Die Angestellten erhalten neben einem geringfügigeren Grundgehalt als Existenzminimum eine Zusatzvergütung, der der monatliche Umsatz zugrunde gelegt wird. Die Umsatzvergütung bewegt sich zwischen $^1/_4$ bis $^1/_2$ v. H. des Umsatzes, und zwar erhält der leitende Angestellte (Prokurist) $^1/_2$ v. H., die übrigen $^1/_4$ bis $^1/_2$ v. H. Die Auszahlung des festen Gehaltes erfolgt wie üblich am Monatsende, die der Umsatzvergütung am 15. des darauf folgenden Monats.

Die Erfahrungen bezeichnet der Inhaber der Firma als anhaltend günstige, eine Tatsache, die durch die 35jährige Dauer dieses Umsatzbeteiligungsversuches bewiesen wird. Die Arbeiter und Angestellten bezeigen ein besonderes Interesse für das Unternehmen. Bei den Arbeitern ist ferner die Bemühung der Ersparnis von Material und schonender Behandlung der maschinellen Anlagen festzustellen. Der dem Inhaber gelegentlich gemachte Einwand, seine Umsatzbeteiligung führe leicht zur Preisschleuderei, trifft bei diesem Gewerbezweig nicht zu, da die Preiskalkulation in den Händen weniger leitender Angestellter liegt. Gegen Anfang des Jahres 1922 verlangte ein Teil der Arbeiter an Stelle der Umsatzbeteiligung die tarifliche Entlohnung, die ihnen auch bewilligt wurde, während die übrigen das bisherige System beibehielten und hieraus nach Angaben des Inhabers bei den durch die Geldentwertung gestiegenen Umsätzen erhebliche Vorteile zogen.

2. Deutsche Batik-Gesellschaft, Berlin[2]).

Die Gesellschaft hat nach einem kurzen Gewinnbeteiligungsversuch im Jahre 1919 im darauf folgenden Jahre die Umsatzbeteiligung der Angestellten eingeführt. Der Gesamtheit der Angestellten kommt ein Betrag von 2 v. H. der Umsatzsumme zu. Diese Gesamtsumme verteilt sich auf die Angestellten im Verhältnis ihres im Jahre bezogenen Gehaltes ausschließlich etwaiger Tantiemen.

In einer Ansprache, welche der Leiter der Gesellschaft bei Einführung der Umsatzbeteiligung vor seinen Angestellten hielt, wurde betont, daß die Gesellschaft sich von der Umsatzbeteiligung mehr verspräche als von der Gewinnbeteiligung, da der Umsatz die einzige Grundlage sei, auf der ein wirklich ehrlich denkender Arbeitgeber stets

[1]) Eigene Angaben der Firma vom September 1920 und April 1922.
[2]) Textilwoche Nr. 4 vom 28. Januar 1920.

den Arbeitnehmer zufrieden stellen könne. Bemerkenswert war die Erwähnung der Tatsache, daß die Gesellschaft die zweiprozentige Umsatzbeteiligung auf ihre Kundschaft abwälzen wollte, ähnlich der Ablösung des Trinkgeldes im Hotel- und Gasthausgewerbe, während sie andererseits glaubte, der Kundschaft hierfür die Gewähr bieten zu können für eine pünktliche und gute Bedienung seitens der Angestellten und die Leistungsfähigkeit der Gesellschaft, gestützt auf gute Arbeit.

3. G. Aktien-Gesellschaft[1]).

Eine ungenannt bleiben wollende Aktiengesellschaft der Rheinischen Textilindustrie hat die Umsatzbeteiligung der Angestellten etwa im Jahre 1914 nach Maßgabe folgender Bestimmungen eingeführt, deren Fassung im Jahre 1919 letztmals geändert wurde:

„Satzung für die Umsatzbeteiligung der Angestellten und Meister der Firma.

§ 1. Die Firma hat sich entschlossen, um das Geschäftsinteresse ihrer kaufmännischen und technischen Beamten zu fördern, diesen eine Gewinnbeteiligung nach dem Umschlag berechnet zu gewähren.

§ 2. Am Umschlag sollen alle 25 Jahre alten Angestellten und Meister, sofern sie bis Ende des vorhergehenden Jahres bereits 25 Jahre alt waren, beteiligt sein.

§ 3. Die Höhe der Beteiligungsquote wird seitens der Firma für jedes Jahr festgelegt und den jeweiligen Vertrauensleuten, die zur unbedingten Verschwiegenheit verpflichtet sind, mitgeteilt werden. Im Einverständnis mit diesen Vertrauenspersonen wird die Quote für jeden einzelnen Angestellten und Meister festgelegt, und bürgt die Vertrauenskommission für die ordnungsmäßige Durchführung der jeweiligen Abrechnung.

§ 4. Von seiten der Angestellten und Meister ist eine Kommission aus sieben Mitgliedern zu bilden (7. Kommission), deren Aufgabe es ist, darüber zu entscheiden, ob auf Antrag der Firma einem Beteiligten die Beteiligung eventuell ganz oder zum Teil zu entziehen ist.

§ 5. Wenn ein am Umschlag Beteiligter seine Pflicht der Firma gegenüber nicht erfüllt, sei es durch Unehrlichkeit, Bummelei oder große Nachlässigkeit usw., oder freiwillig aus der Firma austritt, kann dieser von der Beteiligung ausgeschlossen werden. In solchen Fällen stellt die Firma den Antrag auf teilweise oder gänzliche Ausschließung an die 7. Kommission.

§ 6. Jeder Beteiligte ist verpflichtet, seine Quote geheimzuhalten. Für den Fall, daß einem Beteiligungsberechtigten nachgewiesen wird, daß er gegen diesen Paragraphen verstoßen hat, muß ihm die Beteiligung entzogen werden. Auch sind die Angestellten und Meister zur Geheimhaltung des gesamten Abkommens gegenüber allen Nichtmitgliedern verpflichtet.

Am 30. Juni findet eine Akontozahlung statt, eine weitere Teilzahlung erfolgt am 20. Dezember, wogegen die Restzahlung im Januar jedes Jahres erfolgen wird.

§ 7. Diese Satzungen sind zunächst für die Firma und die Beteiligten für das Jahr 1920 bindend. Zwischen Weihnachten und Neujahr eines jeden Jahres soll eine eventuelle Festlegung der Beteiligungsquote für das nächste Jahr erfolgen.“

---

[1]) Eigene Angaben der Firma von Ende 1920.

Die Umsatzbeteiligung dieser Firma soll nach Beendigung des Krieges dazu geführt haben, daß in einem Jahre, dessen Umsatz ohne Erzielung von Gewinnerträgnissen erheblich war, die unter Friedensverhältnissen vereinbarten Beteiligungsquoten nicht ohne erhebliche Verluste für die Firma hätten ausbezahlt werden können. Die Gesellschaft einigte sich deshalb mit den Beteiligungsberechtigten auf ein neues System für die Anteilsberechtigung. Im übrigen wurden die vorstehenden Satzungen vereinbart.

Über die Erfahrungen der Firma konnte nichts Näheres ermittelt werden.

4. Hirsch, Kupfer- und Messingwerke, Aktiengesellschaft[1]).

Die Gesellschaft hat bei ihren einzelnen Werken seit dem Jahre 1920 eine Beteiligung der Arbeiter und Beamten am Gewichtsumsatz eingeführt, indem in jedem Vierteljahr eine Durchschnittsproduktion festgestellt und für je 100 tons Mehrleistungen entsprechende Vergütungen gewährt werden. Die Verwaltung glaubte hierdurch die Arbeitnehmer mehr zu interessieren als durch eine Gewinnbeteiligung, die nicht ertragreich genug sein könne und nur einmal im Jahr fällig sei. Durch die Umsatzbeteiligung sei andererseits die Arbeitnehmerschaft an der größtmöglichen Produktion interessiert, und es sei auf der anderen Seite möglich, ihr wirklich namhaftere Beträge zuzuwenden.

Im Geschäftsjahr 1920 wurden an derartigen Umsatzbeteiligungen an Arbeiter und Angestellte insgesamt 4,87 Mill. M. ausgeschüttet, während die Gesamtsumme der Löhne und Gehälter 67,2 Mill. M. betrug. Die durchschnittliche Beteiligungsquote belief sich also auf etwa 7,2 v. H. des jährlichen Lohns oder Gehaltes.

5. Seidenweberei Michels & Cie., Berlin[2]).

Das Unternehmen führte für das Berliner Detailhaus im Jahre 1919 eine Umsatzbeteiligung sämtlicher Arbeitnehmer ein, bei welcher alle Arbeiter und Angestellten, auch soweit sie selbst zu der Steigerung des Umsatzes unmittelbar nicht beitragen konnten, interessiert werden sollten. Nach dem angewandten System wurden die Arbeitnehmer in vier Kategorien geteilt und erhielten:

Kategorie I: Verkäufer für ihren persönlichen Verkauf und Lagerchefs für den Umsatz ihres Lagers $^1/_5$ bis $^1/_3$ v. H.;

---

[1]) Berliner Tageblatt, Handelsteil, Nr. 215 vom 10. Mai 1921. Eigene Angaben der Firma vom Juni 1920 und Juni 1921.

[2]) Eigene Angaben der Firma vom Dezember 1919, November 1920 und Mai 1922.

Kategorie II: Abteilungsvorsteher des inneren Betriebes und Empfangsherren 50 v. H. der durchschnittlichen Provision der Lagerchefs;

Kategorie III: Büroangestellte 50 v. H. der durchschnittlichen Provision der Verkäufer;

Kategorie IV: Diener 20 bis 25 v. H. der Verkäuferprovision.

Außerdem wurden an die Verkäufer Prämien für den Verkauf von Resten verteilt, die im Jahre 1920 monatlich 100,— bis 260,— M. erreichten. Die Arbeiter und Angestellten erhielten außer diesen Umsatzprovisionen die normale tarifliche Entlohnung.

Die Umsatzbeteiligung der sämtlichen Arbeitnehmer hatte jedoch bei den nicht unmittelbar an der Steigerung des Umsatzes Beteiligten nicht den erwarteten Erfolg und wurde deshalb in der zweiten Hälfte des Jahres 1920 auf einen engeren Kreis beschränkt. Seit dieser Zeit erhalten nur die Verkäufer und Lagerchefs eine widerrufliche und ohne Rechtsanspruch gewährte Beteiligung am Umsatz ihres Verkaufs bzw. ihrer Lager. Die Umsatzanteile dieser Arbeitnehmer betrugen in den Jahren 1920 bis 1922:

	Umsatzanteile in einem Monat des Jahres		
	(Nov.) 1920 M.	(Nov.) 1921 M.	(März) 1922 M.
Lagerchefs	500—1000	1000—3000	2000—4000
Verkäufer	300—500 und darüber	400—1000 und darüber	600—1500 und darüber

Die Erfahrungen wurden seitens der Verwaltung als günstig bezeichnet. Das Interesse an der Erhöhung des Umsatzes wurde durch die relativ sehr hohen Umsatzanteile, welche über die üblichen Tarifgehälter hinaus gewährt werden, außerordentlich gestärkt. Es konnte unter anderem beobachtet werden, daß jeder Verkäufer seine Tagesbilanz zog, um die Höhe seiner Provision festzustellen. Als eine Schwäche der Umsatzbeteiligung wurde dagegen gelegentlich eine schlechtere Bedienung von Kunden beobachtet, deren Umsatz bzw. Einkäufe von seiten des Verkäufers als voraussichtlich gering eingeschätzt wurden, wenn gleichzeitig die Bedienung von Kunden mit größeren Einkäufen in Frage kam. Es mußte deshalb das Aufsichtspersonal vermehrt werden. Trotz dieses Nachteils überwogen die Vorteile, insbesondere das rege Interesse am Verkauf, die damit verbundenen Bemühungen zuvorkommender Behandlung der Käufer und das restlos gute Einvernehmen zwischen der Leitung und dem Personal des Unternehmens.

Bemerkenswert ist noch die Tatsache, daß die gesamten, sehr erheblichen Beträge, welche an die beteiligten Angestellten als Umsatzanteile ausgeschüttet werden, nicht in die Verkaufspreise einkalkuliert werden können, sondern von dem Reinertrag des Unternehmens bestritten werden müssen, da die in diesem Gewerbezweig und dem betreffenden Stadtviertel ganz besonders scharfe Konkurrenz auch eine geringe Differenzierung der Preise nicht gestatten soll.

6. Draegerwerk Lübeck[1]).

Das Unternehmen führte im Jahre 1904 eine Beteiligung der Arbeiter und Angestellten am Umsatz ein, indem es von der Zahl der von allen Arbeitnehmern in einem Monat geleisteten Arbeitsstunden und der Wertsumme aller in dieser Zeit fertig gewordenen Ware ausging. Ein bestimmter Mindestsatz, das ,,Soll" genannt, mußte überschritten werden, und wurde an diesem Überschuß den Arbeitern und Angestellten eine prozentuale Beteiligung gewährt. Diese Art der Umsatzbeteiligung, welche durch Lohnbücher und Fakturen jederzeit belegt werden konnte, ohne daß, wie bei einer Kontrolle der Gewinnbeteiligung, die Preisgabe der Geschäftsgeheimnisse notwendig war, wurde zunächst nach Maßgabe der folgenden Richtlinien durchgeführt:

,,Umsatzprämie-Bestimmungen vom 30. Juni 1910 in der **Fassung vom 23. Juni 1911.**

1. Grundsatz: Bei Überschreitungen des Sollumsatzes durch den tatsächlich erzielten Umsatz erhält jede in der Fabrik beschäftigte Person nach jedem Monatsabschluß eine Prämie für jede von ihr geleistete Arbeitsstunde (Lohnstunde).

Der Prämiensatz beträgt monatlich:

für je 1 v. H. Überschreitung des Sollumsatzes 0,05 bis 0,2 Pfg. pro Stunde.

Höhere Prämiensätze einzelner Angestellten werden nur von Bernhard Dräger persönlich festgestellt.

Für Neueingestellte tritt der normale Satz von 0,2 Pfg. spätestens nach Ablauf einer vierwöchigen Tätigkeit ein.

Unter vierwöchentlicher Tätigkeit ist eine ununterbrochene Tätigkeit von vier Wochen zu verstehen.

Eine frühere Tätigkeit im Drägerwerk wird deshalb nicht angerechnet, es sei denn, daß die Anrechnung von der Firma infolge besonderer Gründe ausdrücklich bewilligt wird. Binnen acht Tagen nach seiner Neueinstellung hat der betreffende Arbeiter einen entsprechenden Antrag beim Werkmeister zu stellen, ein späterer Antrag ist nicht mehr zulässig. Über die Bewilligung wird darauf von der Firma endgültig entschieden.

Die Monatsprämie ist kein Bestandteil des Lohnes oder des Gehaltes, sondern eine außerordentliche Prämie, die nur für beendete Leistungen gezahlt wird.

Personen, die aus irgendeiner Ursache im Betriebe fehlen, beispielsweise krank sind, Urlaub nehmen usw., oder die die Stellung vor Ablauf der vereinbarten oder der gesetzlichen Kündigungsfrist verlassen, haben deshalb nur Anspruch auf die Prämie, soweit sie tatsächlich im Betriebe dafür tätig gewesen sind.

---

[1]) Dräger-Lohnsystem, Lübeck, Januar 1913. Eigene Angaben der Firma vom Januar 1922.

2. Lehrlinge. Lehrlinge erhalten:

im ersten Jahre	0,05	Pfg. pro Stunde und für je 1 v. H. Mehrumsatz.
im zweiten Jahre	0,07	
im dritten und vierten Jahre .	0,1	

Von den etwaigen Prämienbezügen der Lehrlinge wird jedoch:
im ersten Lehrjahre ein Betrag von 3,— M. pro Monat,
im zweiten Lehrjahre ein Betrag von 5,— M. pro Monat,
im dritten und vierten Lehrjahre ein Betrag von 8,— M. pro Monat
einbehalten und erst bei Beendigung der Lehrzeit ausgezahlt. Diese Beträge werden bei einer Sparkasse zinstragend angelegt.

3. Der Sollumsatz wird gefunden, indem am Monatsschluß jede im ganzen Betriebe geleistete Arbeitsstunde (ob produktiv oder für allgemeine Zwecke des Betriebes und des Geschäftes) mit einem Betrage von $1{,}33^1/_2$ M. angerechnet wird.

4. Der tatsächliche Umsatz oder Prämienumsatz ist gleichbedeutend mit der Summe der in einem Monat erteilten Rechnungen oder gleichbedeutend mit dem Wert der Ware, welche die Fabrik in einem Monat verlassen hat, unter Berücksichtigung der in Abs. 6 angegebenen Einschränkungen. — Zurückkommende Ware, Provisionen, Skonti usw. werden wie bisher stets üblich abgerechnet.

5. Beispiel: Sind in einem Monat im ganzen 40 000 Arbeitsstunden geleistet worden, so berechnet sich der Sollumsatz auf

$$40\,000 \times 1{,}33^1/_2 \text{ M.} \times 53\,400{,}\text{— M.}$$

Beträgt nun der Prämienumsatz netto 96 120,— M., so ist der Sollumsatz um 80 v. H. überschritten.

Wer nun einen Prämiensatz von 0,1 Pfg. pro Stunde genießt, bekommt in diesem Falle $80 \times 0{,}1$ Pfg. = 8 Pfg. Prämie pro Stunde, das macht für 240 im Monat geleistete Arbeitsstunden 19,20 M. für jeden. Wer aber einen Prämiensatz von 0,2 Pfg. pro Stunde genießt, würde das Doppelte, also 38,40 M. erhalten.

6. Einschränkungen für die Berechnungen des Prämienumsatzes:

a) Kalipatronen: Rechnungen über Kalipatronen nehmen nur zur Hälfte an der Berechnung für den Prämienumsatz teil.

b) Rechnungen über Luftreiniger für die Marine nehmen in der Regel zu zwei Dritteln an der Berechnung für den Prämienumsatz teil, doch behält die Firma sich vor, im Falle solcher Lieferungen von Fall zu Fall den Anteil für den Prämienumsatz anders zu bestimmen.

Die Einschränkungen unter a) und b) sind deshalb erforderlich, weil bei Kalipatronen und Luftreinigern für die Marine entweder der Wert des dafür einzukaufenden Materials außerordentlich hoch ist, oder weil nur eine unverhältnismäßig geringe Arbeitszeit zur Herstellung erforderlich ist.

c) Handelsware unterliegt nicht der Prämie, und wird deren Einkaufspreis grundsätzlich bei der Ermittlung des Prämienumsatzes voll in Abrechnung gebracht. Insbesondere zählen zur Handelsware alle Sauerstoffzylinder (mit Ausnahme kleiner Zylinder, die zu den Apparaten gehören) auch beispielsweise Zinnrohr, Azetylenapparate und ähnliche Waren. Der Wert der Handelsware wird ermittelt, indem am Ende jedes Monats alle eingegangenen Rechnungen, die mit dem Buchstaben W versehen sind, zusammengerechnet werden.

Die Preisdifferenz zwischen Einkaufs- und Verkaufspreis der Handelsware soll jedoch dem Prämienumsatz zugezählt werden, so daß hierdurch die Prämie erhöht wird.

d) Überschüsse guter Messingabfälle, die verkauft werden müssen, rechnen zum vierten Teil ihrer Verkaufspreise zum Prämienumsatz.

Abfälle jedoch, die in unserem eigenen Betriebe nicht mehr verwertet werden können, wie schmutzige Messingspäne vierter Sorte, Krätze, Gummiabfälle usw. rechnen nach wie vor mit der vollen Verkaufssumme zum Prämienumsatz.

e) Lizenzgebühren und dergleichen kommen bei der Berechnung des Prämienumsatzes nicht mit in Anrechnung.

f) Ausstellungsware und kommissionsweise abgegebene Ware wird zum dritten Teil des Katalogpreises zum Prämienumsatz zugerechnet, besondere Arbeiten zum Preise von $1{,}33^1/_2$ M. pro Arbeitsstunde, z. B. Bauarbeiten.

7. Für in Akkordarbeiten geleistete Arbeitsstunden wird eine Umsatzprämie nicht ausbezahlt, doch kommen solche Arbeitsstunden selbstverständlich für die Feststellung der Höhe des Sollumsatzes in Anrechnung.

8. Die wöchentlichen Arbeitsstunden und der erzielte Umsatz werden, um den Stand der Prämie auch im Verlaufe des Monats verfolgen zu können, in geeigneter Weise regelmäßig bekanntgegeben.

9. Ware, welche infolge mangelhafter Arbeit oder Funktion, wofür unsere Fabrik die Schuld trifft, zur Reparatur, zum Umtausch oder zur Gutschrift zurückkommt, oder welche zu ernstlichen Differenzen mit einem Kunden Veranlassung gibt, wird bis zum zehnfachen Betrage des Fakturenbetrages vom Prämiensatz abgerechnet. Die Entscheidung über derartige Fragen und über die Höhe der Abschrift steht allein Bernh. Dräger zu.

10. Fakturenbeträge, welche nicht einzutreiben sind, gleichviel, ob die Ware mit oder ohne besondere Erlaubnis der Firmeninhaber geliefert ist, werden vom Prämienumsatz abgerechnet.

11. Die Prämienberechnung findet statt an jedem letzten Mittwoch im Monat (der Prämienmonat hat also bald 4, bald 5 Wochen). Die Auszahlung der Prämie erfolgt nach Möglichkeit 8 Tage nach Monatsschluß.

12. Falls sich kein Überschuß ergeben hat, wird die Abrechnung solange verschoben, bis ein Überschuß vorhanden ist.

13. Monatsprämie, welche innerhalb eines Monats nicht abgehoben wird, verfällt der Freiwilligen Unterstützungskasse des Drägerwerks.

14. Diese Prämienbestimmungen haben für die Firma 12 Monate Gültigkeit. Die Gültigkeit der Bestimmungen läuft stillschweigend jedesmal um drei Monate weiter, wenn die Firma nicht mindestens 4 Wochen vor Ablauf sie kündigt oder die beabsichtigte Änderung angekündigt hat.

Die früheren Bestimmungen über die Umsatzprämie werden hiermit aufgehoben."

Die Erfahrungen mit diesem Umsatzbeteiligungssystem waren außerordentlich günstige. An Monatsprämien wurden gezahlt:

im Jahre 1904	10 370,72	M.
„ „ 1905	22 846,42	„
„ „ 1906	51 223,37	„
„ „ 1907	67 941,11	„
„ „ 1908	55 974,23	„
„ „ 1909	80 102,11	„
„ „ 1910	111 514,77	„
„ „ 1911	109 775,25	„
„ „ 1912 (ohne Dezember)	133 446,81	„
Sa.	643 194,81	M.

Aus der fortschreitenden Erhöhung dieser Monatsprämien geht schon hervor, daß der Sollumsatz des Unternehmens seit der Einführung der Umsatzbeteiligung in fortlaufend größerem Umfange überschritten worden ist. Der Gesamtumsatz des Werkes stieg von etwa 250 000,— M. im Jahre 1904 als erstem Beteiligungsjahr schon im Jahre 1905 auf etwa 400 000,— M., 1906 auf etwa 750 000,— M., 1909 auf 1 Million und erreichte 1912 fast 2,5 Mill. M.

Durch die infolge der Kriegslieferungen eingetretene Überbeschäftigung des Werkes wurden jedoch in den Jahren 1916 und 1917 die Prämienbeträge der einzelnen Arbeitnehmer so hoch, daß sie oft den festen Lohn oder die Akkordverdienste um ein Mehrfaches überstiegen. Dieser Zustand wurde von allen Beteiligten als ungesund empfunden. Unter dem zunehmenden Druck der Teuerung drängten ferner auch die Arbeiter und Angestellten auf eine Ablösung der Prämien unter Einkalkulierung des durchschnittlichen Prämienbezuges in den festen Lohn. Dieser Wunsch mag aus der Befürchtung entstanden sein, daß mit einer evtl. sinkenden Beschäftigung des Werkes und der damit gleichzeitig eintretenden Verringerung der Prämien auch ein Sturz des allgemeinen Lohnniveaus erfolgen würde.

Nach der Revolution sank die Leistungsfähigkeit des Werkes infolge der Abschaffung der Akkordarbeit derart, daß besondere Maßnahmen ergriffen werden mußten und nach der Wiederaufnahme der Akkordarbeit auch ein neues Umsatzbeteiligungssystem zur Einführung gelangte. Diesem System lagen folgende Gedanken zugrunde: Da die ausschließlich in Lohnstunden arbeitenden Werkstätten nach der Revolution in dem Bestreben, die Arbeit zu strecken, eine ungewöhnliche Mindererzeugung aufwiesen, versuchte die Verwaltung die allgemeine Arbeitstätigkeit dadurch zu heben, daß für die Überschreitung eines neu festgestellten Sollumsatzes als normaler Produktionsleistung 0,4 Pf. pro Stunde für jedes Prozent der Überschreitung gewährt wurde. Neueinzustellende Arbeiter sollten nach vierwöchiger Probezeit in den Genuß der Prämie gelangen, während Lehrlinge 0,1 bis 0,2 Pf. pro Stunde und Prozent erhielten. Die Prämienbestimmungen wurden im Mai 1919 mit Gültigkeit bis zum September 1919 neu festgesetzt.

Dieser zweite Umsatzbeteiligungsversuch verlief vollständig ergebnislos. Es stellte sich heraus, daß ein Prämiensystem, welches in Verbindung mit einer Entlohnung nach Lohnstunden durchgeführt werden soll, an der Tatsache scheitern muß, daß der in Lohnstunden tätige Arbeiter in der Prämie keinen Anreiz findet, seine Arbeitstätigkeit zu steigern. Die Verwaltung zog hieraus die Lehre, daß unter den veränderten Verhältnissen ein Prämienlohnsystem mit Erfolg nur in Verbindung mit Akkordlohn durchgeführt werden konnte.

Nach dem Fehlschlagen dieses Umsatzbeteiligungsversuches unterblieb während einer Reihe von Monaten jegliche Beteiligung. Als jedoch die Verwaltung einsah, daß die einfache Akkordarbeit allein nicht die erstrebenswerte Steigerung der Produktion herbeiführte und andererseits die Schaffung eines Anreizes für die noch in Lohnstunden beschäftigten Arbeitergruppen sich als wünschenswert erwies, wurde im März 1921 ein Akkord- und Lohnstundenzuschlagssystem eingeführt, das an die Betriebssolidarität der Arbeiter appellierte. Der diesem System zugrunde liegende Gedanke war, daß das Einkommen der in Lohn arbeitenden Arbeiter zu einem wesentlichen Teile abhängig gemacht wird von dem Fleiß der Akkordarbeiter, so daß die Lohnarbeiter, die den Zusammenhang des Systems erkennen, bestrebt sind, ihre die Akkordarbeiter schützenden Hilfsarbeiten so gut und schnell wie möglich zu erledigen. Die Bestimmungen dieses Systems lauteten wie folgt:

„Lohnstunden-Zuschlags-Bestimmungen.

1. Um das Einkommen der nur in Lohn arbeitenden Arbeiter (d. h. derjenigen Arbeiter, die nicht in Akkord arbeiten können) mit dem Einkommen der Akkordarbeiter möglichst in Einklang zu bringen, wird nach diesen Bestimmungen der Zuschlag zum Stundenlohn der Lohnarbeiter abhängig gemacht (d. h. entsprechend erhöht) von dem durchschnittlichen Akkord-Mehrverdienst der Akkordarbeiter. Die bisherigen prozentualen Zuschläge kommen bei der Lohnberechnung in Fortfall, werden aber nach wie vor garantiert. Alle Arbeiter, insbesondere die in Lohn arbeitenden Arbeiter, können niemals weniger als bisher, sondern sie werden auf jeden Fall mehr als bisher verdienen.

2. Die Methode zur Ermittlung des durchschnittlichen Mehrverdienstes der Akkordarbeiter.

a) Es werden vom Lohnbüro monatlich sämtliche in Akkord geleisteten Arbeitsstunden ausgerechnet, als ob sie in Lohn (ohne den prozentualen Zuschlag) bezahlt würden.

b) Daneben wird der tatsächlich gezahlte Akkordverdienst dieses Monats ermittelt.

c) Sodann wird der Überschuß des Akkordverdienstes über den berechneten Arbeitslohn in Prozenten ermittelt (abgerundet nach unten oder oben in vollen Prozenten).

Beispiel:

Akkordstunden ohne Zuschlag in Lohn berechnet .	84 000,— M.
Gezahlter Akkordverdienst	110 000,— „
Überschuß.	26 000,— M.
	oder 32 v. H.

3. Der Prozentsatz wird für den Durchschnittslohn der männlichen Akkordarbeiter über 18 Jahre pro Stunde berechnet.

Beispiel:

30 212 Arbeitsstunden = Lohn	84 000,— M.
1 Arbeitsstunde im Durchschnitt	2,78 „
davon 32 v. H. Nachzahlung	0,89 „

4. Der nach 3. ermittelte Stundensatz ist der Lohnstundenzuschlag, an dem alle in Lohn arbeitenden Arbeiter einschließlich der Lohnstunden der Akkordarbeiter nach folgenden Grundsätzen teilnehmen:

a) Akkordarbeiter für geleistete Lohnstunden,
b) Lohnarbeiter aller Art,
c) Werkzeugmacher, Versuchsmechaniker und Spezialarbeiter.

d) Jugendliche unter 18 Jahren und Frauen,
e) Lehrlinge im ersten und zweiten Jahr,
f) Lehrlinge im dritten und vierten Jahr.

5. Der nach Abschluß eines Rechnungsmonats ermittelte Zuschlag wird für die Lohnstunden dieses Monats 8 Tage nach Monatsschluß (Mittwoch) nachgezahlt.

6. Arbeiter, die nicht in Akkord arbeiten können, erhalten wöchentlich auf den Lohnzuschlag Vorschüsse. Akkordarbeiter erhalten wöchentlich Vorschüsse auf Akkorde.

7. Ein Vertreter des Arbeiterrats ist befugt, die Berechnung des Zuschlags nachzuprüfen.

8. Falls inzwischen ein anderer Lohntarif in Kraft treten sollte, so sind diese Bestimmungen sinngemäß umzugestalten; wird darüber keine Verständigung erzielt, so gelten sie mit dem Inkrafttreten des neuen Lohntarifs für aufgehoben.

9. Die Lohnstundenzuschlagsbestimmungen treten mit dem 30. März 1921 in Kraft und bleiben bis zum 31. Mai 1921 gültig.

Arbeiterrat. Drägerwerk."

Außer diesen Akkord- und Lohnstunden-Zuschlagsprämien ist für die Angestellten eine Umsatzprämie nach dem Prinzip des alten Dräger-Lohnsystems durchgeführt worden, das unter den jetzigen Verhältnissen seine Existenzberechtigung wiedererworben hat.

Nach Angaben der Verwaltung vom Januar und Mai 1922 hat sich sowohl dieses System als auch das System der Akkord- und Lohnstunden-Zuschlagsprämien günstig bewährt.

Die an Umsatzprämien insgesamt gezahlten Beträge beliefen sich von 1904 bis 1916 auf 1,7 Mill. M. Nach der Wiedereinführung der Prämien für Beamte wurden an diese vom 1. 4. bis 1. 12. 1921 rund 200 000,— M., an Akkord- und Lohnstunden-Zuschlagsprämien rund 220 000,— M. ausgeschüttet.

7. Märkische Industriewerke, Berlin-Golm i. d. Mark[1]).

Das Unternehmen hat im Jahre 1919 eine Umsatzbeteiligung seiner Arbeiter eingeführt, um die durch die Abschaffung der Akkordarbeit zurückgebliebene Produktion wieder zu heben. Der Betrieb befaßt sich mit der Wiederherstellung reparaturbedürftiger Waggons der Eisenbahn und der Fabrikation von Waggons und erhielt von der Eisenbahnverwaltung für die Reparatur stets eine bestimmte Anzahl von Lohnstunden als Selbstkosten der Löhne, bestimmte Generalunkosten sowie einen prozentualen Gewinnaufschlag bewilligt. Um nun die Arbeiter zu größerer Produktion anzuspornen, wurde der mit der Reparatur eines Waggons beauftragten Gruppe von Arbeitern zugesagt, daß sie bei Bewältigung der Arbeit in weniger Stunden als der als Normalzeit erprobten die ersparten Löhne und außerdem 50 v. H. der ersparten Generalunkosten als Zuschlagsprämie ausgezahlt erhalten sollten. Wenn

[1]) Eigene Angaben der Firma vom Januar und Mai 1922.

deshalb die Eisenbahn an Lohnselbstkosten 800 Lohnstunden und die entsprechenden Generalunkosten bewilligt hatte und der Waggon in 750 Lohnstunden wiederhergestellt wurde, so erhielten die mit der Reparatur beschäftigten Arbeiter den Betrag von 50 Lohnstunden und die Hälfte der etwa $^{1}/_{16}$ Ersparnis an den Generalunkosten, während die andere Hälfte von der Verwaltung zur Verbesserung der Betriebsanlagen verwandt wurde. Später wurde auch die zweite Hälfte der ersparten Generalunkosten zur Verbesserung der maschinellen Anlagen benutzt. Hiernach erhalten die Arbeiter nur noch den Betrag der ersparten Lohnsumme. Ein besonderes Merkmal dieses Systems liegt darin, daß die anteilsberechtigte Arbeitergruppe andererseits auch dafür haftet, daß die als Normalzeit angesetzte Stundenzahl bei der Reparatur oder der Herstellung des Waggons nicht überschritten wird und daß sie den Lohnbetrag dieser Stunden nicht vergütet erhält, da er zwar ausbezahlt wird, aber von den erarbeiteten Prämien in Abzug gelangt. In der Praxis gestaltet sich die Durchführung dieser Umsatzbeteiligung derart, daß die erarbeiteten Stundenlöhne wie gewöhnlich ausgezahlt werden, während die Zuschlagsprämien 14tägig durch Vergleichung der ersparten und der über die Normalzeit hinaus aufgewandten Stunden errechnet und abgeführt werden. Nur bei der Herstellung neuer, noch unerprobter Fabrikate, wie z. B. neuer Waggontypen, wird die Zahl der zu lange gearbeiteten Stunden auf die Prämien nicht angerechnet, da die gerechte Feststellung einer Normalarbeitszeit erst nach Aufnahme der Serienfabrikation möglich ist.

Die Erfahrungen dieser Umsatzbeteiligung waren zunächst außerordentlich günstig, da in den Jahren 1919 und 1920 bis zu 20 v. H. an Arbeitsstunden erspart wurden. Späterhin haben sich jedoch die Erfahrungen wesentlich verschlechtert und ist die Ersparnis bis auf 6 v. H. gesunken, da sich eine stets wachsende Abneigung der Arbeiter gegen das Prämiensystem gezeigt hat, die anscheinend durch außerhalb des Werkes herrührende Beeinflussung gestärkt worden ist.

8. R. M. Maaßen, Berlin[1]).

Das Unternehmen hat eine Umsatzbeteiligung der Einkäufer und Abteilungsleiter sowie der am Verkauf beteiligten Personen eingeführt. Die Beteiligung gestaltet sich wie folgt:

1. Die Einkäufer und Einkäuferinnen, die auch zum Teil gleichzeitig Abteilungsleiter sind, erhalten Anteile vom Umsatz ihrer Abteilung in Höhe von 0,1 v. H. bis $^{3}/_{4}$ v. H. des Umsatzes der Abteilung.

2. In allen Abteilungen sind gleichmäßig sämtliche am Verkauf beteiligten Personen durch Anteile des von jedem einzelnen getätigten

---

[1]) Eigene Angaben der Firma vom Mai 1922.

Umsatzes beteiligt. Die Höhe dieser Umsatzanteile beläuft sich auf $^1/_2$ bis 1 v. H.

Außer diesen Umsatzprovisionen werden noch Prämien in unregelmäßiger Form für solche Waren gewährt, welche nicht leicht abzusetzen sind. Die Umsatzanteile und Prämien werden außer dem normalen Tarifgehalt gewährt.

Die Erfahrungen sind nach Angaben der Verwaltung durchaus gut. Es wird zumindest bei der Mehrheit des Verkaufspersonals ein erhöhtes Interesse erzielt. Allerdings darf hierbei nicht übersehen werden, daß das Verkaufspersonal, falls hierauf nicht geachtet wird, leicht zu übereifrig wird und den Verkauf unter allen Umständen zum Abschluß bringen will. Es muß Sache der aufsichtsführenden Persönlichkeiten sein, derartige Mißstände zu mildern bzw. zu beseitigen. Für die Einkäufer und Einkäuferinnen der einzelnen Abteilungen empfiehlt die Verwaltung die Umsatzbeteiligung, falls gleichzeitig eine Kontrolle darüber ausgeübt wird, daß die Umsätze nicht planlos ohne Berücksichtigung der Kalkulation gemacht werden, daß also Einrichtungen geschaffen werden, welche die Kalkulation kontrollieren.

9. H. Leiser Nachf., Berlin[1]).

Das Unternehmen, die Berliner Schuh- und Konfektions-Firma, hat die Umsatzbeteiligung seit vielen Jahren für verschiedene Artikel eingeführt, und zwar erhalten die Verkäuferinnen Umsatzprovisionen für alle Nebenartikel, wie Strümpfe, Leisten, Fournituren usw. Die Geschäftsführer einer jeden Filiale sind außerdem am Gesamtumsatz ihrer Filiale beteiligt.

Der Prozentsatz der durchschnittlich bisher erzielten Umsatzanteile ist ein wesentlich höherer als das Gehalt, das die Geschäftsführer beziehen. Das normale tarifliche Gehalt wird sowohl den Verkäuferinnen als auch den Geschäftsführern vorweg gewährt. Bei den Verkäuferinnen ist das Gehalt durchschnittlich höher; bei besonders tüchtigen Damen aber niedriger.

Die Firma hat mit der Umsatzbeteiligung bisher die besten Erfahrungen gemacht und will jetzt auch dazu übergehen, die Geschäftsleitung und die Einkäufer der einzelnen Abteilungen durch einen ganz kleinen Prozentsatz am Umsatz zu beteiligen.

10. Kaufhaus Oberpollinger G. m. b. H., München[2]).

Das Unternehmen hat eine Umsatzbeteiligung für die Einkäufer und Abteilungsleiter seit etwa vier Jahren, für das Verkaufspersonal seit etwa drei Jahren eingeführt.

---

[1]) Eigene Angaben der Firma vom Juni 1922.

[2]) Eigene Angaben der Firma vom Juni 1922.

Die Einkäufer und Abteilungsleiter beziehen die Provision von ihrem gesamten Umsatz. Für das Verkaufspersonal ist eine Skala je nach der Abteilung eingerichtet, in der Weise, daß das Verkaufspersonal erst von demjenigen Betrage an eine Verkaufsprämie erhält, welcher über dem sogenannten Soll-Verkaufsbetrage steht. Die Umsatzprovision an die Einkäufer und Abteilungsleiter sowie die Verkaufsprämien an das Verkaufspersonal haben mit dem festen Gehalt nichts zu tun und stellen eine Extraleistung der Firma dar. Der ungefähre Satz beläuft sich bei den Einkäufern und Abteilungsleitern auf etwa $^1/_2$ v. H. vom Gesamtumsatz, von dem übrigen Verkaufspersonal auf etwa 0,3 v. H.

Ferner werden in den Abteilungen für Damenkonfektion, Damenputz und Luxuswaren für besonders schwer verkäufliche Gegenstände Stückprämien vergütet.

Die Erfahrungen, welche mit diesem Beteiligungssystem gemacht wurden, sind außerordentlich gute, da das kaufmännische Personal ein persönliches Interesse am Geschäftsgang bezeigen soll.

2. Umsatzbeteiligungsbetriebe, in denen die Beteiligung nicht mehr besteht.

1. Raulino & Co., Tabakfabrik, Bamberg[1]).

Die Firma, welche die Einführung der Gewinnbeteiligung wegen der Schwankungen, denen das Geschäftserträgnis ausgesetzt ist, und wegen der Gemischtheit des Personals für unzweckmäßig hielt, übte seit 1875 ein besonderes Anteilsystem aus. Von den Bruttoeinnahmen wurden zunächst die Betriebsausgaben, die Abschreibungen und 4 v. H. Kapitalzins abgerechnet. Von dem Wert der dann verbleibenden Jahreserzeugung erhielten die Arbeiter entweder $^1/_3$ oder $^1/_4$, und zwar zu 75 v. H. in bar und den Rest in Kleidungsstücken. Die Verteilung erfolgte viermal im Jahre.

Über die Erfahrungen äußerte sich einer der Inhaber des Unternehmens 1886 dahin, daß das Verfahren die Arbeitnehmer sehr günstig beeinflußt habe. Der häufige Empfang von Anteilen habe ihren Sparsinn geweckt, ohne sie zur Verschwendung zu verleiten.

Der Beteiligungsversuch der Firma wird von Böhmert 1901 als nicht zur Gewinnbeteiligung gehörend verzeichnet und späterhin überhaupt nicht mehr erwähnt, so daß mit seiner Einstellung gerechnet werden muß.

---

[1]) Int. Bibl., Bd. II, S. 262, 1878. Katscher, a. a. O., S. 111, 1899. Arbeiterfreund, S. 401, 1901.

2. Braun & Bloehm G. m. b. H., Munitionsfabrik, Düsseldorf[1][2].

Das Unternehmen führte die Umsatzbeteiligung im Jahre 1873 nach Maßgabe der folgenden Bestimmungen ein:

„Artikel 36 der Fabrikordnung.

Um die in unserer Fabrik beschäftigten Arbeiter an dem guten Fortgange, an dem Gedeihen der Fabrik zu beteiligen, werden denselben von den in jedem Monat gefertigten und versandten Waren die auf dem in der Fabrik ausgehängten Verzeichnisse näher angegebenen Beträge unter folgenden Bedingungen ausgezahlt werden:

Ende jedes Monats wird von den zur Versendung kommenden Zündhütchen und Patronen die Arbeiterbeteiligung berechnet und in deren Betrag der ganze, für diesen Monat verausgabte Arbeitslohn dividiert, um zu bestimmen, wieviel die Vergütung auf die Mark Arbeitslohn ausmacht.

Im Verhältnis zu dem in diesem Monate erhaltenen Arbeitslohne hat jeder Arbeiter Anteil an dem Betrage der Beteiligung.

Von diesem Anteile wird jedem Arbeiter zu Ende des darauffolgenden Monats die Hälfte ausbezahlt, die andere Hälfte bleibt stehen und kommt erst nach 12 Monaten zusammen, und zwar am 1. August, zur Auszahlung.

Wer neu zur Fabrik hinzutritt, nimmt erst nach Ablauf von 3 Monaten an der Beteiligung teil. Ist er am 1. August jedes Jahres noch nicht 12 Monate in der Fabrik beschäftigt gewesen, so erhält derselbe die rückständigen Hälften seiner Anteile erst ausbezahlt, wenn er volle 12 Monate beschäftigt gewesen und auch dann erst Ende des folgenden Monats.

Vorschüsse auf rückständige Vergütungen werden nicht geleistet.

Wer früher austritt, sei es auch aus was für immer einem Grunde, oder wer die Fabrik zeitweise verläßt, Krankheit ausgenommen, verliert seinen Anspruch sowohl auf die noch nicht ausbezahlte monatliche Beteiligung als auf die noch rückständigen Hälften.

Wer halbe oder ganze Tage ohne Erlaubnis oder ohne begründete Entschuldigung von der Arbeit fortbleibt oder die Arbeit ohne Erlaubnis verläßt, verliert seine Beteiligung für den laufenden Monat. Kommt dies im Jahre vom 1. August bis Ende Juli dreimal vor, oder zeigt das Betragen des Arbeiters, daß ihm überhaupt der gute regelmäßige Betrieb der Fabrik gleichgültig ist, so verliert derselbe nicht nur die rückständigen Hälften, sondern er wird von der Beteiligung zeitweise oder ganz ausgeschlossen.

Diese Beteiligung wird bei allen in der Fabrik Beschäftigten das Gefühl erwecken und rege erhalten, daß das Gedeihen der Fabrik auch ihnen Vorteil bringt. Wird die Ware billig und tadellos hergestellt, so wird der Absatz ein regelmäßig wachsender sein, und wird dadurch der Betrag der Beteiligung auch ein immer größerer werden.

Jeder wird darauf bedacht sein, daß alle Stellen gut besetzt bleiben. Jeder wird zu seinem eigenen Vorteil darauf achten, daß jeder Mitarbeiter seine Schuldigkeit tue, da jedem das Nichtstun, die schlechte Arbeit des andern, an seiner eigenen Beteiligung Schaden bringt.

Jeder wird diejenigen, die besonderes leisten, die viel und gut fertigmachen, hochachten und nach Kräften unterstützen, und jeder wird stolz darauf sein, durch seine Arbeit auch seinen Mitarbeitern zu nützen.

---

[1]) Int. Bibl. a. a. O., S. 130, 1878. Arbeiterfreund, S. 435, 1876, S. 298, 1901. Eigene Angaben der Firma vom Oktober 1919.

[2]) Von Böhmert fälschlich als Gewinnbeteiligung bezeichnet.

Ist jeder in diesem Geiste auf seinem Posten tätig, so wird die Fabrik in der Lage sein, durch billige und tadellose Ware stets gesicherten und größeren Absatz zu gewinnen."

Über die Erfahrungen berichtete die Verwaltung anläßlich der Böhmertschen Untersuchung vom Jahre 1901 wie folgt:

„Wir glauben, daß durch die Beteiligung das Interesse unserer Angestellten am Gedeihen unseres Geschäftes dauernd rege gehalten wird und daß die Beteiligung dazu beiträgt, daß in unserem Beamtenpersonal und bei unseren männlichen Arbeitern äußerst selten ein Wechsel vorkommt. Wir zahlen jetzt durchschnittlich an Gewinnanteilen:

2600,— M. an das Kontorpersonal,
3900,— M. an Werkmeister und Arbeiter.

Im ganzen haben wir seit Bestehen der Beteiligung etwa 200 000 M. gezahlt."

Nach Angaben der Firma wurde jedoch die Beteiligung trotz dieser damals anscheinend günstigen Erfahrungen vor einer Reihe von Jahren abgeschafft.

IV. Statistische Betrachtungen.

1. Die Gewinnbeteiligungsuntersuchungen von 1876, 1878 und 1901.

Die statistischen Angaben über die Zahl und die Besonderheiten der deutschen Gewinn- und Kapitalbeteiligungsbetriebe werden in der Literatur außerordentlich schwankend verzeichnet. Die erste größere deutsche Untersuchung von Bedeutung wurde im Jahre 1876 durch das damalige Preußische Handelsministerium angestellt und im Rahmen von „Erhebungen über die Einrichtungen für die Wohlfahrt der Arbeiter der größeren gewerklichen Anlagen im Preußischen Staate" auch Nachforschungen über die „Beteiligung am Reingewinn" und „Beteiligung mit Kapital" veranlaßt[1]). In den tabellarischen Zusammenstellungen wurden insgesamt 439 Betriebe mit Gewinnbeteiligung und 61 mit Kapitalbeteiligung verzeichnet. Hiervon fand u. a. eine Gewinnbeteiligung in 141 Betrieben für Vorstandsbeamte, 209 Betrieben für Beamte allgemein, 120 Betrieben für Werkmeister, Vormänner usw. statt. Dagegen wurden die Arbeiter nur bei 16 Betrieben sofort und bei 18 Betrieben nach gewisser Zeit am Gewinn beteiligt. Unter den Kapitalbeteiligungsunternehmungen wurde die Beteiligung den Beamten

---

[1]) Arbeiterfreund, S. 428ff., 1876.

in 52 Betrieben, den Werkmeistern, Vormännern usw. in 32 Betrieben und den Arbeitern in 30 Betrieben gewährt. Der Begriff des „Gewinn- bzw. Kapitalbeteiligungsbetriebes" ist jedoch in dieser Untersuchung des Preußischen Handelsministeriums wahrscheinlich bedeutend zu weit aufgefaßt worden, und Böhmert erwähnt in seiner Besprechung dieser Untersuchung nur 13 Betriebe als interessantere Versuche. Die große Anzahl der nach Angaben des Handelsministeriums mit der Gewinn- oder Kapitalbeteiligung befaßten Unternehmungen ist vielmehr wohl darauf zurückzuführen, daß auch Betriebe, welche nur einem kleineren Teil ihrer Arbeitnehmer die Beteiligung gewährten, in die Untersuchung aufgenommen wurden, so daß sogar die Tantiemeberechtigung von Vorstandsmitgliedern von Aktiengesellschaften bei nicht weniger als 141 von 500 untersuchten Betrieben als „Gewinnbeteiligung" im Sinne einer ungewöhnlichen Ertragsbeteiligung angesehen wurde.

Daß die von dem Preußischen Handelsministerium angenommenen Zahlen nicht zutreffend waren, beweist die nächste Untersuchung, die von Viktor Böhmert im Jahre 1878 angestellt[1]) und als Grundlage für die Erstattung eines umfangreichen Gutachtens über die Gewinnbeteiligung für den Verein für Sozialpolitik benutzt wurde. Die Umfrage, welche sich auf das In- und Ausland erstreckte, ergab 120 Gewinnbeteiligungsbetriebe, von denen 54 auf Deutschland, 25 auf die Schweiz, 17 auf Frankreich, 10 auf England, 3 auf Belgien, je 2 auf Österreich und Dänemark, je 1 auf Norwegen, Schweden, Rußland und Italien und 3 auf Amerika entfielen. Die 54 deutschen Betriebe verteilten sich auf die einzelnen Gewerbezweige wie folgt:

Textilindustrie, Papier und Leder	16	Betriebe,
Bergbau und Hüttenwesen, Industrie der Steine und Erden	8	„
Land- und Forstwirtschaft	8	„
Industrie der Nahrungs- und Genußmittel . .	5	„
Handel und Verkehr	5	„
Metallverarbeitung, Maschinen, Werkzeuge, Instrumente, Apparate	4	„
Chemische Industrie, Industrie der Heiz- und Leuchtstoffe	4	„
Baugewerbe	2	„
Industrie der Holz- und Schnitzstoffe	1	„
Fischerei und Schiffahrt	1	„
	54	Betriebe.

Die nächste Untersuchung ist die bekannte Böhmertsche Untersuchung vom Jahre 1901, welche von Böhmert zur Zusammenstellung

[1]) Int. Bibl., Bd. I, S. VIII und 1ff., 1878.

eines Referates für einen Kongreß über die Frage der Gewinnbeteiligung in Manchester auf Grund seiner ersten Untersuchung vom Jahre 1878 angestellt wurde[1]).

Die Umfrage, die sich an 200 deutsche Firmen wandte, ergab, daß von den 1878 festgestellten 54 Gewinnbeteiligungsunternehmen nur 9 Betriebe die Beteiligung beibehalten, während andererseits 33 Unternehmen die Beteiligung neu zur Anwendung gebracht hatten.

Diese 42 von Böhmert benannten Gewinnbeteiligungsbetriebe verteilten sich wie folgt:

30 gewerbliche Betriebe mit	26 438	Beteiligten,
6 Handelsbetriebe mit.	315	„
4 landwirtschaftliche Betriebe mit . .	289	„
2 Verkehrsbetriebe mit	514	„
Sa. 42 Betriebe	mit 27 556	Beteiligten.

Von den 30 gewerblichen Betrieben gehörten an:

3 der Textilindustrie,
10 der Maschinen- und Metallindustrie,
5 dem Bergbau und Hüttenwesen,
7 der Glasindustrie, Papier-, Holz- und Teerindustrie,
2 der chemischen Industrie,
2 dem Brauereigewerbe,
1 der Goldwarenindustrie.

Sa. 30 Betriebe.

Unter den Handelsunternehmungen befanden sich ferner 2 Banken, 2 Kolonialwaren- und Konservenhandlungen, 1 Goldwarengroßhandlung und 1 Handlung landwirtschaftlicher Produkte. Die übrigen 6 Betriebe wurden durch 3 Güter, 1 Obstbaukolonie, 1 Schiffahrtsgesellschaft und 1 Versicherungsgesellschaft dargestellt.

Zu diesen 42 deutschen Beteiligungsbetrieben erwähnt Leopold Katscher[2]) noch weitere 6 Unternehmungen, so daß mit Anfang des 20. Jahrhunderts mit etwa 48 deutschen Gewinnbeteiligungsbetrieben gerechnet werden muß.

Eine weitere Untersuchung ist seit der Böhmertschen Enquete von 1901 nicht mehr angestellt worden. Die Gewinnbeteiligungsliteratur beschränkte sich darauf, von der Böhmertschen Untersuchung ausgehend, neue Beteiligungsfälle zu registrieren oder die Aufhebung früherer Beteiligungen zu melden.

[1]) Böhmert, a. a. O., S. 5ff., Dresden 1902.

[2]) Monatsschrift für christliche Sozialreform, 28. Jahrg., S. 524, Luzern und Zürich 1906.

2. Die statistischen Ergebnisse der jetzigen Untersuchungen.

a. Gewinnbeteiligung.

Die gesamte Entwicklung der Gewinnbeteiligung in den Jahren 1824 bis 1921 zeigt die nachfolgende Tafel:

Einführungsjahr	Gesamtzahl der die Beteiligung einführenden Betriebe	Davon wurden wieder aufgegeben: Gesamtzahl	Davon wurden wieder aufgegeben: im Jahre	bestanden noch im Jahre 1921
1824	1	1	vor 1878[1])	—
etwa 1840	1	1	vor 1902, Jahr unbekannt[2])	—
1847	2	2	a) Schicksal ungewiß[4])	—
			b) 1896	
1848	1	1	vor 1902, Jahr unbekannt[2])	—
1854	1	1	vor 1902, Jahr unbekannt[2])	—
1855	1	1	nach 1902, Jahr unbekannt[3])	—
1861	1	—	—	1
1864	1	1	vor 1902, Jahr unbekannt[2])	—
1866	1	1	1919	—
1867	3	3	a) 1873	
			b) 1877	
			c) nach 1902, Jahr unbekannt[3])	—
1869	1	—	—	1
1870	2	2	a) 1874	
			b) nach 1902, Jahr unbekannt[3])	—
1871	1	1	1877	—
1872	6	6	a) 1874	
			b—c) 1877	
			d) 1878	
			e) vor 1900, Jahr unbekannt[2])	
			f) Schicksal ungewiß[4])	—
1874	3	3	a—b) vor 1902, Jahr unbekannt[2])	
			c) 1918	—
1875	2	1	vor 1902, Jahr unbekannt[2])	1
1876	5	4	a) 1877	
			b) 1897	
			c—d) vor 1902, Jahr unbekannt[2])	1
1879	1	1	1904	—
1882	1	1	1882	—
1884	1	1	Schicksal ungewiß[4])	—
1886	1	—	—	1
1887	2	—	—	2
1888	1	—	—	1

[1]) Von Böhmert in seiner Untersuchung von 1878 nicht mehr erwähnt.

[2]) Von Böhmert in seiner Untersuchung von 1902 nicht mehr erwähnt.

[3]) Von Böhmert in seiner Untersuchung von 1902 noch erwähnt.

[4]) Elsässische Gewinnbeteiligungsbetriebe, bei denen das Schicksal der Beteiligungsversuche nicht bekannt ist.

Einführungsjahr	Gesamtzahl der die Beteiligung einführenden Betriebe	Davon wurden wieder aufgegeben: Gesamtzahl	Davon wurden wieder aufgegeben: im Jahre	bestanden noch im Jahre 1921
1889	1	1	nach 1902, Jahr unbekannt[3])	
1890	4	3	a) vor 1902, Jahr unbekannt[2])	—
			b—c) 1918	1
1891	1	1	nach 1902, Jahr unbekannt[3])	—
1892	1	—	—	1
1893	3	2	a) vor 1902, Jahr unbekannt[2])	
			b) nach 1902, Jahr unbekannt[3])	1
1894	1	1	1919	—
1895	1	1	nach 1902, Jahr unbekannt[3])	—
1896	2	—	—	2
1898	1	1	nach 1902, Jahr unbekannt[3])	—
1899	2	2	a) Schicksal ungewiß[4])	
			b) nach 1902, Jahr unbekannt[3])	—
1900	3	2	a—b) nach 1902, Jahr unbekannt[3])	1
1901	1	1	1906	—
1903	3	—	—	3
1905	1	—	—	1
1910	1	—	—	1
1911	1	1	1919	—
1919	9	3	a) 1919	
			b) 1920	6
			c) 1921	1
1920	1	—	—	1
1921	2	1	1921	
Jahr unb.	16	14	a) 1875	
			b—e) nach 1902, Jahr unbekannt[3])	
			f—o) vor 1902, Jahr unbekannt[2])	2
1824/1921	95	66		29

Aus dieser Gegenüberstellung zeigt sich, daß die 36 Gewinnbeteiligungsbetriebe, welche die Beteiligung in den Jahren 1824 bis 1884 eingeführt hatten, mit vier Ausnahmen sämtlich den Versuch wieder aufgegeben haben, während bei vier weiteren Unternehmungen im Elsaß das Schicksal der Beteiligungsversuche ungewiß ist. Erst vom Jahre 1886 ab erweisen sich die Gewinnbeteiligungssysteme, welche zur Anwendung gekommen sind, als dauerhafter. Die größte Anzahl von Neueinführungen der Gewinnbeteiligung verzeichnet das Jahr 1919 (9 Betriebe). In den Jahren 1886 bis 1905 ist durchschnittlich in jedem Jahre in 1 bis 2 Betrieben die Beteiligung eingeführt worden, während von 1905 ab, mit Ausnahme eines Versuches im Jahre 1910 und 1911, erst in der Nachkriegszeit neue Gewinnbeteiligungsversuche angestellt worden sind.

Bei 16 Unternehmungen konnte das Jahr der Einführung nicht ermittelt werden. Von diesen Beteiligungsversuchen wurden 14 nicht beibehalten.

Nach Geschäftszweigen geordnet bieten die deutschen Gewinnbeteiligungsbetriebe das folgende Bild:

Gewerbezweige	Abgeschaffte Beteiligungen	Bestehende Beteiligungen	Gesamtzahl
Metallindustrie	11	5	16
Textilindustrie	11	5	16
Landwirtschaft	11	1	12
Papiergewerbe	7	—	7
Nahrungsmittelgewerbe .	2	2	4
Verkehrswesen	2	2	4
Brauereien	1	2	3
Optische Industrie . . .	1	2	3
Baugewerbe	2	1	3
Holzbearbeitungsgewerbe	2	1	3
Glasindustrie	3	—	3
Fischereigewerbe	3	—	3
Chemische Industrie und Handel	1	2	3
Schmuckwarengewerbe .	1	1	2
Steingutindustrie	—	1	1
Kautschukindustrie . . .	—	1	1
Lederindustrie	—	1	1
Schiffbauindustrie. . . .	1	—	1
Tabakindustrie	2	—	2
Bergbau	1	—	1
Versicherungsgesellschaften	1	—	1
Warenhäuser	—	1	1
Staatsbehörden	1	—	1
Banken	1	1	2
Gewerbezweig unbekannt	1	—	1
Zusammen	66	29	95

Die größte Anzahl von Gewinnbeteiligungsbetrieben befindet sich gleichmäßig mit je 16 Unternehmungen in dem Metall- und dem Textilgewerbe. Bei beiden haben nur 5 Betriebe die Beteiligung beibehalten. Noch größer ist der Prozentsatz der abgeschafften Beteiligungsversuche in der Landwirtschaft, da hier von 12 Betrieben nur ein einziger noch Gewinnbeteiligung aufweist. Nächst dem Papiergewerbe, dessen 7 Gewinnbeteiligungsversuche sämtlich wieder abgeschafft wurden, verteilen sich die übrigen 43 Beteiligungsversuche auf 21 weitere Gewerbezweige. Nur bei einem einzigen Gewinnbeteiligungsunternehmen, dessen Firma mit dem Vermerk der Abschaffung der Beteiligung einmal von Böhmert erwähnt wird, konnte der Gewerbezweig nicht festgestellt werden.

Innerhalb der einzelnen Gewerbezweige ist die Industrie ganz überwiegend vertreten. Von den 95 Unternehmungen mit Gewinnbeteiligung verteilen sich:

66 Betriebe	auf die Industrie,	hiervon wurden eingestellt	46	Versuche,
12 ,,	,, ,, Landwirtsch.	,, ,, ,,	11	,,
9 ,,	,, andere Untern.	,, ,, ,,	4	,,
8 ,,	,, den Handel	,, ,, ,,	5	,,
95 Betriebe	. . . .,	hiervon wurden eingestellt	66	Versuche.

Es blieben also bei der Industrie 20 Gewinnbeteiligungsversuche, bei der Landwirtschaft 1, dem Handel 5 und bei anderen Unternehmungen, wie Verkehrsgewerbe, Banken, Versicherungsgesellschaften und Staatsbehörden von 8 Versuchen 3 erhalten. Die 4 elsässischen Betriebe, deren Schicksal ungewiß ist, sind hierbei den Unternehmungen mit abgeschaffter Gewinnbeteiligung zugeteilt worden.

Das Jahr der Abschaffung der Gewinnbeteiligung in den verschiedenen Unternehmungen, welche die Beteiligung nacheinander eingestellt haben, ließ sich für 29 Betriebe nur insofern feststellen, als in 22 Fällen die Abschaffung vor den Jahren 1901/02 erfolgt sein muß, da diese Versuche von Böhmert in seiner Untersuchung von 1901 nicht mehr erwähnt worden sind. 15 Betriebe sind von Böhmert in dieser Untersuchung noch als bestehend aufgeführt, jedoch späterhin abgeschafft worden. In 5 Fällen wurde hierbei die Einstellung von der Verwaltung ohne Jahresangabe bestätigt, während bei den übrigen 10 Betrieben aus der durchweg nicht mehr erfolgenden Erwähnung dieser Versuche in der Gewinnbeteiligungsliteratur auf die Einstellung geschlossen werden mußte. Die Abschaffung der einzelnen Gewinnbeteiligungsversuche hat sich wie folgt gestaltet:

Jahr der Einstellung	Zahl der einstellenden Betriebe[1])	Dauer der Gewinnbeteiligungsversuche nach Jahren[2])
1873	1	6 Jahre
1874	2	2 u. 4 Jahre
1875	1	Dauer unbekannt
1877	5	1, 5, 5, 6 u. 10 Jahre
1878	1	6 Jahre
1882	1	1 Jahr
1896	1	49 Jahre
1897	1	21 Jahre
Jahr unbekannt, jedoch vor 1901[3])	22	?
Jahr unbekannt, jedoch nach 1901[4])	15	(bis 1901): ?, ?, ?, ?, 3, 3, 4, 7, 9, 11, 15, 32, 35 u. 47 Jahre
1904	1	5 Jahre
1906	1	5 Jahre
1918	4	28, 28, 44 u. 52 Jahre
1919	3	1, 8 u. 25 Jahre
1920	1	1 Jahr
1921	2	1 u. 2 Jahre
1873—1921	62	

[1]) Anm. 1—4 s. S. 152.

Gegenüber diesen 62 Betrieben, in denen die Beteiligung nicht erhalten blieb, und den 4 Unternehmungen mit ungewissem Schicksal gewähren die noch bestehenden Gewinnbeteiligungsbetriebe die folgende Übersicht:

Jahr der Einführung der Gewinnbeteiligung	Gesamtzahl der Beteiligungsbetriebe	Dauer der Beteiligung bis zum 31. Dez. 1921 nach Jahren	In Anwendung befindliches Gewinnbeteiligungssystem
Jahr unbek.	2	?	Reine Gewinnbeteiligung.
1861	1	60	Zwangssparkasse m. Guthabensperre.
1869	1	52	Sparkasse mit Verzinsung wie Aktionärdividende.
1875	1	46	Zwangssparkasse m. Guthabensperre.
1876	1	45	Reine Gewinnbeteiligung.
1886	1	35	Reine Gewinnbeteiligung.
1887	2	34	Sparkasse mit Verzinsung wie Aktionärdividende, Zwangssparkasse mit Guthabensperre.
1888	1	33	Reine Gewinnbeteiligung und Sparkasse mit Verfügungsberechtigung.
1890	1	31	Reine Gewinnbeteiligung.
1892	1	29	Reine Gewinnbeteiligung.
1893	1	28	Zwangssparkasse m. Guthabensperre.
1896	2	25	Reine Gewinnbeteiligung, Gewinn- und Kapitalbeteiligung.
1900	1	21	Reine Gewinnbeteiligung.
1903	3	18	Dreimal reine Gewinnbeteiligung.
1905	1	16	Sparkasse mit Verzinsung wie Aktionärdividende.
1910	1	11	Desgl. und außerdem reine Gewinnbeteiligung.
1919	6	3	Viermal reine Gewinnbeteiligung, zweimal Gewinn- und Kapitalbeteiligung und Sparkasse mit Verzinsung wie Aktionärdividende.
1920	1	2	Kollektivbeteiligung.
1921	1	1	Reine Gewinnbeteiligung.
1861—1921	29		

Der älteste zur Zeit noch bestehende Gewinnbeteiligungsversuch weist also eine mehr als 60jährige Dauer auf. Bis zum Jahre 1905 ist

---

[1]) Die vier elsässischen Unternehmungen sind hier nicht enthalten.

[2]) Die Dauer der Gewinnbeteiligung ist auf mindestens 1 Jahr nach oben abgerundet.

[3]) Gewinnbeteiligungsversuche, welche von Böhmert 1902 nicht mehr erwähnt wurden.

[4]) Gewinnbeteiligungsversuche, welche von Böhmert 1902 noch als bestehend aufgeführt wurden, späterhin aber nicht mehr verzeichnet sind. Bei fünf Betrieben ist das Bestehen einer Gewinnbeteiligung von der Verwaltung positiv verneint worden.

die Kurve ziemlich gleichmäßig ansteigend, während dann in einem Zeitraum von 14 Jahren bis nach Beendigung des Krieges keine Einführung eines Gewinnbeteiligungssystemes erfolgte, das von Dauer gewesen ist. Erst mit dem Jahre 1919 hat die soziale Umwälzung die Begründung von 6 weiteren noch bestehenden Gewinnbeteiligungsversuchen hervorgerufen, denen im Jahre 1921 die letzte bekanntgewordene Einführung der Gewinnbeteiligung folgte.

Die Gewinnbeteiligungssysteme, welche bei sämtlichen Versuchen zur Anwendung gelangt sind, können nach 8 Gruppen unterschieden werden und sind in den einzelnen Betrieben wie folgt ausgeübt worden:

Gewinnbeteiligungssystem	Gesamtzahl der Betriebe	Das Beteiligungssystem blieb bestehen in Betrieben	Das Beteiligungssystem wurde abgeschafft in Betrieben
1. Reine Gewinnbeteiligung	61	16	45
2. Gewinn- und Kapitalbeteiligung .	1	1	—
3. Gewinn- und Kapitalbeteiligung und Sparkasse mit Verzinsung wie Aktionärdividende	2	2	—
4. Reine Gewinnbeteiligung mit freiwilliger Sparkasse und Verfügungsberechtigung über Guthaben . .	2	2	—
5. Reine Gewinnbeteiligung und Zwangssparkasse mit Guthabensperre	1	1	—
6. Sparkasse mit Verzinsung wie Aktionärdividende und Verfügungsberechtigung	5	4	1
7. Zwangssparkasse mit Guthabensperre	12	2	10
8. Kollektivgewinnbeteiligung . . .	3	1	2
9. System unbekannt	8	—	8
	95	29	66

Fast zwei Drittel aller Gewinnbeteiligungsbetriebe haben demnach das einfachste System, die reine Gewinnbeteiligung, zur Anwendung gebracht und die Gewinnanteile, welche nach einem bestimmten Schlüssel den Anteilsberechtigten zukamen, diesen unmittelbar zur Verfügung gestellt. Hiervon hat sich das System bei 16, d. i. mehr als der Hälfte der noch bestehenden Beteiligungsbetriebe, aufrechterhalten lassen, während 45 Versuche eingestellt worden sind. Nächst diesem System ist am häufigsten die Zwangssparkasse mit Guthabensperre versucht worden, indem die Gewinnanteile zwangsweise einem Sparkassenkonto des Anteilsberechtigten zugeschrieben und dort für einen längeren Zeitraum, meistens bis zum Tode, zur Erreichung des Greisenalters oder dem Austritt aus dem Unternehmen zurückbehalten wurden. Von den 13 derartigen Versuchen wurden 10 wieder eingestellt. Das

System einer freiwilligen Sparkasse, welche ihren Einlegern neben einer festen Verzinsung eine Superverzinsung bis zur Höhe der Aktionärdividende gewährte, wurde bei 5 Betrieben eingeführt und nur bei einem einzigen von diesen späterhin wieder abgeschafft. In je 2 Betrieben, bei denen die Beteiligung durchweg noch besteht, ist die reine Gewinnbeteiligung bzw. eine Gewinn- und Kapitalbeteiligung mit einer derartigen Sparkasseneinrichtung zusammen ins Leben gerufen worden. Die einfache Gewinn- und Kapitalbeteiligung ist dagegen nur in einem einzigen Betriebe zur Anwendung gelangt und besteht dort noch heute. Es ist bemerkenswert, daß dieses in Deutschland nicht beachtete kombinierte System im Auslande, und zwar besonders in England und Amerika, gerade am häufigsten eingeführt worden ist. Neben 8 Betrieben, deren System nicht in Erfahrung gebracht werden konnte, ist bei 2 schon seit längerer Zeit wieder abgeschafften und 1 noch bestehenden Beteiligungsunternehmen der Versuch einer Kollektivgewinnbeteiligung gemacht worden, indem ein satzungsgemäß der Gesamtheit der Arbeitnehmerschaft zustehender Anteil des Reingewinnes für soziale Zwecke und Einrichtungen zugunsten der gesamten Arbeiterschaft bestimmungsgemäß verwandt worden ist.

Die Höhe der den Arbeitnehmern gewährten Anteile des Reingewinnes ist außerordentlich ungleichmäßig und stellt sich wie folgt dar:

Gesamthöhe der Gewinnanteile in v. H. des Reingewinns	Gesamtzahl der diese Beteiligung gewährenden Betriebe	Von diesen Betrieben hatten die Gewinnbeteiligung beibehalten	Von diesen Betrieben hatten die Gewinnbeteiligung abgeschafft
unbekannt	28	5	23
veränderlich, nach Beschluß der Geschäftsleitung	11	4	7
veränderlich, je nach der Höhe der Aktionärdividende	12	10	2
1 v. H.	1	—	1
$1^1/_2$ „	1	—	1
3 „	2	1	1
4 „	1	1	—
5 „	2	—	2
6 „	2	1	1
8 „	2	—	2
10 „	13	2	11
15 „	3	2	1
20 „	4	2	2
30 „	1	—	1
$33^1/_3$ „	1	1	—
40 „	1	—	1
50 „	9	—	9
94 „	1	—	1
	95	29	66

Hiernach ist die Höhe der Gewinnbeteiligung in 28 Unternehmungen nicht ermittelt worden. In 11 Betrieben hatte sich die Verwaltung das Recht vorbehalten, die Beteiligungsquote jährlich nach eigenem Ermessen festzusetzen, während in 12 Fällen die Beteiligungsziffer in ein festumgrenztes Verhältnis zu der den Aktionären gewährten Dividende gebracht worden ist. In den übrigen 44 Unternehmungen schwankt der den Arbeitnehmern überlassene Teil des Reingewinns zwischen 1 und 94 v. H., wobei in der Regel unter „Reingewinn" der nach Abzug einer gewissen Kapitalsverzinsung verbleibende Reinertrag verstanden wurde. Bemerkenswert ist, daß die 11 Beteiligungsfälle besonders großzügiger Natur, in denen 40, 50 und 94 v. H. für die Gewinnbeteiligung zurückgestellt wurden, durchweg abgeschafft worden sind und die größere Anzahl der Betriebe (13) sich mit einer Zuweisung von 10 v. H. begnügten. Von den zur Zeit noch bestehenden Gewinnbeteiligungsunternehmen hat ein Drittel eine der Dividende angepaßte veränderliche Beteiligungshöhe und nur ein Drittel einen festen Hundertsatz vom Reingewinn. Unter diesen überwiegen 6 Fälle mit zweimal je 10, 15 und 20 v. H., während in einem einzigen Fall die Höhe von $33^1/_3$ v. H. erreicht wird.

Die Gründe, welche die Verwaltungen der einzelnen Gewinnbeteiligungsbetriebe zur Einstellung veranlaßt haben, konnten in der Mehrzahl der Fälle leider nicht in Erfahrung gebracht werden. Die Einstellung wurde verursacht:

in 42 Betrieben aus unbekannten Gründen,

in 16 Betrieben wegen schlechter Erfahrungen mit den Arbeitnehmern bezüglich der Wirkung der Beteiligung,

in 3 Betrieben mangels genügender Rentabilität des Unternehmens,

in 2 Betrieben auf Verlangen der Arbeitnehmer,

in 3 Betrieben wegen Verkauf des Unternehmens bzw. Auflösung des Betriebes.

66

b. Kapitalbeteiligung.

Die Kapitalbeteiligung der Arbeitnehmer hat in Deutschland bei weitem nicht diejenige Entwicklung gefunden, welche sie seit langer Zeit im Auslande besitzt. In den siebziger Jahren des vergangenen Jahrhunderts wurden 5 Kapitalbeteiligungsversuche eingeführt, von denen bei 2 Betrieben gleichzeitig Gewinnbeteiligung bestand. 3 Versuche wurden jedoch nach mehreren Jahren wieder eingestellt. Sämtliche übrigen in Deutschland zur Einführung gelangten Kapitalbeteiligungsversuche sind in den 13 in Frage kommenden Betrieben noch in Anwendung und wurden mit 3 Ausnahmen in den allerletzten Jahren begonnen. Die Entwicklung der Kapitalbeteiligung gestaltete sich wie folgt:

Jahr der Einführung	Gesamtzahl	Hiervon		Gründe der Abschaffung	Angewandtes Kapitalbeteiligungssystem
		wurden aufgegeben	bestehen noch		
1867	1	1 (1877)	—	schlechte Erfahrungen mit Arbeitnehmern	Zunächst reine Kapitalbeteilig., dann Kollektivbeteilig.
1871	2	—	2	—	Reine Kapitalbeteiligung
1872	1	1 (1877)	—	mangels genügender Rentabilität	Reine Kapitalbeteiligung
1874	1	1 (? vor 1902)	—	unbekannt	Reine Kapitalbeteiligung
1901	1	—	1	—	Reine Kapitalbeteiligung
1919	2	—	2	—	Kollektivbeteilig.
1920	1	—	1	—	Reine Kapitalbeteiligung
1921	3	—	3	—	Reine Kapitalbeteiligung
1922	4	—	4	—	Zweimal reine Kapitalbeteiligung, zweimal Kollektivbeteiligung
1867/1922	16	3	13		

Hiernach wurde das reine Kapitalbeteiligungssystem, d. h. die Gewährung von Kapitalanteilen, meistens Aktien, an Arbeitnehmer des Betriebes mit oder ohne Verkaufssperre insgesamt bei 12 von 16 Betrieben in Anwendung gebracht und blieb bei 10 Unternehmen bestehen. Die übrigen 4 Betriebe benutzten das System der Kollektivbeteiligung, bei welchem nicht der einzelne Arbeitnehmer individuell, sondern die Gesamtheit der Arbeitnehmer eine Beteiligung am Kapital des Unternehmens erhielt und ihrerseits Unterbeteiligungen an die einzelnen Arbeitnehmer verteilte. Von den 3 noch bestehenden derartigen Kapitalbeteiligungsversuchen sind 2 (Krupp und Stinneskonzern) von seiten der größten Industriegruppen in neuester Zeit eingeführt worden.

Die 16 Kapitalbeteiligungsbetriebe verteilen sich auf folgende Gewerbezweige:

Gewerbezweig	Gesamtzahl	Hiervon wurden aufgegeben	Hiervon bestehen noch
Metallindustrie	5	2	3
Textilindustrie	4	1	3
Lederindustrie	1	—	1
Steingutindustrie	1	—	1
Chemische Industrie	1	—	1
Musikinstrumenten-Industrie	1	—	1
Baugewerbe	1	—	1
Elektrizitätswerke	1	—	1
Brauereien	1	—	1
	16	3	13

Die größte Verbreitung hat die Kapitalbeteiligung in der Textil- und Metallindustrie mit 4 bzw. 5 Betrieben gefunden, während die übrigen 7 Versuche sich auf 7 Gewerbezweige verteilen. Hierbei ist die Kapitalbeteiligung in einem einzigen Falle von einem Handelsbetrieb, in allen übrigen Fällen von industriellen Unternehmungen zur Anwendung gebracht worden.

Die Dauer der bisherigen Kapitalbeteiligungsversuche betrug in 2 der wiedereingestellten Versuche 10 bzw. 5 Jahre, während das Einstellungsjahr des dritten Betriebes nicht ermittelt werden konnte. Bei den 13 übrigen zur Zeit noch bestehenden Unternehmungen ist die Kapitalbeteiligung in 2 Fällen schon 1871 eingeführt worden, so daß diese die längste Dauer eines deutschen Kapitalbeteiligungsversuches bedeuten. Die anderen 11 Betriebe bestehen mit einer Ausnahme erst seit den Jahren 1919 bis 1922.

Anhang.

Liste der deutschen Gewinnbeteiligungs-Betriebe.

Lfd. Nr.	Firma	Jahr der Einführung	Höhe der Beteiligung in v.H. des Reinertrags
	a. Metallindustrie		
1	Ilseder-Hütte A.-G., Groß-Ilsede	1869	?[3])
2	Peiner Walzwerk	1887	?[3])
3	A.-G. für Federstahl-Industrie, vorm. A. Hirsch & Co., Cassel	1892	?[3])
4	H. Fuchs Waggon A.-G.	1919	?[2])
5	Verein Landsberger Pflug- und Münchner Eggenfabriken A.-G.	1919	20
	b. Textilindustrie		
6	Manufaktur Koechlin-Baumgartner & Cie., Lörrach	1903	?[2])
7	Vogtländische Tüllfabrik A.-G., Plauen i. V.	?	10
8	Rauchwarenzurichterei Walter A.-G.	1919	?
9	Erste Stapelfaserfabrik für Volksbekleidung A.-G., Eisenach[4])	1919	?[3]) (für 9 und 10)
10	Stafa A.-G., Eisenach	1919	
	c. Brauereien		
11	Brauerei zum Felsenkeller A.-G., Dresden	1876	4
12	Schultheiß Brauerei A.-G.	1890	15
	d. Chemikalien		
13	Starck, Michael & Co., Berlin	?	?
14	Th. Goldschmidt A.-G., Essen	1920	?[3])
	e. Optische Industrie		
15	Carl Zeiß, Optische Werke, Jena	1896	?
16	Emil Busch A.-G., Optische Industrie, Rathenow	1905	?[3])
	f. Verkehrswesen		
17	Sächsisch-Böhmische Dampfschiffahrtsgesellschaft Dresden	1886	3
18	Allgemeine Berliner Omnibus A.-G.	1903	?[3])
	g. Verschiedene Gewerbezweige		
19	Heinrich Freese, Jalousie- und Holzpflasterfabrik, Berlin-Niederschönhausen	1888	10
20	August F. Richter, Goldwarenfabrik, Hamburg	1887	?[2])
21	Max Roesler, Feinsteingutfabrik A.-G., Rodach in Coburg[1])	1896	6
22	Kautschuk-Werke Dr. Heinrich Traun, vorm. Harburger Gummikamm-Comp.	1861	?[2])

[1]) Unbekannt.

[2]) Veränderlich, nach Beschluß der Geschäftsleitung.

[3]) Veränderlich, je nach der Höhe der Aktionärdividende.

[4]) Das Unternehmen hat auch Kapitalbeteiligung.

Lfd. Nr.	Firma	Jahr der Einführung	Höhe der Beteiligung in v.H. des Reinertrags
23	Preußische Boden-Kredit-Aktien-Bank, Berlin	1875	?[3])
24	Georg Schepeler, Kolonialwaren-Großhandlung, Frankfurt a. Main	1900	?
25	Großer & Klein, Werkgemeinschaft für Hoch-, Tief- und Betonbau, Berlin	1921	15
26	E. Breuninger A.-G., Stuttgart	1910	?[3])
27	I. H. Epstein, Fabrik farbiger Leder, Frankfurt a. Main	1903	?
28	Keill & Richarz, Inhaber Heinz Riesen, Städtischer Verkaufsvermittler, Berlin	1919	$33^1/_3$
	h. Landwirtschaft		
29	Obstbau-Kolonie Eden, Oranienburg bei Berlin	1893	20

Liste der deutschen Betriebe, in denen die Gewinnbeteiligung wieder abgeschafft worden ist.

Lfd. Nr.	Firma	Jahr der Einführung und Einstellung	Höhe der Beteiligung in v. H. des Reinertrags
	a. Metallindustrie		
1	Windhoff, Deeters & Co., Eisengießerei und Maschinenfabrik, Lingen	1872—? (vor 1901)	10
2	Eisenwerk Kaiserslautern	? ? (vor 1901)	10
3	G. A. Schütz. Maschinenfabrik Wurzen	1889—? (nach 1901)	?[1])
4	Maschinen- und Werkzeugfabrik X, Thüringen	1899—? (nach 1901)	5
5	Wiedenbrück & Wilms, Eisengießerei, Köln-Ehrenfeld	1900—? (nach wenigen Jahren)	?[1])
6	A.-G. vormals Seidel & Naumann, Dresden	? —? (nach 1901)	?[1])
7	W. Borchert jun., Messingwerke, Berlin[4])	1867—1872	50
8	Hallesche Maschinenfabrik und Eisengießerei, Halle	1890—1918	?[3])
9	Zinnfolienfabrik D. Morgenstern, Fürth in B.	1866—? (nach 1918)	10
10	Schuckert u. Co., Elektrizitäts-A.-G., Nürnberg	1893—? (nach 1901)	?[2])
	b. Textilindustrie		
11	G. Steinheil, Dieterlen & Co., Baumwollspinnerei Rhotau i. Elsaß	1847—? (Schicksal ungewiß)	10
12	Schaeffer, Lalance & Co., Bleicherei, Pfastatt i. Elsaß	1874—? (vor 1901)	?[2])
13	Dollfuß & Co., Mülhausen i. Elsaß	? —? (vor 1901)	?[1])

[1]) Unbekannt.
[2]) Veränderlich, nach Beschluß der Geschäftsleitung.
[3]) Veränderlich, je nach der Höhe der Aktionärdividende.
[4]) Das Unternehmen hatte auch Kapitalbeteiligung.

Lfd. Nr.	Firma	Jahr der Einführung und Einstellung	Höhe der Beteiligung in v. H. des Reinertrags
14	H. vom Bruck Söhne, Crefeld, Seide-, Samt- und Samtbandfabrik	1867—1877	?[1]
15	Mech. Baumwollspinnerei, Kaufbeuren	1871—1877	10
16	A.-G. Weberei Hasel, Hasel i. Baden[3])	1872—1877	40
17	Scheurer, Lauth & Co., Textildruckerei, Thann i. Elsaß	1874—? (vor 1901)	10
18	A. W. Bär & Co., Mech. Weberei, Zschopau i. Sa.	1893—? (vor 1901)	10
19	Sächsische Leinenindustrie Ges. vorm. H. C. Müller & Hirt A.-G., Freiberg i. Sachsen	1898—? (nach 1901)	?[2]
20	Rudolf Petersdorff, Bekleidungs-Spezial-Häuser, Breslau/Königsberg	1919—1919	94
21	Rheinische Möbelstoff-Weberei vorm. Dahl & Hunsche A.-G., Unter-Barmen[4])	1919—1921	50
	c. Nahrungsmittel		
22	Elsässische Konserven-Fabrik und Import-Gesellschaft, Straßburg	1899—? (nach 1902)	10
23	F. S. Eckardt, Produktenhandlung, Wurzen in Sachsen	1895—? (nach 1901)	10
	d. Bank- und Versicherungsgewerbe		
24	Feuerversicherungs-Gesellschaft „Rhein und Mosel", Straßburg i. Elsaß	[ungewiß) 1884—? (Schicksal	6
25	Hannoversche Landesbank, Hannover	(vor 1901) (nach 1901)	5
	e. Baugewerbe		
26	Hochbauamt Schwerin	1840—1901	?[1]
27	Werkstätten für Zimmer-, Tischler- und Brunnenarbeiten Albert Nieß, Braunschweig	1872—1875	20
	f. Holzverarbeitungsgewerbe		
28	Adolf Kröber, München	? —1875	30
29	Dampfsägewerk Eberius Bernstein in Dessau	1921—1922	50
	g. Papiergewerbe		
30	Georg Adler, Kartonnagenfabrik, Buchholz	1867—? (nach 1901)	?[2]
31	Thodesche Papierfabrik A.-G., Heinsberg b. Dresden	1864—? (vor 1899)	15
32	I. Scheerer, Strohstoff- und Pappenfabrik, Göritzhain b. Cossen	1870—? (nach 1901)	?[1]
33	I. Zuber & Co., Papierfabrik, Rixheim	1890—? (vor 1901)	20
34	Max Krause, Papierausstattungsfabrik, Papiergroßhandlung, Berlin	1890—1918	?[2]
35	O. Th. Winckler, Schreibwarenhandlung, Leipzig	1891—? (vor 1914)	?[1]
	h. Tabakindustrie		
36	C. Keilpflug & Co., Zigarrenfabriken, Berlin	1876—1877	50
37	Moekel & Kollmar, Zigarrenfabrik, Rülzheim in Baden	1872—1874	?[1]

[1]) Unbekannt.
[2]) Veränderlich, nach Beschluß der Geschäftsleitung.
[3]) Das Unternehmen hatte auch Kapitalbeteiligung.
[4]) Das Unternehmen hat jetzt Kapitalbeteiligung.

Lfd. Nr.	Firma	Jahr der Einführung und Einstellung	Höhe der Beteiligung in v. H. des Reinertrags
	i. Bergbau und Hüttenwerke		
38	Fiskalische Hüttenwerke, Freiberg i. Sa.	? —? (nach 1901)	?[2])
39	Steinkohlenwerk Zauckerode i. Sa.	1855—? (nach 1901)	1
	k. Verkehrsgewerbe		
40	Hessische Ludwigsbahn-Gesellschaft	1876—1897	$1^1/_2$
41	Berlin-Anhaltische Eisenbahn-Gesellschaft	1870—1874	3
	l. Verschiedene Gewerbezweige		
42	Hildesheimer Aktien-Brauerei	1901—1906	?[3])
43	Fabrique de produits chimiques vorm. Karl Kestner, Thann i. Elsaß	1872—? (Schicksal ungewiß)	10
44	A.-G. für Glasindustrie, vormals Friedrich Siemens, Dresden	? (vor 1901) — ? (nach 1901)	
45	Ernemann-Werke A.-G., Photo-Kino-Werke, Dresden	1911—? (nach 1918)	
46	Norddeutsche Werft Tiedemann, Glückstadt	1919—1920	
47	C. A. Schmitz, Goldwarengroßhandlung, Elberfeld	1894—1919	
48	Königl. Sächsisches Statistisches Büro	1882—1882	
49	Edmund Schmidt, Altenburg	? —? (vor 1901)	
50	Glashütte Hampel, Schildhorst	? —? (vor 1901)	
51	Thüringische Glasinstrumenten-Fabrik Alt, Eberhard & Jäger, Ilmenau	? —? (vor 1901)	?[1])
52	Arndt & Troost, Fabrik technischer Papiere, Frankfurt a. Main	? —? (vor 1901)	
	m. Fischereigewerbe		
53	Erste Deutsche Nordseefischerei-Ges., Hamburg	? —? (vor 1901)	
54	Fischerei-Gesellschaft auf Aktien, Baisum an der Nordsee	? —? (vor 1901)	
55	Fischerei-Gesellschaft auf Aktien, Cappeln an der Nordsee	? —? (vor 1901)	
	n. Landwirtschaft		
56	I. H. von Thünen, Gut Tellow, Mecklenburg-Schwerin	1847—1896	?[1])
57	I. Neumann, Posegnick, Ostpreußen	1854—? (vor 1901)	8
58	I. Jahnke, Gut Bredow bei Berlin	1872—1877	50
59	Gut in Brunn bei Fehrbellin	1876—? (vor 1901)	50
60	Gut Bohm in Brunn bei Fehrbellin	1876—? (vor 1901)	50
61	Gut Ebhardt, Komorowen bei Bialla, Ostpr.	1879 oder 1899 bis 1904	5
62	Rittergut von Blücher, Jürgensdorf, Mecklenb.-Schwerin	1874—1918	10
63	Gut Wulfshagen bei Gettorf	1900—?	8
64	Gut Cöthen bei Breslau	1824—? (vor 1878)	?
65	Gut Pfalzhill, Trier	1875—? (vor 1901)	50
66	Landgut Altenhof, Trier	1848—? (vor 1901)	50

[1]) Unbekannt.
[2]) Veränderlich, nach Beschluß der Geschäftsleitung.
[2]) Veränderlich, je nach der Höhe der Aktionärdividende.

Liste der deutschen Kapitalbeteiligungs-Betriebe.

Lfd. Nr.	Firma	Jahr der Einführung
	A. Verschiedene Gewerbezweige	
1	Wiedaer Hütte, Eisengußwaren A.-G., Wieda i. Harz . . .	1871
2	Hüttenwerk, Tanne i. Harz	1871
3	Max Roesler, Feinsteingutfabrik Akt.-Ges. Rodach in Coburg[1])	1901
4	Rheinische Möbelstoff-Weberei vorm. Dahl & Hunsche A.-G., Unter-Barmen[2])	1921
5	Erste Stapelfaserfabrik für Volksbekleidung A.-G., Eisenach[1])	1919
6	Rhenania, Verein chemischer Fabriken, Aachen.	1921
7	Fabrikations-Gesellschaft für Volksbekleidung G. m. b. H., Breslau	1920
8	Lederwerke Wiemann A.-G., Hamburg	1919
9	Rheinisch-Westfälisches Elektrizitätswerk A.-G.	1922
10	Sinner A.-G., Karlsruhe	1921
11	Polyphon-Werke A.-G., Leipzig	1922
12	Reudener Ziegelwerke, vormals Dehnert A.-G., Reuden bei Zeitz	1922
13	Friedrich Krupp A.-G., Essen	1922

[1]) Das Unternehmen hat auch Gewinnbeteiligung.
[2]) Das Unternehmen hatte auch Gewinnbeteiligung.

Liste der deutschen Betriebe, in denen die Kapitalbeteiligung wieder abgeschafft worden ist.

Lfd. Nr.	Firma	Jahr der Einführung und Einstellung
	Verschiedene Gewerbe	
1	W. Borchert jun., Messingwerke, Berlin[1]) . .	1867—1877
2	A.-G. Weberei Hasel, Hasel i. Baden[1]). . . .	1872—1877
3	K. F. Moeller, Eisengießerei	1874—? (vor 1901)

[1]) Das Unternehmen hatte auch Gewinnbeteiligung.

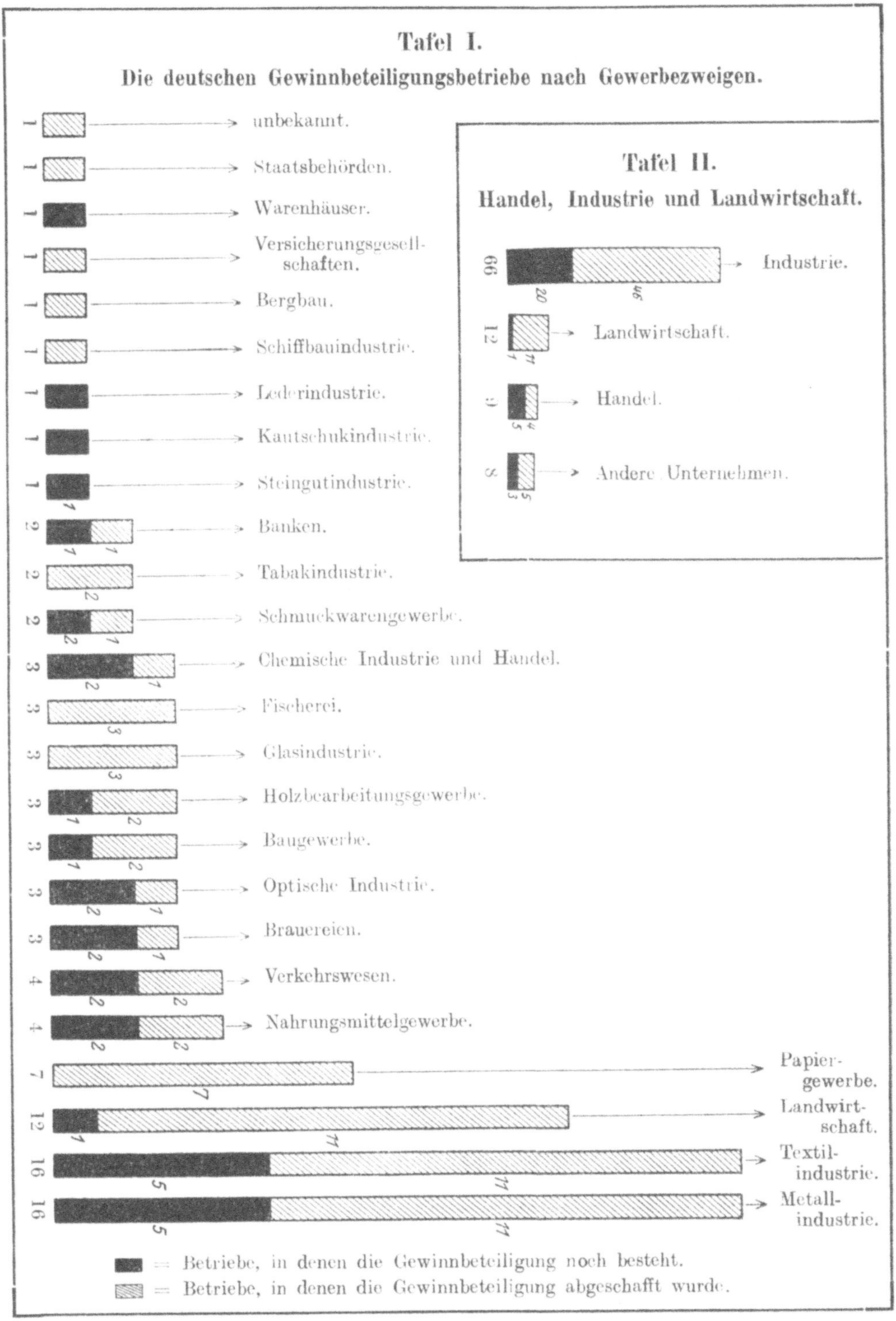
Tafel I.
Die deutschen Gewinnbeteiligungsbetriebe nach Gewerbezweigen.
1 unbekannt.
1 Staatsbehörden.
1 Warenhäuser.
1 Versicherungsgesellschaften.
1 Bergbau.
1 Schiffbauindustrie.
1 Lederindustrie.
1 Kautschukindustrie.
1 Steingutindustrie. 1
2 Banken. 1 1
2 Tabakindustrie. 2
2 Schmuckwarengewerbe. 2 1
3 Chemische Industrie und Handel. 2 1
3 Fischerei. 3
3 Glasindustrie. 3
3 Holzbearbeitungsgewerbe. 1 2
3 Baugewerbe. 1 2
3 Optische Industrie. 2 1
3 Brauereien. 2 1
4 Verkehrswesen. 2 2
4 Nahrungsmittelgewerbe. 2 2
7 Papiergewerbe. 7
12 Landwirtschaft. 1 11
16 Textilindustrie. 5 11
16 Metallindustrie. 5 11
= Betriebe, in denen die Gewinnbeteiligung noch besteht.
= Betriebe, in denen die Gewinnbeteiligung abgeschafft wurde.
Tafel II.
Handel, Industrie und Landwirtschaft.
66 Industrie. 20 46
12 Landwirtschaft. 1 11
9 Handel. 5 4
8 Andere Unternehmen. 3 5

Tafel III.

Die Entwicklung der Gewinn- und Kapitalbeteiligung nach Zahl und Jahren.

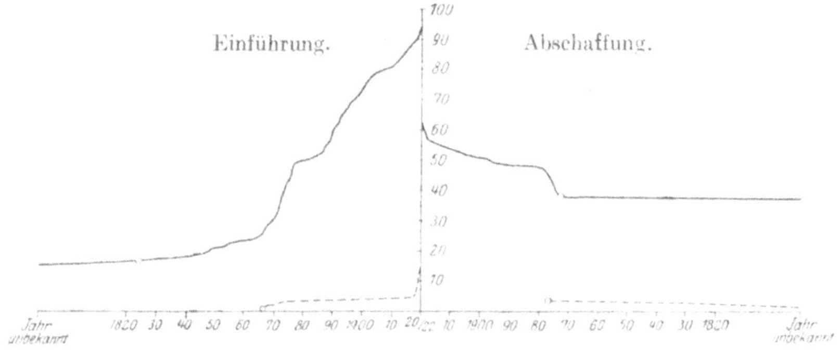

——— Gewinnbeteiligung. - - - Kapitalbeteiligung.

Tafel IV.

Gewinnbeteiligungssysteme nach der Zahl der Anwendungsfälle.

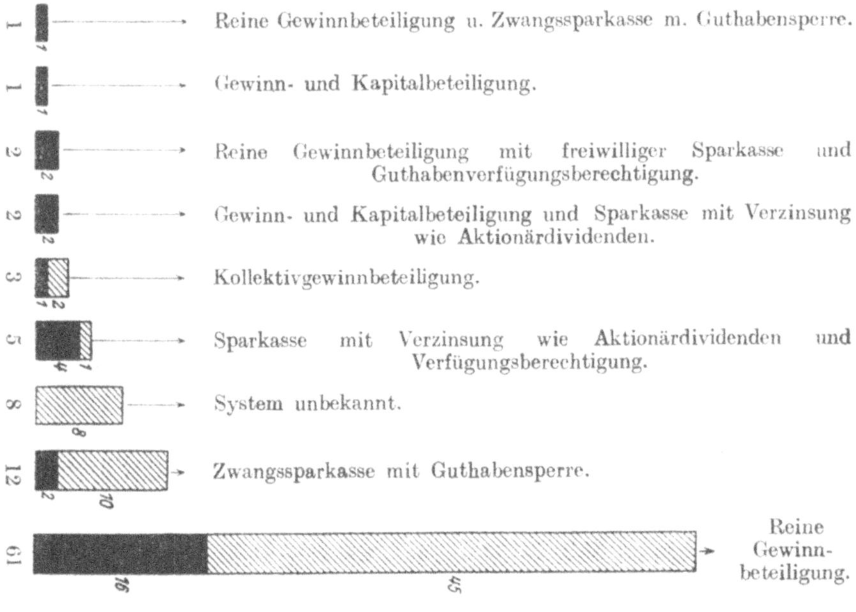

Noch bestehende Systeme. Abgeschaffte Systeme.

Tafel V.

Die deutschen Kapitalbeteiligungsbetriebe nach Gewerbezweigen.

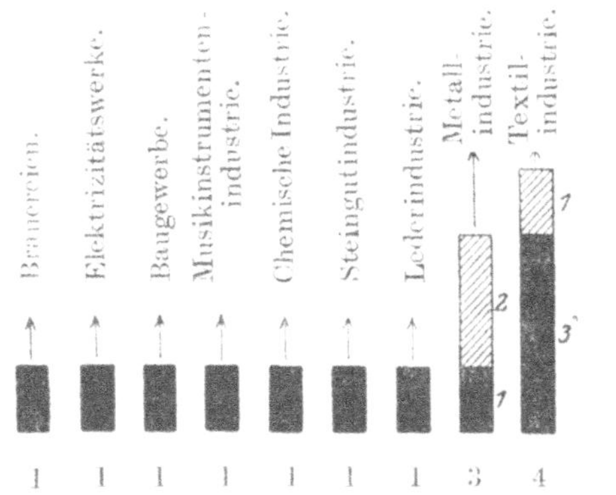

Kapitalbeteiligungsbetriebe, in denen die Beteiligung noch besteht.

Kapitalbeteiligungsbetriebe, in denen die Beteiligung abgeschafft wurde.

Tafel VI.

Kapitalbeteiligungssysteme.

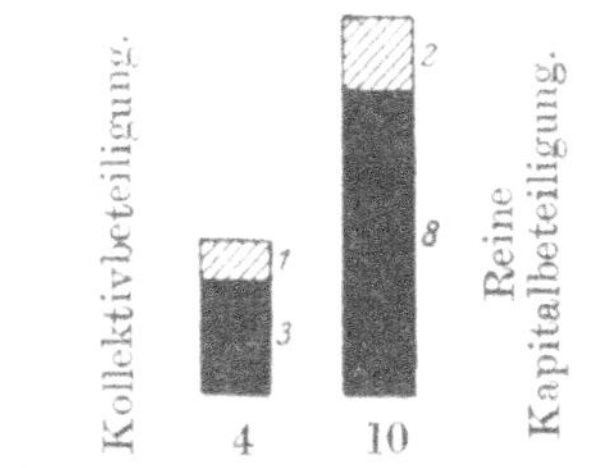

Noch bestehende Systeme.

Abgeschaffte Systeme.

Literaturverzeichnis.

I. Bücher.

Auerbach: „Das Zeißwerk und die Carl Zeißstiftung“, Jena 1914.

Bernhard, Dr. Ludwig: „Handbuch der Löhnungsmethoden“, Leipzig 1906.

Böhmert, Prof. Viktor: „Die Gewinnbeteiligung. Internationale wissenschaftliche Bibliothek“, Leipzig 1878.

Derselbe: „Die Gewinnbeteiligung der Arbeitnehmer in Deutschland, Österreich und der Schweiz“, Dresden 1902.

Brandt, Hans: „Gewinnbeteiligung und Ertragslohn“, Dresden 1907.

Carpenter, Charles: „Industrial co-partnership“, London 1914.

Debes, Inge: „Socialisierung“, Christiania 1920.

Derselbe: „Utbyttedeling“, Christiania 1920.

Dalberg, Dr. Rudolf: „Finanzgesundung aus Währungsnot“, Berlin 1920.

Delombre, M. Paul: „La participation aux bénéfices“, Paris 1912.

Deutsch, Felix: „Verhältnis des Anteils von Arbeit und Kapital am Ertrag“, Berlin 1919, 1921.

Epstein, Jacob: „Die autonome Fabrik“, Dresden 1907.

Emmet, Boris: „Profit-Sharing in the United States“, Washington 1917.

Frommer, Heinrich: „Die Gewinnbeteiligung, ihre praktische Anwendung und theoretische Berechtigung“, Leipzig 1886.

Freese, Heinrich: „Die konstitutionelle Fabrik“, Jena 1913.

Derselbe: „Die Gewinnbeteiligung der Angestellten“, Gotha 1905.

Derselbe: „Fabrikantenglück“, Leipzig 1899.

Derselbe: „Fabrikantensorgen“, Eisenach 1896.

Gilman-Katscher: „Die Teilung des Geschäftsgewinns zwischen Unternehmern und Angestellten“, Leipzig 1891.

Goldschmidt, Dr. Bernhard: „Gewinn-Beteiligung der Arbeitnehmer“, Berlin 1922.

Gruner, Dr. Ernst: „Die Arbeiter-Gewinnbeteiligung“, Berlin 1919.

Häntschke, H.: „Gewinnbeteiligung der Arbeit“, Berlin 1890.

Krasper, Fritz: „Der Arbeitsfriede durch Arbeiterkapitalisten“, Berlin 1921.

Katscher, Leopold: „Was in der Luft liegt“, Leipzig 1899.

„Labour co-partnership association, 34th Report, London 1919.

Ministry of Labour: Report on profit-sharing and Labour co-partnership in the United Kingdom, London 1920.

Nansen, Hugo: „Die konstitutionelle genossenschaftliche Fabrik“, Berlin 1919.

Piechottka, Erwin: „Gleichberechtigung von Kapital und Arbeit“, Berlin 1921.

Roesler, Max: „Arbeiterbeteiligung an Führung, Ertrag und Besitz von Gewerbebetrieben“, Dresden 1914.

Schomerus, Dr. Fr.: „Das Arbeitsverhältnis im Jenaer Zeißwerk“, Jena 1919.

Derselbe: „Die neuere Entwicklung des Carl Zeißwerkes, Jena 1920.

Selter, Reg.-Rat, Dr. ing.: „Zusammenstellung der wichtigsten Lohn- und Ertragsbeteiligungsformen“. Druckschrift Nr. 6 des Ausschusses für wirtschaftliche Fertigung, Berlin 1920.

Südekum, Dr. Albert: „Kapital- und Gewinnbeteiligung“, Berlin 1921.

Société pour l'étude pratique de la participation du personnel dans les bénéfices: Bulletin 1920/21.
Stiel, Wilhelm: „Die Gewinnbeteiligung der Arbeit", Dresden 1905.
Stöhr-Wichmann: „Ein Mahnruf", Eisenach 1919.
Trombert, Albert: „La participation aux bénéfices", Paris 1918.
Verband Deutscher Handlungsgehilfen in Leipzig: Dreißigste Schrift, Verbandstag 1913, Leipzig 1913.
Verein Deutscher Eisenhüttenleute: Bibliographie der Gewinnbeteiligung, Düsseldorf 1921.
Wirminghaus, Alex: „Das Unternehmen, der Unternehmergewinn und die Beteiligung der Arbeiter am Unternehmergewinn", Jena 1886.
Derselbe: „Die Gewinnbeteiligung" (Handwörterbuch der Staatswissenschaften, Band V), Jena 1910.

II. Zeitschriften.

Arbeiterfreund, Der: Zeitschrift für die Arbeiterfrage, herausgegeben von Prof. Dr. Viktor Böhmert, Dresden. Jhrg. 1867, 1868, 1871, 1872, 1874 bis 1876, 1881 bis 1883, 1886, 1889, 1891, 1892, 1898, 1899, 1900, 1901, 1902. 1903, 1905, 1907, 1914.
Arbeitgeber, Der: Jahrg. 1920, Nr. 8.
Archiv für Eisenbahnwesen: Jahrg. 1921, S. 46.
Chemische Industrie, Die: Jahrg. 1915.
Deutsche Volksstimme: Jahrg. 1907, S. 399.
Dokumente des Fortschrittes: Jahrg. 1909.
Grenzboten, Die: Jahrg. 1914, S. 403.
Korrespondenzblatt des Allgemeinen Deutschen Gewerkschaftsbundes: Jahrg. 1920, Nr. 9, S. 105; Jahrg. 1921, Nr. 13, S. 175.
Leipziger Zeitschrift für das Arbeiterrecht: Jahrg. 1921, Nr. 18.
Mitteilungen der Handelskammer zu Berlin: Jahrg. 1920, Nr. 2, S. 61.
Preußische Jahrbücher: Jahrg. 1920, Nr. 2, S. 145.
Reichsarbeitsblatt: Jahrg. 1920, Sonderbeilage zu Nr. 3; Jahrg. 1921, Nr. 25, S. 1027.
Soziale Praxis: Jahrg. 1921, S. 38; Jahrg. 1903/04, S. 382.
Sozialkorrespondenz: Jahrg. 1885, Nr. 49.
Sozialer Fortschritt: Jahrg. 1904, Nr. 28, 29.
Stahl und Eisen: Jahrg. 1903, S. 273; Jahrg. 1921, Nr. 52, S. 1919; Jahrg. 1920, Nr. 14.
Taylor-Zeitschrift: Jahrg. 1921, Nr. 9, S. 81.
Volkswohl: Organ des Zentralvereins für das Wohl der arbeitenden Klassen. Jahrg. 1903, S. 132 und 252; Jahrg. 1906, S. 15; Jahrg. 1911, S. 122.
Weltwirtschafts-Zeitung: Jahrg. 1919, S. 577.
Weltwirtschaftliche Nachrichten: 1921, Nr. 310, S. 2538.
Zeitschrift für Sozialwissenschaft: Jahrg. 1914, S. 415.
Zeitschrift für die gesamte Staatswissenschaft: Jahrg. 1915, S. 468; Jahrg. 1899, S. 594.

Ernst Siegfried Mittler und Sohn, Buchdruckerei G. m. b. H.,
Berlin SW68, Kochstraße 68—71.

Der Verkehr mit der Bank. Eine Anleitung zur Benutzung des Bankkontos, zur Prüfung von Wechsel-, Effekten- und Devisenabrechnungen sowie Kontoauszügen nebst Zins- und Provisionsberechnungen. Von Bankprokurist **W. Schmidt** in Iserlohn. Zweite, vermehrte Auflage. 1922. GZ. 0,82

Betriebswirtschaftliche Zeitfragen. Herausgegeben von der Gesellschaft für wirtschaftliche Ausbildung E.V. Frankfurt a. M. Erstes Heft: **Goldmarkbilanz.** Von Dr. **E. Schmalenbach,** Professor der Betriebswirtschaftslehre an der Universität Köln. 1922. GZ. 1, 2

Buchhaltung und Bilanz auf wirtschaftlicher, rechtlicher und mathematischer Grundlage für Juristen, Ingenieure, Kaufleute und Studierende der Privatwirtschaftslehre mit Anhängen über „Bilanzverschleierung" und „Teuerung, Geldentwertung und Bilanz". Von Professor Dr. hon. c. **Johann Friedrich Schär,** gew. ordentlicher Professor der Universität Zürich, Prof. und weil. Rektor der Handels-Hochschule Berlin. Fünfte, durchgesehene und erweiterte Auflage. 1922. Gebunden GZ. 15

Die Kontrolle in gewerblichen Unternehmungen. Grundzüge der Kontrolltechnik. Von Dr.-Ing. **Werner Grull,** beratender Ingenieur für geschäftliche Organisation, technisch-wirtschaftliche und technisch-rechtliche Fragen, beeidigter und öffentlich angestellter Bücherrevisor, München. Mit 89 Textfiguren. 1921. Gebunden GZ. 6

Die Abschätzung des Wertes industrieller Unternehmungen. Von Dr. **Felix Moral,** Zivilingenieur und beeidigter Sachverständiger. Zweite, verbesserte und vermehrte Auflage. Erscheint Ende 1922

Die Taxation maschineller Anlagen. Von Dr. **Felix Moral,** Zivilingenieur und öffentlich angestellter beeidigter Sachverständiger für Werkzeugmaschinen sowie gerichtlich beeidigter Sachverständiger für Werkzeugmaschinen und maschinelle Anlagen. (Handelskammer zu Berlin, Kammergericht, Landgerichte I, II, III Berlin, Landgericht Potsdam.) Dritte, neubearbeitete und vermehrte Auflage. 1922. GZ. 3,8; gebunden GZ. 6

Warum arbeitet die Fabrik mit Verlust? Eine wissenschaftliche Untersuchung von Krebsschäden in der Fabrikleitung. Von **William Kent.** Mit einer Einleitung von Henry L. Gantt. Übersetzt und bearbeitet von **Karl Italiener.** 1921. GZ. 2,6

Organisation der Arbeit. Gedanken eines amerikanischen Ingenieurs über die wirtschaftlichen Folgen des Weltkrieges. Von **H. L. Gantt.** Deutsch von Dipl.-Ing. **Fr. Meyenberg.** Mit 9 Textabbildungen. 1922. GZ. 2,5

Die eingesetzten Grundzahlen (GZ.) entsprechen dem ungefähren Goldmarkwert und ergeben mit dem Umrechnungsschlüssel (Entwertungsfaktor) — Anfang November 1922: 160 — vervielfacht, den Verkaufspreis.

Batch number: 10844655

Printed by Printforce, the Netherlands